艾贝母婴研究中心

★编著★

FOETUS EDUCATION

胎教一日一页

四川科学技术出版社

献给每一位
准爸爸准妈妈

你的到来注定了我们的开心

虽然看不到你

但是能感受到你

每一天同你歌唱

每一天同你阅读

每一天同你听音乐

每一天同你练习长大

每一天同你畅游艺术的海洋

每一天同你絮絮叨叨地说话

在看不到你的每一天里

我们却共同呼吸

共同快乐

一天又一天，等待着你

……

为准爸爸准妈妈们专门设计

孕期日历

提醒准妈妈每天的注意事项、身体的变化和胎儿的变化。

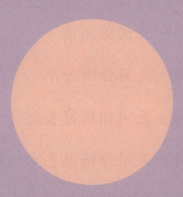

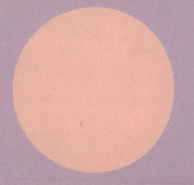

胎教小贴士

胎教过程要注意的小细节，都一一讲给你。

祝福天下的准爸爸准妈妈们

专家指导

由医生从专业角度来解读整个孕期遇到的各种问题，帮助准妈妈健康度过孕期。

做好准爸爸

准爸爸参与胎教是必不可少的，会使胎儿和准妈妈身心更加健康，精神更加愉悦。

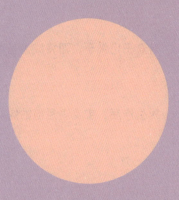

孕期常用词汇

1. 妊娠=怀孕

妊娠是母体承受胎儿在其体内发育成长的过程，平时人们常称为怀孕。

2. 孕早期=孕初期=孕前期

通常整个孕期按280天计算，划分为三部分，孕后1~3个月，称为孕早期、孕初期或孕前期。

3. 孕中期

孕后4~7个月，为孕中期。

4. 孕晚期=孕后期

孕后8~10个月，为孕晚期或孕后期。

5. 孕周

通常，整个孕期按40周计算。

6. 孕月

整个孕期按10个月计算，每个月按28天计算。

7. 准妈妈=孕妈妈

对已经怀孕或即将成为妈妈的女性的称呼。

8. 准爸爸

对妻子已怀孕，即将成为爸爸的男性的称呼。

9. 新妈妈

对生产后，宝宝满月前的妈妈的称呼。

目 录
Contents

●第2个月　胎儿大部分器官分化和形成的敏感期

● 第4个月　**胎儿开始动了**

• 第5个月　**胎儿成长很稳定**

● 第7个月　胎儿睁开眼了

● 第8个月　**胎儿能听到外界的声音了**

• 第9个月　宝宝已经发育完全了

● 第10个月　**宝宝要出生了**

第1个月
DI-YI GE YUE

胎儿开始萌芽了

第1天

你知道自己怀孕了吗

怀孕之后，准妈妈的身体会发生一系列的变化，如停经、早孕反应等，可以据此判断是否怀孕。

😊 怀孕的征兆

怀孕最普遍的特征——停经，一般来说，月经规则的女性月经逾期7~10天，就应该考虑是否怀孕。

出现早孕现象——早晨起床后有恶心、反酸，食欲不振，挑食等都属早孕现象。

身体特征发生变化——基础体温升高而持续不降；怀孕1个月时，乳房和乳头都会变大、不时地发胀伴以轻微的刺痛，乳晕的颜色加深；怀孕初期，许多准妈妈有尿频的情形，有的每小时1次；感觉疲倦，随时都会打瞌睡；胃口改变，一会儿想吃这个，一会儿又想吃那个，平时爱吃的东西突然不想吃了，以前不爱吃的东西反倒想吃。

😊 确认怀孕的方式

（1）尿液检查

这是最常用的方法。怀孕后绒毛膜促性腺激素（HCG）升高，并通过尿液排出体外，这就是早孕试纸和医院检查的原理。它的准确性在90%以上，而且能够在受孕后2周就检查出来。如果等到妊娠4周以后再做检查，结果会更加可靠。如果在家自己测试，最好采用晨尿，这样准确率更高。

（2）妇科检查

在检查中，医生会发现子宫开始变大、宫颈及子宫下段变软、阴道黏膜颜色变深等。受孕后2周的女性做此种检查，准确性接近100%。

（3）B超检查

妊娠第4周时B超还看不清妊娠迹象；第5周就可见小胎囊，胎囊约占宫腔的1/4，或可见胎芽；若到了第6周，胚胎的脊柱和脑部已开始形成，心脏开始跳动，用B超就能测出胚胎和心脏的活动。

专家指导 提高早孕试纸检测的准确度：不要使用过期的测试卡；仔细阅读说明书，根据每个步骤提示去做；尽量采用早晨的第一次尿液进行检测，取尿液前不要喝水；最好在月经推迟2周后再做检测；如果是异位怀孕，HCG水平可能会很低，因此不能通过早孕试纸检测出来，要确认检测结果，一定要到医院做进一步检查。

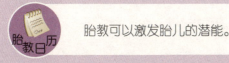

为什么要进行胎教

胎教虽不能创造奇迹，却可以激发胎儿内在潜能，让他在生命之初接受良好有益的教育。

胎教，是为了促进胎儿身心健康地发育成长，利用一定的方法和手段，通过母体给予有利胎儿大脑和神经系统功能尽早成熟的有益活动。良好的胎教有利于宝宝出生后的继续教育。

生活在妈妈子宫内的胎儿是个有各种感觉的小生命，对于外界的各种刺激十分敏感。器官和组织也正在迅速发育，并在功能上逐渐完善，能对各种外界刺激做出反应，从而具备了接受教育的基础，此时真可谓胎教的天赐良机。如果准妈妈能不失时机地通过一些方法给予胎儿良性刺激，不仅可促进胎儿各种感觉器官和大脑的发育，还有利于今后形成良好性格。

医学研究表明，一个人还在母腹中时，个人的性格和气质特点已开始萌芽，今后所表现出的个性，如是快乐型、进攻型，还是忍让型，所有这些使每个人得以发展为互不相同的自我行为，很多都取决于胎儿在母体里所获得的信息。因此，准妈妈一定要抓住这"天赐良机"，对胎儿进行环境、音乐、语言、抚摩、情绪、运动、营养等广义上的胎教。

专家指导

从确诊怀孕的第一天起，就应当树立"宁静养胎即教胎"的观点，在妊娠期间确保准妈妈的情绪乐观稳定，切忌发生大悲大怒，甚至吵架斗殴等不良行为。因为准妈妈的精神情绪不仅可以影响本人的食欲、睡眠、精力、体力等方面的状况，而且可以通过神经—体液的变化，影响胎儿的血液供给、心率、呼吸和胎动等许多方面的变化。

胎教日历

胎儿并不像我们想的那样一无所知，而是具备了惊人的能力。

胎教要从什么时候开始

最好的胎教应从孕前3个月开始，但这并不等于说已经怀孕或孕期已过半再做胎教就没有意义。

☺ 胎教可以激发胎儿的潜能

胎教就是根据胎儿各感觉器官发育成长的实际情况，有针对性地、积极主动地给予适当合理的信息刺激，使胎儿建立起条件反射，进而促进其大脑机能、躯体运动机能、感觉机能及神经系统机能的成熟。

☺ 各种胎教方式及开始时间

环境胎教——孕前准备开始，贯穿整个孕期，为胎儿营造安全舒适的环境。

抚摩胎教——促进胎儿感觉神经及大脑的发育，可以安排在孕5个月后。

语言胎教——为胎儿后天的学习打下基础。孕6个月以后可以进行。

音乐胎教——孕6个月时胎儿的听觉反应开始发育，音乐胎教可以从这时候开始。

情绪胎教——准妈妈精神愉快，心理健康会使胎儿的大脑得以良好的发育。整个孕期都可以进行。

饮食胎教——孕前3个月及整个孕期都要进行。

色彩胎教——色彩可以直接影响准妈妈的情绪，对宝宝也有着潜移默化的影响，孕前3个月及整个孕期都要进行。

游戏胎教——孕7~8个月时是胎动最明显的时候，游戏胎教可以从这时候开始。

阅读胎教——怀孕第8个月直到生产前，是进行阅读胎教的最佳时机。

光照胎教——光照胎教可以在准妈妈怀孕6个月以后开始。

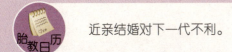
哪些基因会遗传给宝宝

想要宝宝在出生之前便拥有更加优良的基因，准爸妈们就要先了解自己的基因。

😊 禁止近亲结婚

近亲结婚会使隐性遗传病发病的机会增高。近亲结婚易发的隐性遗传病如白化病、先天性聋哑；小脑畸形、苯丙酮尿症、半乳糖血症等；还可以使多基因遗传病发病率增高，常见的有脑积水、脊柱裂、无脑儿、精神分裂症、先天性心脏病、癫痫等。

😊 爸爸妈妈的哪些特征会遗传给宝宝

肤色：如果父母都是黑皮肤，准妈妈可多吃富含维生素C的食物来改善宝宝的肤色。

双眼皮：是最显性的遗传，夫妻双方只要有一个是双眼皮，生出来的宝宝就极有可能是双眼皮。如果双方都是单眼皮，宝宝就是单眼皮。

身高：父母的遗传是决定宝宝身高的主要因素，因为决定身高的因素35%来自父亲，35%来自母亲。假若父母双方个头都不高，那就要靠宝宝后天那30%的努力了。

肥胖：父母都胖，所生的宝宝有53%都是小胖墩，如果父母有一方肥胖，宝宝肥胖的概率便下降到40%。这说明，下一代胖与不胖，大约有一半可以由人为因素决定，因此，父母完全可以通过合理饮食、充分运动使自己体态匀称，并遗传给宝宝。

寿命：是有遗传基础的。寿命的长短有家族聚集的倾向性。如果家族中有长寿的先例，那么宝宝长寿的可能性是很大的。

智力：不完全由遗传因素所决定，但与遗传有一定关系。人类与智力有关的基因主要集中在X染色体上。女性有2个X染色体，男性只有1个，所以妈妈的智力在遗传中就占了更重要的因素。但宝宝的智力与环境也有很大的关系，智力的实际表现还要受后天的极大影响，因此我们提倡早教。

近视眼：也是可能遗传的，但是也不应该片面强调近视的遗传性而忽略环境的因素，注意用眼卫生对减少近视眼的发生是很有必要的。尤其有遗传因素的宝宝，更应作为预防的重点对象，避免不利的环境因素。

生男生女能选吗

生男生女完全取决于让卵子受精的丈夫的精子，是在受精的那一瞬间就决定了的。

😊 生男生女由爸爸决定

医学研究表明，在人类性别上起决定作用的是精子，一个卵子发育成男孩或女孩，取决于使之受精的精子。

在人体的23对染色体中，其中一对是决定胚胎性别的性染色体。女性只能产生一种具有性染色体的卵子，男人却能产生两种具有性染色体的精子，一种具有性染色体X，一种具有性染色体Y。当卵子和前者结合，受精卵就是XX型，生出的就是女孩，反之，受精卵就是XY型，生出来的就是男孩。

😊 人类无法控制生男生女

从宏观的角度看，人类不应干预生男生女，也无法干预。在受精时两种精子与卵子的结合是随机的，其机会均等，也就是说形成XX合子与XY合子的机会各有50%。因此，下一代中男女性比例大致相等。

😊 树立正确的观念

生男生女都一样，不仅是准妈妈本人要有正确的认识，还应成为家庭所有成员的共识，特别是老一辈人，要给予子女更多的鼓励和关心，解除准妈妈的后顾之忧，对优生大有好处。

😊 生男生女对准妈妈没有影响

民间流传，怀男婴的准妈妈皮肤会比怀女婴的准妈妈好，其实这与生男生女没有关系，因为胎儿的激素并不会影响准妈妈。

😊 做好准爸爸

准爸爸和准妈妈一起做个小手工吧，缓解一下怀孕的激动和紧张。

袜娃娃:如果用准妈妈的彩色旧袜子，要注意洗干净，也可用新袜子；把袜腿以上2厘米处剪断，脚底部分塞满棉花，把口缝上；在袜子前端平行缝两个黑色扣子作为娃娃的眼睛，在眼睛下面缝上一颗小点的扣子作为嘴巴；把剪下的袜腿拧成一缕，当做头环给娃娃戴上。这样袜娃娃就做好了，可以作为送给宝宝的小礼物。

精子和卵子的结合

精子和卵子相遇就形成了受精卵，这个过程便是受精，受精的过程约需24小时。

😊 来自母体的卵子

卵子诞生于卵泡，每个女性卵巢内含有约20万个不成熟的卵子，从青春期开始到绝经期，女性一生中仅有400～500个卵泡发育成熟，女性成熟以后，在黄体酮的作用下，每月排卵一次。排出的卵子如果在12个小时内等不到精子的光顾，就会死亡，这时子宫内膜脱落，就形成月经。排卵一般发生于下次月经前的14天左右。

😊 来自父亲的精子

精子外形像蝌蚪，正常成年男性一次射精的量为2～5毫升，每毫升精液中大约含有精子2亿个，最终能够到达受精地点的只有200多个。射精后，精子在女性阴道及子宫内大约可以存活3天。

😊 生命的形成

夫妇间有正常的性生活，使精子到达女性生殖道——阴道，而且精子能够穿透女性的子宫颈黏液进入子宫、输卵管；到达输卵管壶腹部的精子与卵子相遇，精子能够穿透卵子的透明带，使其受精；输卵管的环境适合受精卵的早期发育，并且输卵管的蠕动和纤毛的运动能将发育中的早期胚胎送入已经同步发育准备好的子宫内膜并着床，受精卵再在此处发育后形成胎儿和胎盘，整个过程需5~6周。

专家指导

有些准妈妈认为，验孕棒呈阳性反应就是正常怀孕，不再请医生确认，直到6~8周后异常阴道出血、下腹疼痛，才匆忙到医院就诊。验孕棒呈阳性反应不一定是正常怀孕，有可能是子宫外孕或葡萄胎等不正常怀孕，所以发现怀孕要及时到医院确诊。

胎教日历

羊膜包裹着羊水和胎儿。

胎儿生活在羊膜囊中

羊膜囊包着胎儿和羊水。

羊膜，是胎膜的内层，是一层半透明的薄膜，与覆盖胎盘、脐带的羊膜层相连接。在受精后7～12天的女性胚胎中可以见到很小的羊膜腔。至妊娠12周末，羊膜与绒毛膜的胚外中胚层相连接而封闭胚外体腔。正常羊膜厚0.02～0.5毫米。

它有三大功能：

保护胎儿：囊内羊水恒温、恒压，胎儿可在羊水中自由活动，以减少因外力所致的胎儿损伤。临产后，子宫收缩时，压力均匀地分布在羊膜囊上，有效地保护着胎儿，避免局部受压，有"护身袋"之功效。

保护母体：羊膜囊可以减少因为胎动引起的不适感，临产时胎囊可以凭借水压扩张软产道，避免胎体直接压迫母体组织时间过长引起子宫颈、阴道及盆底肌肉的损伤。破膜时羊水还有冲洗阴道的作用，可以减少感染。

产前诊断：通过羊膜腔穿刺，取囊内少量羊水进行检查，可诊断某些遗传性疾病、了解胎儿发育是否正常以及测定胎儿的成熟度等。

专家指导

羊膜穿刺是一种用于确诊胎儿是否有染色体异常、神经管缺陷以及某些能在羊水中反映出来的遗传性代谢疾病的产前诊断技术。进行穿刺时，医生在超声波探头的引导下，用一根细长的穿刺针穿过腹壁、子宫肌层及羊膜进入羊膜腔，抽取20～30毫升羊水，以检查其中胎儿细胞的染色体、DNA、生物化学成分等。整个操作过程非常简单，不需麻醉、不需住院。

有计划地写孕期日记

孕期日记除记述准妈妈自己的情绪和感受之外，还可详细记录妊娠期发生的事情，方便医生询问时作为备查资料，也能给宝宝留下珍贵的成长记录。

😊 记录的重点内容

末次月经的日期；妊娠反应的开始日期、反应程度、何时消失，是否进行过治疗；第一次胎动日期及胎动的次数；准妈妈患病情况，如感冒的日期、体温高低；孕期用药情况、剂量多少；产前检查情况；是否接触过X线和其他放射性物质；孕期并发症；阴道流血、流水；性生活；胎教情况；饮食规律和营养配餐；其他，如准妈妈的体重、工作情况、出外旅行、外伤、情绪变化等。

😊 记录的形式

妊娠记录可每日一记，也可重点记；可单独设置记录本，有记日记习惯的也可在日记中加入以上内容。

心情不好的时候，也可以把所有想法倾诉出来，把自己对未来的设想也写入其中。最好准妈妈自己记，也可夫妇讨论后写。如果可能，让准爸爸也参与进来，写下他的激动与亢奋，不久的将来就会是很美好的回忆。

😊 做好准爸爸

准爸爸可以安排和准妈妈一起吃顿烛光晚餐，不仅可以和准妈妈共同庆祝怀孕，还能让准妈妈放心，怀孕以后还能过浪漫的二人生活。但准爸爸要注意，烛光晚餐准妈妈不要喝酒；蜡烛离准妈妈远一点；可以放一点柔和的音乐。

胎教日历　羊水保护着胎儿。

胎儿在羊水中长大

羊水保护着胎儿，使胎儿顺利成长。

羊水，是指羊膜腔内所含的液体。胎儿在羊水里，就像鱼在海洋里一样。一方面羊水可以保护胎儿，防止羊膜与胎儿体表发生粘连，使胎儿在子宫里可以有一定的活动度。另一方面，羊水可以保护胎儿不受震荡。分娩时，羊水还能够传导子宫壁的压力，促使子宫颈口扩张，有利于胎儿顺利娩出。

妊娠的不同时期，羊水的来源及羊水量也有变化。

妊娠早期：羊水主要是由母体血清通过胎膜进入羊膜腔的透析液。这种透析也可以通过脐带表面的羊膜、华尔通氏胶进行。胎儿的呼吸道黏膜及皮肤也有类似的作用。妊娠12周时羊水量约为50毫升，其中90％以上由羊膜分泌。

妊娠中期：胎儿的尿液是羊水的重要来源。胎儿的肾大约从孕12周开始参与羊水形成。孕14周时胎儿的膀胱内已有尿液。孕16周后胎儿的呼吸道可见有羊水出入。孕20周时，羊水量约为400毫升。胎儿的胃肠道会吸收及排泄羊水。因此，医学上可通过分析羊水中的成分来了解胎儿的情况。

妊娠晚期：36～38周时羊水量最多，为1000～1500毫升。

做好准爸爸

妻子怀孕期间使用的物品，最好都是正规厂家的产品，因为正规厂家或名牌产品的质量有保证，以免对准妈妈和胎儿不利，但是并不是都要追求名牌产品，可根据家庭情况购买各种品牌。

胎盘——胎儿营养的大本营

胎儿在子宫中发育，依靠胎盘从母体取得营养。

足月妊娠的胎盘为一个扁圆或椭圆形的盘状器官，重500～600克，约为初生宝宝体重的1／6。直径16～20厘米，厚约2.5厘米，中间厚，边缘薄。胎盘分子面与母面。子面有羊膜覆盖，脐带位于近中央处；母面有18～20个胎盘小叶。

胎盘是胎儿的生命线，它替胎儿呼吸、排泄和消化。通过胎盘，胎儿得到最好的供养，而准妈妈的营养、健康和血液决定和影响着胎盘的功能。胎盘能阻止大量的有害物质和大部分感染性物质进入胎儿体内。

足月胎盘约有100支小动脉向胎盘供应血液。血液借助其动脉压在绒毛间隙中流动，在与胎儿完成物质交换后，血液经子宫内膜小静脉送回母体。接近分娩时，胎盘绒毛的总面积可达到12平方米，约为人体皮肤总面积的10倍，以保障胎儿供血。

专家指导

受孕时，如果受精卵植入在子宫角部，就可能会形成双重胎盘、肾形胎盘、马蹄形胎盘，或在胎盘上形成深沟。如果叶状绒毛膜沿着受精卵周围发育，就会形成长而薄的胎盘，医学上称为膜样胎盘。如果受精卵植入部位正确，但植入部位的子宫黏膜有炎症病变，就会形成副胎盘。这些形态各异的胎盘都是异常胎盘。分娩时很容易残留在子宫腔内，是造成产时、产后出血和感染的重要原因之一。

胎儿能够通过母体中化学物质的变化来感知准妈妈的情感状态。

胎儿是怎么学习的

胎儿借由子宫内外环境进行学习。

内环境，包括准妈妈的精神状态、自身品格和修养、思想意识活动、营养状况以及内脏器官和内分泌系统等的情况。内环境直接作用于胎儿。

外环境是指母体之外的能够对母体产生影响、引起母体内环境变化，进而对胎儿产生影响的自然和社会环境。外界环境通过准妈妈的眼、耳、口、鼻等感觉器官，以及大脑的思维活动，间接地对胎儿产生影响。积极的、高尚的、乐观的事物会对胎儿产生有利的影响，消极的、低级的、悲观的事物会对胎儿产生不利的影响。

准妈妈与胎儿之间虽无直接的神经联系，但胎儿可通过母体中化学物质的变化来感受准妈妈的情感和意图。准妈妈的情绪会直接影响胎儿神经系统的发育和性格的形成，这正是优境养胎的原理。

做好准爸爸

家里带有辐射性的电器，如电脑、微波炉、电冰箱等应尽量远离卧室；房间要多通风，保持空气清新；家电操作的工作准爸爸要多承担一些，避免电磁辐射影响准妈妈；尽量不要让准妈妈使用或在准妈妈旁边使用电磁辐射较强的手机打电话；居住、工作在高压线、变电站、电台、电视台、雷达站、电磁波发射塔附近易受电磁辐射的准妈妈，应该及早穿上电磁防护服；远离辐射源，一般来讲彩电与人的距离应在4~5米，电脑显示器与人的距离要保持在30厘米以上，日光灯与人的距离应保持2~3米，微波炉在开启之后人至少要离开1米远。

胎教要根据胎儿的成长过程进行

胎儿在发育中，逐渐产生各种感觉，即听觉、视觉、味觉、嗅觉和触觉。正是由于胎儿具有感觉，才使得胎教具有了可行性。

（1）视觉：胎儿的视觉在孕期第13周就已形成。这时候的胎儿对光很敏感。在第4个月时，如果用胎儿镜观察，就不难发现，当胎儿入睡或有体位改变时，他的眼睛也在活动。怀孕后期如果用光照射准妈妈的腹部，胎儿的眼球活动次数就会增加，而且从脑电图还可以看出胎儿的大脑对光的照射产生了反应。新生儿出生后不到10分钟，就能发挥视觉作用。但是新生儿的视力只能观察30～40厘米以内的东西，这恰好与他在子宫内与子宫壁间的距离相等。

（2）触觉：孕3周时胚胎已经开始对触觉刺激有反应。到孕12周时胎儿几乎全身表面都能对触觉产生反应。由于黑暗的宫内环境限制了视力的发展，所以胎儿的触觉和听觉就更为发达。有人通过胎儿镜观察发现，当穿刺针接触到胎儿手心时，他马上就能握紧拳头做出反应。运动胎教正是由于胎儿有了触觉才来施行的。通过抚摩训练，使胎儿的身体活动、手脚的灵活性得以锻炼。

（3）听觉：胎儿还能听到声音，在整个发育过程中，听觉给胎儿带来的影响最大。因此，胎教的内容中，利用胎儿的听力实施教育也相应占据重要地位。

（4）味觉：胎儿的味觉神经乳头在孕期第26周形成，从第34周起，胎儿开始喜欢带味的羊水。

（5）知觉能力和记忆能力：胎儿除了上述四种感觉外，还具有知觉能力和记忆能力，能够综合不同刺激，识别事物，并产生记忆，正是由于胎儿的这两种能力，才使得胎教具有了意义。

正确认识胎教

胎教的真谛在于激发胎儿的潜力，是为了宝宝一生的幸福，并不是追求培养神童或天才。

当宝宝还是胚胎时，几乎个个都一样，出生以后对外界环境的适应能力、接受教育的能力及表现则越往后差别越明显，那些受过系统胎教的宝宝悟性强，接受新事物快，学习成绩好。

宝宝成为小天才或神童的因素很多，除了胎教，还有遗传因素，出生后继续教育和环境影响的因素，以及个人的兴趣、意志、品德等非智力因素。因此，经过胎教出生的宝宝，有可能成为小天才，也可能成不了小天才。但有一点可以肯定，胎教有利于胎儿在智慧、个性、感情、能力

等方面的发育，有利于个体出生后在人生道路上的发展。

任何父母都对自己的宝宝寄予了一定的希望，这是很正常的。但是有些父母对胎教抱有不切实际的奢望。要知道，胎教的目的只是使未出世的胎儿具有良好的遗传素质，为出生提供良好的条件。胎教不是孤立的，而是受诸多因素的影响和控制，每个人的遗传基因、身体素质、先天条件、自身文化修养的水平、环境因素以及父母对胎教实施的程度不同，都将导致胎教出现不同的结果。大家不妨仔细看看那些胎教成功者所生的宝宝，他们那可爱的小脸、动人的表情、机灵的神态，处处显示出爸爸妈妈的长处。实际上，只要未来的宝宝继承了夫妻双方的优点，并且以后能青出于蓝而胜于蓝，就完全能够说明你们的胎教是成功的，你们的宝宝是优秀的。

做好准爸爸

有些"望子成龙"的父母甚至在胎教的时候就已经迫不及待了，听音乐好，就让准妈妈每天连续听几个小时，专门找人不断给胎儿讲故事。这样做只会造成准妈妈的焦虑和疲劳，对胎儿的健康反而有害。

胎教日历 培养宝宝的良好性格，可以从胎儿期开始。

胎教影响胎儿的性格

人的性格不一，其个体差异早在胎儿时期就已表露出来：有的安详文静，有的活泼好动，有的"淘气"调皮。这既和先天神经类型有关，也和怀孕时胎儿所处的内外环境有关。

人的性格的形成有着先天和后天两种因素。就先天而言，与父母性格的遗传基因有关，同时也与出生前胎儿在子宫内所受的影响有关；后天因素则是在其出生后的社会实践过程中逐步形成的。然而，胎儿在子宫内，即"人之初"的心理体验为其日后的性格形成打下基础的事实，还没被人们广泛重视。

准妈妈的子宫是胎儿所接触的第一个环境，小生命在这个环境里的感受将直接影响到其性格的形成和发展。如果妈妈怀孕期间感受到充满和谐、温暖、慈爱的气氛，那么胎儿幼小的心灵将受到同化，意识到等待自己的那个世界是美好的，进而可逐步形成热爱生活、果断自信、活泼外向等优良性格的基础。反之，倘若夫妻生活不和谐、不美满，经常吵架、打骂，甚至充满了敌意的怨恨；或者准妈妈不欢迎这个宝宝，从心理上排斥、厌恶，那么胎儿就会痛苦地体验到周围的这种冷漠、仇视的氛围，随之形成孤寂、自卑、多疑、怯弱、内向等性格。显然，这对胎儿的未来会产生不利的影响。

"江山易改，禀性难移"，一旦不良性

格形成，要想改变是很困难的。与其后天费力纠正，不如在母体中就给胎儿提供一个形成良好性格的环境氛围。准爸爸、准妈妈应把握这一关键时期，为宝宝一生幸福着想，从现在起，尽力为腹内的小生命创造一个充满温暖、慈爱、宽松、积极的生活环境，努力减少各种有害刺激，使胎儿拥有一个健康、美好的精神世界，为其良好性格的形成创造一个理想的开端。

准爸爸也要参与胎教。

准爸爸要担起胎教的责任

胎教不是准妈妈一个人的事，准爸爸也要积极参与，担起胎教的责任。

准爸爸要积极参与胎教

作为丈夫，未来宝宝的父亲，准爸爸在胎教中有着义不容辞的责任，特别是情绪胎教。要让怀孕的妻子有良好的情绪，才能给胎儿以良好的胎教。

准爸爸要正确认识胎教

有的准爸爸认为，胎教的目的是培养神童；也有的这样认为，以前没有胎教，也能造就科学家、伟人，所以胎教并无必要，这些看法都是不对的。

我们提倡胎教，并不是因为胎教可以把宝宝培养成"神童"，而是胎教可以及早发掘个体的潜能，让每一个胎儿的先天遗传素质得到最好的发挥；而在科学家和伟人的成长过程中，都包含着许多当时没有被人们意识到的胎教和早教因素，因此胎教也不能被忽视。

准爸爸要照顾好准妈妈

准妈妈一个人要负担两个人的营养及生活非常劳累。如果营养不足或食欲不佳，不仅使准妈妈体力不支，而且严重地影响胎儿的智力发育。因为宝宝的智力形成的物质基础，有2/3是在胚胎期形成的。所以丈夫要关心妻子孕期的营养问题。要让妻子吃好，休息好。早晨要陪妻子一起到环境清新的公园、树林或田野中去散步，做做早操，嘱咐妻子白天晒晒太阳。妻子感到丈夫温馨的体贴，心情会舒畅惬意，情绪稳定，也有心情对胎儿多说说话。

坦然接受准妈妈的改变

妻子由于妊娠后体内激素分泌变化大，产生种种令人不适的妊娠反应，因而情绪不太稳定，因此，特别需要向丈夫倾诉。这时，丈夫使用风趣的语言及幽默的笑话宽慰及开导妻子，是稳定妻子情绪的良方。丈夫对妻子的体贴与关心，准爸爸对胎儿的抚摩与"交谈"，都是生动有效的情绪胎教。

准爸爸要照顾好准妈妈

如果说准妈妈是胎教的主角，那么准爸爸就是胎教中母爱的第一助手。

准爸爸是准妈妈接触最多而又最亲密的人，应该在胎教过程中，真正担当起"好爸爸"的重任，建立父子间的亲密感情。

☺ 保证准妈妈的营养

妻子在孕期需要大量营养，营养不足，后代不但体质差，而且胚胎细胞数目以及核糖核酸的含量也比正常的低，从而影响到胎儿出生后的智力。

☺ 保护好准妈妈

要好好保护妻子，妻子在怀孕时期处于"弱势"人群中，丈夫有责任和义务保护母子两代人的健康和安全。除分担家务，减轻负担外，要考虑到准妈妈腹部膨大，活动不便，若操劳过度，或激烈运动，会使胎儿躁动不安，甚至流产。因此，要让她有充分的睡眠和休息。在乘汽车、逛商店时，要保护好妻子，避免腹部直接受到冲撞和挤压。

☺ 帮助准妈妈保持良好的情绪

善于调节妻子的情绪。丈夫要关心、体贴怀孕的妻子，挤出时间多陪陪妻子，从感情上满足妻子需要关爱、体贴的需求。

☺ 提供良好的生活环境

家居周围要有一个良好的生活环境。如果家居周围噪声过大，可暂时住到别处，因为强烈的噪声会引起胎儿心跳加快和痉挛性胎动；如果家居周围属于工业污染区，则污浊的空气中有害物质较多，应尽量搬家。

☺ 节制性生活

女性在妊娠期对性的要求多半不高，因而节制性生活的主要责任在丈夫身上。即使在比较安全的妊娠中期，也要注意变换性交体位，减少对妻子腹部的压迫和撞击。

😊 做好准爸爸

如果准爸爸得了传染病，哪怕症状不太重，也会通过传染途径影响准妈妈，进而危及胎儿。不论父母，在疾病流行季节都要少去公共场所。准爸爸一旦得了传染病，如甲肝、乙肝活动期、肺结核等，要采取隔离措施，与准妈妈隔离一阵子。

进行胎教要科学

进行胎教不要操之过急，也不要过度。

😊 要有科学的态度

胎教是为了使每个普通的宝宝通过培训，身心发育更健康、更聪明，提高其综合素质水平，而不该像某些宣传误导的那样，是为了培养天才、神童。天才在人群中毕竟是少数，而胎教的主要目的是让宝宝的大脑、神经系统及各种感觉机能、运动机能发展更健全完善，为出生后接受各种刺激、训练打好基础，使宝宝对未来的自然与社会环境具有更强的适应能力。

😊 掌握必要的知识

现在准备养育宝宝的父母常感困惑——社会上种类繁多的"方案"不断描述着照此培养出的宝宝如何"超常""早慧"，使年轻的父母们不忍心让自己的宝宝落伍，也纷纷解囊参加培训或购买"方案"。其实这些"方案"中有一些就是打着"科学""专家"的旗号在误导父母们，有的指导思想就是遗传决定论，有的明显违背儿童发展的自然过程，有的只是为了赚钱，毫无科学依据。因此，建议夫妻在准备要宝宝之前，应从正规的专业单位及渠道学习一些有关儿童发展方面的知识，包括孕期心理卫生、儿童心理与教育学及胎教早教的有关常识。这能使自己做到心中有数，保持冷静的头脑，善于识别和选择适合自己的方法。

😊 掌握好度

胎教要掌握好时间和强度，以免对胎儿造成不良的影响，如胎教音乐过于嘈杂、胎教器具音质不纯、胎教时间过长等。

总之，要想生育一个健康、聪明的宝宝，需要进行适时适度的科学胎教。科学的胎教需要父母对胎教有正确的认识，学习相应的知识、技能，用科学的方法进行。科学的方法应按自然的发展规律，按胎儿的月龄及胎儿的发展水平作相应的胎教。做到不放弃施教的时机，也不过度人为干预。在自然和谐中有计划地进行胎教，才可能获得希望的成果。

给胎儿最好的环境

环境胎教：从孕前准备开始，贯穿整个孕期，为胎儿营造安全舒适的环境。

对年轻夫妇在准备受孕前6个月就开始进行环境卫生知识指导，以利于优化环境养胎育儿，称为"环境胎教"。

我们可以将胎儿所处的环境分为内环境和外环境，"内环境"指的是胎儿居住于母体内的环境，它与母体的健康状况和身心状态息息相关，"外环境"指的就是准妈妈所处的环境，包括工作环境、居住环境等。建议从准备怀孕的时候就好好地经营"内环境"，"外环境"胎教可以在怀孕7个月时开始实施。

进行内环境胎教时，除了要保持身心的健康愉快，养成良好的生活习惯，注意居家环境的品质之外，还要经常摸着肚子和腹中的宝宝说话，这样胎教的功效会更好。

良好的环境，能使胎儿受到良好的感应；不良的环境，能使胎儿受到不良的感应。外界的色彩、音响和声乐，乃至无限美好的大自然景色等，不仅使准妈妈置身于舒适优美的环境中，而且，准妈妈也得到了美与欢快的感受，

自然心情轻松愉快，进而影响她腹中的宝宝，真正达到"气美潜通，造化密移"。所以，年轻的父母们在工作之余，应常常带着你的"小宝宝"去感受、享受大自然的美，来进行外环境的胎教。

为了保证胎儿的健康发育，准妈妈应该避免以下几种不利于妊娠的内外环境：多次堕胎或流产后受精；夫妻体弱患病时受精；不洁的性生活引起的胎儿宫内感染；放射线伤害；职业与嗜好的不良刺激；污染与噪声等。

专家指导

孕期的性生活与宝宝的发育与健康关系密切。在妊娠早期，子宫为了适应受精卵的分裂增殖，以及胚胎期的细胞分裂，尤其是脑细胞的分裂，本能地处于安静状态。为了确保宁静的内在环境，防止流产，受精后夫妇的性生活应该调整姿势，不要太过激烈。

抚摩让胎儿感觉到安全和爱。

抚摩胎儿，让他感觉到爱

触觉能向胎儿提供许多关于人性和互动的教育。

抚摩胎教，是准爸妈与胎儿之间最早的触觉交流。指的是准妈妈本人或是准爸爸用手在准妈妈的腹壁轻轻地抚摩胎儿，引起胎儿触觉上的刺激，以促进胎儿感觉神经及大脑的发育。胎儿还在准妈妈腹中的时候，体内的绝大部分细胞就已经具有了接受信息的能力，并且

可以通过触觉神经来感受体外的刺激，而且反应渐渐灵敏。父母可以通过抚摩的动作配合声音与子宫中的胎儿沟通信息。这样做可以使胎儿有一种安全感，并感到舒适和愉快。

妈妈充满爱意的抚摩能给予胎儿受保护和受重视的感觉。大多数在爱抚和拥抱中成长的宝宝，会成长为意志坚强、有安全感和自信的人。而长期得不到触摸爱抚的宝宝，长大以后会变得自闭而神经质，甚至可能造成身体发育迟缓。

触觉是宝宝还在子宫中就已经发展起来的一种感觉。他不断地用自己的身体去感受周围环境：感受羊水和衬在子宫壁上的羊膜的爱抚；感受身体的一些部分相互碰撞或相互依靠时皮肤接触的感觉。每一次碰触都会在宝宝的大脑中建立联系。碰触在丰富胎儿视野的同时，也会再一次地将其神经系统的发展向前推进一步。胎儿在触摸中探索学习成长。

随着胎儿的长大，通过触摸，他可以和你交流。他会通过在子宫中蠕动和踢来踢去回应你的话语。对于刚出生的宝宝来说，触摸不仅仅是一种感情上的抚育，它同时还刺激了皮肤，促进了皮肤、组织和深部肌肉的修复。

语言胎教，最常见的胎教方式

父母经常与胎儿对话，能促进其出生以后在语言及智力方面的良好发育。

准妈妈或家人用文明、礼貌、富有哲理的语言，有目的地对子宫中的胎儿讲话，给胎儿的大脑新皮质输入最初的语言印记，为胎儿后天的学习打下基础，称为语言胎教。

很多人对语言胎教感到不可思议，认为胎儿既不会思考也不会说话，根本无法接受语言信息。实际上，语言胎教的训练基础并不是建立在胎儿说话的基础上，而是建立在胎儿具有记忆的科学基础上的。

对于胎儿是否有记忆，我国宋代名医陈自明在《妇人大全良方》中就曾说过："子在腹中，随母听闻。"国内外不少专家、学者对此做过许多深入研究，西班牙一所胎儿教育研究中心对"腹中胎儿的大脑功能会被强化吗"这一课题进行了研究，研究结果表明胎儿在子宫中通过胎盘接受母体的养分和信息，胎脑细胞在分化、成熟的过程中不断接受母体神经信息的调节和训练。研究结果证实了胎儿对外界有意识的激励行为的感知体验，将会储存在记忆中。

人脑从内侧往外分古皮质、旧皮质、新皮质三大部分。古皮质起着爬虫类脑的作用，旧皮质起着哺乳类脑的作用，唯有人类有区别于其他动物的特别发达的新皮质。新皮质是用来学习知识和进行精神活动的，就好比一台电脑，如果不输入优良的信息，尽管性能再好，也只会是一部没有储存软件的电脑，胎儿也会感到空虚的。

认识音乐胎教

孕6月时胎儿听觉反应开始发育，音乐胎教可以从这时候开始。

通过不断地给胎儿传输优良的乐性声波，促使其脑神经元的轴突、树突及突触的发育，为优化后天的智力及发展音乐天赋奠定基础，称为音乐胎教。通过给准妈妈或胎儿听音乐，使他们精神放松、情绪愉快。平稳的旋律和节奏对胎儿大脑的发育是一个良好的刺激，能使胎儿情绪安宁，有利于胎儿发育。

医学专家的研究证实：音乐胎教可以使胎儿脑神经元增多，树突稠密，突触数目增加，甚至使原本无关的脑神经元相互连通。

神经元是神经系统的基本结构单位和机能单位。一个人智力的高低与脑神经元的发育关系十分密切。脑神经元表面有一大的分枝（轴突）和很多小的分枝（树突）；两个脑神经元之间依靠轴突、树突相接触而传递冲动（沟通信息），其接触的部位称为突触。突触越多，人越聪明。

音乐胎教的乐曲分为两类：一类是适宜准妈妈听的，以轻柔舒缓的 E 调和 C 调为主；

另一类是让胎儿单独欣赏的。准妈妈听的胎教音乐，可用耳机听，也可以从扬声器里放出来听，音量不宜太大；胎儿听的胎教音乐，在频响、节奏以及情感特征等方面都有特殊的要求，要购买经过相关质量鉴定的产品。

专家指导 准爸妈在进行音乐胎教时，不妨将莫扎特的音乐作为胎教音乐的首选。研究表明：莫扎特所创作的音乐与人体神经有着独一无二的微妙感应，在胎儿期听过莫扎特音乐的宝宝，对声音、画面、气味的空间感觉更早、更准确，记忆外部刺激的能力也更强。

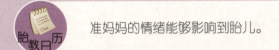
准妈妈的情绪也是胎教方式

准妈妈精神愉快、心理健康，会使胎儿的大脑得以良好的发育。

通过对准妈妈的情绪调节，使之忘掉烦恼和忧虑，创设轻松氛围，让准妈妈精神愉快，心理健康；并且通过准妈妈的神经递质作用，使胎儿的大脑得以良好的发育，称为情绪胎教。

妊娠后的生理机能变化，准妈妈本人和家庭其他成员对胎儿的期望或者猜想，尤其是婆婆、公公对生男生女比较感兴趣或者偏重，都会有形或无形地给准妈妈的精神蒙上阴影；一些对一般人无不良反应的语言、噪声、气味、颜色，都可以引起准妈妈的不良反应。因此，家人应该格外注意避免对准妈妈精神方面的刺激。

准妈妈与胎儿之间由血液中的化学成分沟通信息。医学研究表明，准妈妈的情绪会直接影响内分泌的变化，而内分泌物又经血液流到胎儿体内，使胎儿受到或优或劣的影响。如果准妈妈的情绪焦虑忧郁，其体内肾上腺髓质激素的分泌量会增多，并通过血液影响胎儿的正常发育，所以情绪胎教非常必要。

🔵 胎教小贴士

准妈妈可以到大自然中去欣赏美景，以促进胎儿大脑细胞和神经的发育。准妈妈将在大自然中感受到的美通过提炼后传输给胎儿，使胎儿也能领会到大自然的神秘、高大与瑰奇等。准妈妈经常到大自然中去，还可以多呼吸新鲜空气，以利胎儿的大脑发育。

胎教日历 准妈妈不要吃生冷食物和刺激性食物。

准妈妈吃得好不好也影响胎教

想要孕育优质宝宝，就必须在怀孕前开始调养身体，怀孕期也要摄取均衡的营养。

宝宝在准妈妈的肚子里，身体器官系统的发育和日后的饮食习惯都与准妈妈在孕期的饮食有关，所以为了宝宝的健康，为了宝宝的未来，准妈妈在孕期一定要做好饮食胎教。

☺ 选择新鲜的食品

在挑选食物材料的时候，应选择新鲜的、应季的、外形漂亮干净的、有光泽的食物。与速食食品相比，自己动手做更新鲜、更放心，还可以调查是否含有添加剂、农药的残留、有效期等。

☺ 培养吃饭的情绪

除了注重饮食的营养之外，准妈妈对饮食的态度也非常重要。即使是相同的食物，津津

有味地吃与勉强地吃，对营养的吸收程度截然不同。准妈妈津津有味地吃完后的那种满足感会直接传达到胎儿的大脑。

☺ 规律地饮食

准妈妈要做到三顿主餐定时、定量、定点。最理想的吃饭时间为早餐7~8点、午餐12点、晚餐6~7点，不论多么忙碌都应该按时吃饭，不要一边吃饭一边做其他事情。

☺ 不吃有刺激性的食物

尽量避免吃过咸、过甜、油性过大的食物。特别是过咸的食物，对于准妈妈来说是最不适宜的。盐分吸收过多会使肾脏里的毛细血管收缩过滤功能下降，导致体内的毒素蓄积而对母体和胎儿造成损害，并且容易导致妊娠高血压综合征。所以准妈妈尽可能地吃得清淡一些。即使是出去吃饭也要挑选一个干净的餐馆，并且事先告知对方有准妈妈，拜托不要做得太咸或太辣。

☺ 不吃过凉的食物

太凉的食物会使肾脏的功能降低。准妈妈不能饮用凉水，因为体温的急剧下降会使胎儿感到紧张。

色彩训练是很好的胎教

色彩可以直接影响准妈妈的情绪，对胎儿也有着潜移默化的影响，在孕前3个月及整个孕期都要进行。

色彩的冷暖不仅关系到准妈妈自身的情绪好与坏，还间接影响着腹中宝宝的现状和未来，所以做好色彩胎教至关重要。

😊 色彩的作用

色彩能影响人的精神和情绪。色彩对于人来说是一种间接的刺激，不同的颜色所引起的刺激强度不同，因而人的感受也不同。相比较来说：红色、橙色、黄色、黑色给人的刺激强度较大，而绿色、青色、蓝色、白色给人的刺激强度较小，尤其以冷色调的绿色、蓝色刺激强度最小。所以精神的舒畅或是沉闷都与色彩的视觉效果有着一定的关系。一般情况下，红色使人感到激动、兴奋，黄色让人感到温暖，绿色让人感到清新、宁静，蓝色让人感到安静，黑色让人感到压抑、沉闷等。

😊 准妈妈的着装色彩

准妈妈穿对了色彩，可以改善孕期心情；穿错了色彩，反而容易急躁不安，所以准妈妈在怀孕期间应特别注重衣服的色彩，把好的光源色彩穿在身上，久而久之，不仅会让准妈妈的情绪稳定，也能让准妈妈的身体更健康，通过色彩营造出来的好心情，也会在无形当中传达给胎儿，这正是良好胎教的开始。

😊 准妈妈的居室色彩

对准妈妈来讲，居室的色调应该以冷色调为主，如浅蓝色、淡绿色等。在主色调的基础上，搭配一些暖色调，如黄色、粉红色等。准妈妈在工作和劳动之余，身处这样的色彩环境内，可以尽快摆脱烦躁情绪，减轻疲惫，在精神和体力上都得到休息。

准妈妈上完网要及时用清水洗脸。

准妈妈上网时间不要太长

现在很多准妈妈在孕期还会坚持上网，当然大部分会穿上防辐射服，即便是这样，也最好少上一会儿网，注意休息和防辐射。

电脑辐射，是每个职场准妈妈都担心的问题。事实上只要每日使用电脑不超过4小时，并且做足防辐射的功课，可以把对胎儿的影响减到最小。但是在孕早期，胎儿发育最敏感的阶段，最好还是不用电脑。

注意与电脑的距离

因工作需要仍需使用电脑，应与电脑保持一臂的距离，与他人操作的电脑保持两臂的距离。上班的时候，要留心别人的电脑从你侧、背面散放的辐射，可申请调换到靠窗的位置。

坐姿正确，缓解疲劳

要防止长时间坐着引起的盆腔血液滞留不畅，应当休息片刻，做到张弛有度；要注意电脑与座椅的高低配合，在腰、背后放上舒服的靠垫，不要弯腰驼背，头和身体要同电脑屏幕保持一定的距离，这样眼睛、脖颈都不会容易觉得累了。

如果准妈妈使用电脑后经常手腕疼，应减少使用电脑的时间，如果还是不行可以买一个腕托安在电脑键盘上，这样可以减轻长时间保持一个姿势对腕神经的压迫。

做好防辐射

准妈妈应穿上防辐射背心或防辐射围裙，并给电脑加上一个视保屏。

时间不宜过长

使用电脑一周不可超过20个小时，每隔1小时要离开10分钟。不要在网上无限制地浏览或玩游戏，戒除全天开着电脑的习惯。

开窗换气，注意洗脸

多开窗换气，增加空气流通；使用电脑后，脸上会吸附不少电磁辐射的颗粒，所以准妈妈要及时用清水洗脸，这样将使所受辐射减轻70%以上。

注意营养，加强锻炼

注意补充蛋白质、高维生素和磷脂食品，多吃樱桃可以改善长期面对电脑而产生的头痛、肌肉酸痛；加强身体锻炼，增强体质。

推算好预产期

　　预产期就是预计分娩的日期，孕期共为280天，预产期就是指从最后一次月经开始日算起的第280天。正常产期(满产期)定义为预产期的前2周到后2周内。将最后一次月经来潮的月份减掉3(不足者加上9)，而日数加上7，即为预产期。

　　预产期的推算可采用如下方法，其中第一种最为常用:

　　（1）最后一次月经计算法：这是简单的计算方法。将最后一次月经来潮的月份减掉3(不足者加上9)，而日数加上7，即为预产期。例如：最后一次月经为4月5日开始，预产期则为翌年1月12日。

　　（2）以受精日计算：若知道受精日，从这天开始经过38周(266天)即为预产期。这比从最后一次月经开始日计算预产期的方法更精确。

　　（3）超声波断层法：对于最后一次月经开始日不确定的人而言，这是较准确的方法。由于可计算出胎囊大小与胎儿头至臀部的长度，以及胎头两侧顶骨间径数值，据此值即可推算出怀孕周数与预产期。

　　（4）由子宫大小推定：根据子宫底的高度测定怀孕周数。

　　推算预产期的目的，并不能确定真正的分娩日期，在预产期的前后两周分娩都算正常。不过推算出大致的预产期，对准妈妈及时、有计划地做相应的孕期准备是非常有益的。

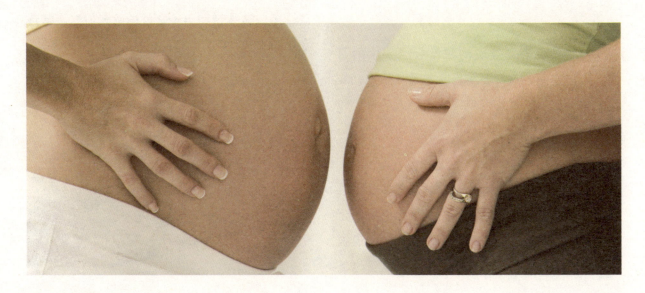

处理好婆媳关系

婆媳关系可以说是中国家庭内部人际关系中的一个传统难题，即使在今天，融洽的婆媳关系也并不十分普遍，应怎样科学地处理好婆媳关系呢？

和婆婆相处，确实需要用点心，讲点艺术。简单地说，就是儿媳妇们需要把婆婆当成自己的妈妈，又不能完全当成亲生母亲，既要孝敬，又要尊敬。尤其在孕期和生产后，有些儿媳妇需要婆婆的照顾，更要处理好婆媳之间的关系。

😊 相互接纳

婆媳原来各自生活在不同的家庭之中，各有自己的生活背景、生活习性，如果要婆媳在一起生活，这就有一个逐步了解、相互适应的过程；儿媳妇与婆婆相隔一代，在心理上存在着差异，要相互接纳和理解。

😊 相互尊重

儿媳妇要尊重婆婆的日常起居、生活习惯、心理空间，这样婆婆也会尊重儿媳妇，从而宠爱儿媳妇；婆婆也要理解年轻人的辛苦和新想法、新观点，不要过多干涉。

😊 儿媳妇要做足功课

儿媳妇要学会倾听，老人总是话多，也总爱选择在饭桌上唠叨，儿媳妇要耐心倾听，让婆婆觉得你尊重她的言语，平时多和老人说说话；做一些力所能及的家务，孕期做家务也是一种锻炼；身体不适时要说出来，不要憋在心里，自己难受，还容易让婆婆误会；平时能够给婆婆买点衣服或生活用品，如果婆婆对买的东西并不满意，不要计较；与婆婆在怀孕的生活起居或育儿方面有分歧，要能把握尺度，尽量避免冲突；多让婆婆休息，关心她。

😊 男性要做好中介

在婆媳关系中，男性起着十分重要的中介作用，中介作用如果发挥得好，则可以加强婆媳之间的情感联系，反之，则容易成为矛盾的焦点。男性要一碗水端平，既不使母亲感到失望，也不让妻子有苦无处诉，才能缓解婆媳矛盾；多传达母亲和妻子之间的善意信息，营造和睦的家庭气氛。

准妈妈要坦然面对怀孕

确定怀孕了，你是惊喜还是紧张？是手足无措还是泰然自若？初为人母，这些反应都是正常的。

坦然接受怀孕

怀孕会使女人在体形、情绪、饮食、生活习惯、对准爸爸的依赖性等诸多方面发生变化，所有这一切都是正常的、必须经历的自然过程。所有想当妈妈的人都应以和平自然的心境来迎接怀孕和分娩的到来。

如果是意外怀孕也不要过于紧张，而应及时到医院进行咨询。

惊喜之余更要学会规划孕期生活

为了胎儿的健康，准妈妈需要注意的事项很多，如小心起居、注意锻炼、营养均衡、心情舒畅、科学胎教、预防疾病等，都要精心安排，当然也不能过分关注。

提早准备生活用品

怀孕之后，准妈妈的身体将发生很多变化，所以必须在孕前或孕初期提前做好各项生活用品的准备，免除准妈妈日后准备用品的劳累和忙乱。

内衣：选择有弹性、宽大的纯棉内衣，多准备几件；内衣要容易穿脱；内裤和衬裤最好选择系带式的，以便根据腹围的大小进行调节。

外衣：选择宽大的，并能使鼓起的肚子不太明显的服装；颜色和款式以柔和和简单为好；夏天可穿一条孕妇裙，既宽松又凉爽。

鞋：选择安全的布鞋，鞋底要有防滑波纹，宽窄长短合适，就是脚稍有浮肿也能穿着走路；鞋跟的高度在2厘米左右；鞋的重量要轻，以走路轻巧方便为原则。

做好准爸爸

不经意间送给准妈妈一件小礼物吧，哪怕很普通、很常见，准妈妈也会感到温馨，提高怀孕的幸福感，也算是你送给未来宝宝的第一件礼物。

第2个月

胎儿大部分器官
分化和形成的敏感期

注意出现畸形的危险期

怀孕初期，胚胎很脆弱，不当的饮食或活动都可能会导致出现畸形，准妈妈要尤其注意。

每个妈妈都希望自己的宝宝出生后，四肢健全，大脑正常，各器官生长健康。那么就应该在怀孕期间避免饮食、药物、感染、辐射等外来因素对自身和宝宝的侵害。

怀孕3个月以内是胎儿生长发育的决定性阶段，最为重要，胚胎各器官都在这一时期内生长发育。各主要器官最易出现畸形的危险时期为：

脑：受精后15～27天；

心脏：受精后20～29天；

眼：受精后24～29天；

四肢：受精后24～36天；

生殖器：受精后28～62天。

这些时间段是各器官致畸的最危险时期，准妈妈掌握了这一情况，就可以在这段时期内注意防止各种外界因素的侵袭。当然，整个妊娠期都应避免不利因素的影响，不过怀孕最初3个月内更为重要。

专家指导　最常见的促排卵药为克罗米酚。这种药物常用于治疗排卵异常、卵巢功能不良、多囊卵巢综合征等引起的不孕症。是一种治疗性药物，从医学角度讲，服用促排卵药后，可以一次排2～4颗卵子，若几个卵子受精，确实有生双胎或多胎的可能。

但是，选用促排卵药属人为干预疗法，可能导致准妈妈子宫内膜变薄，不利于胚胎发育，出现卵巢过度刺激综合征，如头晕、恶心、肝肾功能损害等。

胎教日历

准妈妈要依照胎儿生长发育的需要来补充营养。

准妈妈怀孕各阶段所需要的营养

胎儿在不同的成长阶段会形成不同的器官系统，也需要不同的营养。

准妈妈怀孕月份	胎儿发育情况	所需营养	食物来源
1月	脑、脊髓、口腔、眼睛、耳朵、四肢、甲状腺和消化道开始形成，血液开始流动	在均衡营养、合理膳食的基础上补充钙、铁、铜和维生素A	红绿色蔬菜、鱼、蛋、动物肝脏、鱼肝油
2月	脑神经、肌神经和视神经形成，肌肉和骨架基本形成，口鼻腔、气管和支气管出现，唇、胃和手指出现，性器官分化出来	脂肪、蛋白质、钙、镁、钙、磷、铜、铁，维生素A、维生素D、维生素B_1和B_2	蛋、奶、肉类、鱼类、豆类、米糠、动物肝脏和黄绿色蔬菜
3月	膀胱形成、手指甲和脚趾甲形成，肺部出现雏形，甲状腺分泌激素	维生素A、蛋白质、钙	蛋、奶、鱼类、动物肝脏、黄绿色蔬菜和红绿色蔬菜
4~5月	皮肤很薄，已有呼吸运动	钙、氟、蛋白质、硫	蛋、奶、豆类、鱼类、海产品、骨制食品和红绿色蔬菜
6月	眼睛发育完成	蛋白质、维生素A	蛋、奶、鱼类、动物肝脏和黄绿色蔬菜
7~8月	神经系统发育完成，可以调节身体功能	钙、钾、钠、氯、维生素D、烟碱酸	蛋、奶、鱼类、肉类、糙米和绿叶蔬菜
9月	皮脂腺活动旺盛，储存糖原和脂肪	蛋白质、脂肪、糖	蛋、奶、鱼类、肉类、米、麦和玉米
10月	各器官系统发育完成，成为成熟胎儿	铁	蛋、奶、豆类、动物肝脏和绿叶蔬菜

继续补充叶酸

计划怀孕的女性，可从怀孕前3个月开始每天摄取0.4毫克的叶酸。

😊 为什么要补叶酸

叶酸是一种重要的维生素，准妈妈如果缺乏叶酸，则可能患上巨幼红细胞性贫血，还可导致胎儿出现神经管畸形。另外，叶酸不足还可使胎儿眼、口唇、腭、胃肠道、心血管、肾、骨骼等器官的畸形率增加。

😊 补多少叶酸

备孕女性可在怀孕前3个月开始，每天摄取0.4毫克的叶酸，要听从医生和保健人员的指导，切忌自己滥服药、乱买药。

到了怀孕期间，准妈妈可每天摄入0.4~0.8微克叶酸。到产后的哺乳期，建议新妈妈仍应维持每天0.3~0.4微克的叶酸摄取量，满足哺乳和自身的需求。

😊 怎么选择叶酸补充剂

准妈妈补充叶酸，应选择国家有关部门批准的预防性药品。这类药品每片含叶酸0.4毫克，正好满足准妈妈补充叶酸的需要。一定不要选5毫克叶酸片，它属于治疗性药品，每片的叶酸含量相当于0.4毫克叶酸片的12.5倍。准妈妈在孕早期切忌服用这种大剂量的叶酸片，因为长期大剂量服用叶酸片对准妈妈和胎儿会产生不良的影响。

😊 同时注意补锌

长期服用叶酸会干扰体内的锌代谢，锌的摄入量一旦不足，就会影响胎儿的发育。因此，准妈妈在补充叶酸的同时，还要注意补锌。锌在牡蛎中的含量十分丰富，其次是鲜鱼、牛肉、羊肉、贝壳类海产品。经过发酵的食品含锌量会增多，如面筋、烤麸、麦芽都含锌。豆类食品中的黄豆、绿豆、蚕豆等；花生、核桃、栗子等坚果也富含锌，准妈妈可以多食此类食物来补锌。

专家指导　　如果准妈妈在孕前检查出患有叶酸摄入不足导致的巨幼红细胞性贫血，则应在医生指导下采用铁剂和维生素B_{12}或叶酸合并应用，并注意增加富含铁质、维生素B_{12}和叶酸的饮食。

胎教日历　孕早期不要用电热毯。

孕早期要小心流产

刚刚植入子宫内膜的胚胎，与妈妈的连接还不是很稳定。一旦受到外界干扰，就有发生流产的可能。

😊 注意生活细节，预防流产

（1）不要随便用药，如有疾病或不适应在医生指导下用药。注意防止病菌感染，尤其要预防风疹和流感的发生。

（2）生活要有规律，适当地活动，每日保证睡眠8小时，条件允许可以午睡一会儿。养成每日定时大便的习惯，保证大便通畅；注意个人卫生，不盆浴、游泳，穿平底鞋；避免体温过高，如孕早期使用电热毯是造成流产和胎儿畸变的危险因素之一。

（3）选择合适的饮食。一般凉性食物、助火食物、含有毒素的食物较易导致流产，如螃蟹、甲鱼、马齿苋、桂圆、山楂、芦荟等。

（4）注意避免过重体力劳动，如弯腰、搬动重物、伸手到高处取东西及频繁的上下楼等活动，防止外伤。减少开车，不要乘坐震动很剧烈的交通工具。

（5）怀孕前3个月和后3个月尽量减少或避免性生活。由于妊娠时准妈妈的阴道分泌物增加，对细菌的抵抗力也会减弱，易感染，造成流产。

（6）保持心情舒畅。采用多种方法消除紧张、烦闷、恐惧心理，以调和情志，保持精神愉快，避免各种刺激。

（7）爱美的准妈妈检查一下化妆品，祛斑霜、染发剂、脱毛剂、指甲油、香薰精油、风油精都对胎儿有极大的危害。

（8）一旦发生流产征兆，就应卧床休息，必要时去医院就诊。

😊 如需人工流产要做好准备

对于非意愿性的妊娠，应尽量争取在10周以内做人工流产。手术前1周内应避免性生活，保持身体处于一种健康的状态。术前应洗澡，保持外阴部清洁。手术当天早晨最好禁食，以免术中出现恶心、呕吐。手术时应尽量放松，与医生相互配合，使手术达到良好效果。

胎儿第一次听到声音

胎儿的听力发展最早，要注意保护好胎儿的听力。

听觉是胎儿在子宫内最易受到刺激的感觉，在怀孕15周的时候，胎儿还不到15厘米长，只有100克重，却已经具有了听力。听觉帮助胎儿收集周围世界的信息，刺激大脑发育，为日后学习语言能力和动作发育做好准备。我们需要做的就是及早地帮助胎儿保护和训练他的听觉。

胎儿生活的环境是丰富多彩的，在各种各样的声音中他首先听到的是妈妈体内的各种声音：

（1）妈妈的心跳，血液通过大动脉和大静脉时形成的交流声，以及来自母亲胃肠道的间歇的咕噜声。

（2）妈妈每次讲话时引起的腹腔共鸣，胎儿还可根据声调的抑扬顿挫以及吐字时声带的紧张与松弛隐约感觉声音的不同。

胎儿在子宫内已经能听到和分辨各种不同的声音，并能进行"学习"，形成"记忆"，

可影响他出生后的发音和行为。因此，我们应该利用胎儿听觉的重要作用，给予良性的声音刺激，促进胎儿听力的发展。

专家指导 　开车的准妈妈要注意，车内空气污染是一个比较普遍的问题，主要是车内装饰、配件和生产材料放毒；车装空调连环送毒，因此准妈妈应尽量避免在密封的条件下长时间使用空调。车内装饰有毒，有的地胶、坐套垫、胶黏剂等装饰材料中含有的苯、甲醛、丙酮、二甲苯等有毒气体，必然会造成车内的空气污染；空气芳香剂、防臭剂不仅会加速汽车面板的老化，而且还含有有毒气体甲醛，对人体的伤害很大。

保护好胎儿的听力

胎儿是生活在母体内的，做好妊娠期母体的健康保护和分娩时的安全顺利生产，对保护胎儿的听力有积极作用。

准妈妈怀孕的第2~3个月（即胚胎的8~12周），是胎儿内耳发育形成的关键时期。这个时期母体受伤、患病、用药，都可能导致胎儿听力受损；分娩时产程过长、难产、产伤也可使胎儿因缺氧窒息而导致先天性耳聋。

做好疾病的预防和治疗工作

一些传染病或发高烧致使内耳受到损害是造成儿童耳聋的常见原因。怀孕期间母体的抵抗力较弱，因此应注意预防疾病，尤其是病毒感染性疾病，如流行性感冒、腮腺炎、风疹等。对已患有梅毒、糖尿病、肾炎的准妈妈宜先积极治疗，待痊愈或病情稳定后再怀孕。

禁用耳毒性药物

许多耳毒性药物可以通过胎盘直接进入胎儿的血液循环，引起中毒，影响听力。若早期怀孕自己不知道而又服用过某些药物，也应及时把情况反映给医生。

避免接触强烈噪声

准妈妈接触强烈噪声可对胎儿的听觉发育产生不良后果。因此，怀孕的女性应该避免接触超过卫生标准（85~90分贝）的噪声。

避免受伤

按期做好产前检查，如发现有异常情况应及时采取有效措施，避免产程过长、难产、产伤给胎儿带来损伤致聋。

专家指导

准妈妈阴道出血不是个别现象，许多准妈妈在孕期都曾遇到过，而且一些人的阴道出血还会持续整个孕期。如果医生排除了各种疾病的可能，就可以认为出血原因是孕卵着床的生理反应，大部分的准妈妈在怀孕3个月以后，胎盘功能开始健全，这种出血便会停止。

胎教不要拘泥于形式

胎教不必拘泥于任何形式，只要把孕期生活过得多姿多彩，给将来的宝宝传达最愉悦的情绪，让他健健康康、快快乐乐的，就是最好的胎教。

即使我们将在以后的日子里提供各种各样的胎教素材，但主要为了给你更多的胎教指导，你一定要选择你真正喜欢的，并完全可以按照自己的习惯，发挥自己的想象，与腹中的胎儿互动。

人在轻松的环境下，学习东西会非常快，

胎儿也是一样。只要准妈妈感到舒适，并且感到胎儿觉醒着，就可以随时把自己听到、看到的一切与他分享。但要注意的是，如果听胎教音乐，时间不可太长，每次控制在30分钟以内。刚开始施行胎教时，时间要更短一些，毕竟胎儿最需要的是休息。

准爸妈必须明白，胎儿不是一个无感觉的物体，而是一个有各种感觉的、鲜活的生命，他的感觉经过不断的外界良性刺激会得到更好的发展。因此，不管你以何种方式关注他，每天早起与他打招呼也好，在他躁动时轻轻地抚摩他也好，一定要让他感觉到你在爱他，每时每刻。

要知道，胎儿不怕重复，他更喜欢熟悉的东西，一次又一次，不厌其烦。在将来的某一天你会发现这个秘密——当他听到你为他唱一首熟悉的歌时，会轻轻地蠕动，这就是他正享受你的爱意呢。

专家指导

阴道分泌物增多会使菌群结构改变，为有害菌的孳生提供便利，容易产生炎症。准妈妈在平时一定要注意清洁，一般用清水清洗阴道就可以了，不要用任何冲洗器。如果白带不但多而且有臭味，呈豆渣样或灰黄色泡沫状，并伴有外阴瘙痒，则属异常，应及时就诊。

准妈妈开始有妊娠反应了

大多数的妊娠反应是从妊娠4~7周开始的，反应的时间、症状、程度因人而异。

妊娠反应一般表现为恶心、厌食、呕吐、挑食、头晕乏力，不能闻油烟或异味等。妊娠10周左右大部分准妈妈的症状减轻或消失，少数到孕3月时症状消失。

头晕、头痛是常见的妊娠反应

在妊娠早期有头晕和轻度头痛是较常见的妊娠反应，不必为此担忧，头痛有时也会因过于劳累和精神因素引起。准妈妈要尽可能地让身体休息，注意睡午觉和保持安静。散散步、在室外晒晒太阳、多呼吸新鲜空气也对身体有好处。

缓解妊娠反应

（1）保持精神愉快，不要太紧张、焦虑；保持室内的空气清新；注意休息，环境要安静，温度要适宜；运动要轻量，可以缓慢地散步，减轻恶心的感觉。

（2）饭菜要清淡、爽口、不油腻，避免吃太油腻或辛辣的食物。早晨起床前吃少量食物对减轻恶心也有帮助。

（3）吃含有较多淀粉及糖分的食物，如饼干、面包、土豆等；多吃容易消化的食物，如烤面包、饼干、大米或小米稀饭等；多吃水果，增强食欲。吃饭时要细嚼慢咽，饭后可立即躺下休息。

（4）反应严重的准妈妈在医生指导下服用维生素B_6。

维生素B_6怎么补

维生素B_6可缓解孕吐，孕吐严重的准妈妈可在医生的指导下合理服用，一般怀孕的前两个月，每天服用10毫克即可，过多、过久地服用维生素B_6对妈妈和宝宝都不利。

也可以多吃一些富含维生素B_6和锌的食物，如动物肝脏、鱼、蛋、豆类、谷物、葵花子、花生仁、核桃等。

做好准爸爸

在准妈妈怀孕后，准爸爸应尽可能地多做家务，尤其是当准妈妈有妊娠反应、感觉不适时，准爸爸更要多干些家务活，如洗衣服、做饭、买菜、照顾家中老人等。在准妈妈去医院做检查时，准爸爸最好陪着去，在医院里帮着挂号、取化验单，在路上注意准妈妈的安全等。

妊娠反应对胎教有影响吗

准妈妈要尽量控制情绪，注意缓解妊娠带来的不良反应。

在怀孕3个月以内的孕早期是胎教刚刚开始的时期，又是胚胎各器官分化的关键时期（胚胎于此阶段形成），也是胎儿对致畸因素十分敏感的时期，这时准妈妈和家人在精神、饮食、工作、生活等各个方面均应特别谨慎，尽力避免不良因素影响准妈妈和胎儿。

准妈妈的妊娠反应，如恶心、呕吐、乏力、食欲不振等，往往会影响准妈妈的心情、情感与心理平衡，表现出烦躁、易怒或易激动、抱怨等情绪。如果夫妻双方或准妈妈对早孕反应过于敏感和紧张，往往会对怀孕早期的正常生理变化产生焦虑和不安，甚至反感和厌恶。这种情况非常不利于胚胎的形成，因为准妈妈的情绪可以通过内分泌的改变影响胎儿的发育。准妈妈在怀孕早期的不愉快心情，往往可以借助母子沟通的方式影响胎儿，不利于胎儿的身心健康和发育。因此，怀孕早期保持健康而愉快的心情是这一时期胎教的关键。

 胎教小贴士

胎教一般多是针对准妈妈而言的，而忽视了准爸爸的作用。实际上，准爸爸在胎教中的作用也是十分重要的。从某种意义上说，聪明健康的宝宝诞生，在很大程度上取决于准爸爸。准爸爸应积极支持妻子为胎教而做的种种努力，并主动参与进来。

胎教日历　准妈妈可食用烤面包干、饼干等缓解晨吐。

别让孕吐反应影响胎儿的营养

怀孕最初3个月，是受精卵分化最旺盛、胎儿各种器官形成的关键时刻，因此，孕吐期的饮食调理十分重要。

☺ 早餐不能少

孕吐反应多数在清晨空腹时较重，干食可减轻呕吐。如起床前，为了减轻呕吐，可先吃些烤面包干、馒头干、饼干等食品，然后躺半小时左右，再慢慢起床，可有效防止呕吐。

☺ 补充水分

水分的补充对准妈妈很重要，但不要怕吐，吐了以后再喝，反复几次就不会再吐了。饮料里还可加少许食盐，以防呕吐造成低钠现象。

☺ 少食多餐

准妈妈的进食方法以少食多餐为好。每2~3小时进食一次，一天5~6餐，晚上反应较轻时，食量宜增加，食物要多样化，必要时睡前可适量加餐，以满足准妈妈与胎儿的营养需要。

☺ 食材要丰富

根据准妈妈的不同情况和嗜好，选择不同的原料和烹调方法。丰富的食材可以满足准妈妈的多种需求。

☺ 增加含钙食品的摄入

增加富含钙质的食物的摄入，如多吃一些虾皮、腐竹、黄豆以及绿叶蔬菜等，并且保证每天2袋牛奶的摄入量。

☺ 不必专门补充营养素

除了一些孕吐现象比较严重的准妈妈需要补充营养剂外，一般情况的孕吐不需要补充营养剂。如果准妈妈呕吐现象比较严重，那么为了保证准妈妈及胎儿健康之需，可以在医生的指导下适当地补充一些营养剂，如服一些B族维生素和维生素C。

专家指导　每次孕吐后用20％的苏打水漱口，可中和胃酸对牙齿的腐蚀。水果中含有发酵糖类物质，因此吃完水果后也要漱口。

职场准妈妈要保护好自己的权利

准妈妈怀孕后将受到《中华人民共和国劳动法》的保护，在孕期、产期、哺乳期内享受特殊的权利。

☺ 在孕期、产期、哺乳期内，单位不得辞退怀孕女工或降低其工资

《中华人民共和国劳动法》第二十九条：女职工在孕期、产期、哺乳期内，用人单位不得解除劳动合同。

《中华人民共和国妇女权益保障法》第二十七条：任何单位不得因结婚、怀孕、产假、哺乳等情形，降低女职工的工资、辞退女职工、单方解除劳动（聘用）合同或者服务协议。但是，女职工要求终止劳动（聘用）合同或者服务协议的除外。

☺ 孕期和哺乳期单位不得安排有危险的工作

《中华人民共和国劳动法》第六十一条：不得安排女职工在怀孕期间从事国家规定的第三级体力劳动强度的劳动和孕期禁忌从事的劳动。对怀孕七个月以上的女职工，不得安排其延长工作时间和夜班劳动。

☺ 产检假、产假、哺乳假

产检假：由开始妊娠至第6月个末，每月检查1次；由第7个月初至第8个月末，每月检查2次。最后1个月每周检查1次，有特殊病者不在此限。以上检查时间，不得视为请假，应算作劳动时间。

产假：女职工产假为90天，其中产前休假15天。难产的，增加产假15天。多胞胎生育的，每多生1个婴儿，增加产假15天。晚婚晚育夫妻双方中有一方可申请加30天产假。

哺乳假：婴儿1周岁内每天两次授乳时间，每次30分钟，也可合并使用。视单位具体情况，可申请哺乳假6个半月，发放工资有一定调整。

专家指导

*危险岗位包括：*劳动强度高的工作，即重体力或连续长时间的工作；负重工作，即经常需要弯腰，或提、举超过15千克重物体的工作；高空作业，即经常要在1.5米以上空间作业的工作；高辐射、高污染的工作。

准妈妈一旦过敏，对自己和胎儿都有害。

准妈妈要小心过敏

准妈妈过敏，会引起一系列的不适，不仅身体不舒服，还会影响到胎儿的健康。

😊 食物过敏

如果准妈妈在食用某些食物后产生全身发痒、出荨麻疹或心慌、气喘，或腹痛、腹泻等现象，就有食物过敏的可能，这不仅能造成流产、早产，导致胎儿畸形，还可导致婴儿出生后易患多种疾病。易过敏的食物有海产鱼、虾、蟹、贝壳类食物及辛辣刺激性食物；奶和奶制品、鸡蛋、芝麻等食物，长期重复摄取后可能导致过敏。

😊 皮肤过敏

在怀孕期间，皮肤的分泌物增加，由于激素水平的改变，准妈妈的皮肤变得敏感，易患炎症。

有些花草，如万年青、五彩球、洋绣球、仙人掌、报春花等能够引起接触过敏。准妈妈的皮肤触及后，会引发瘙痒症，这对准妈妈和胎儿都不利。

😊 过敏性疾病

花粉、螨虫等易引起过敏性哮喘、过敏性鼻炎和过敏性皮炎等疾病。

😊 谨防过敏

避免接触有可能导致过敏的过敏源，在孕期停食易过敏的食物；使用温和、无刺激、经过过敏性皮肤测试的护肤品；平时多用温水清洗皮肤；春季减少外出，避免引起花粉皮炎；注意除螨，床、枕头、地毯、空调是藏螨的重点地方；多吃富含维生素C的水果、蔬菜；选择质地柔软、透气性强、易吸汗、性能好的衣料，贴身衣物应冲洗干净，以免残余在衣物、毛巾中的洗涤剂刺激皮肤，引起过敏反应；保证充足的睡眠；坚持运动，以增进血液循环，增强皮肤抵抗力。

 专家指导 要注意加强准妈妈的营养，也要注意控制孕期的体重，避免过度肥胖。孕妇孕期体重增加量，正常的标准是10~13.5千克。超过上述范围，就应设法控制，因为怀孕期肥胖可引起妊娠高血压综合征、糖尿病及难产，也可引起巨大儿及胎儿宫内发育迟缓。

准妈妈可以练一练瑜伽

孕产瑜伽比较舒缓，不仅有助于增强准妈妈的身体素质，塑造身体线条，并有助于准妈妈在产前保持平和的心态。

练习瑜伽的好处

通过瑜伽，准妈妈可以学习正确的呼吸技巧和放松方法，有利于顺产和配合生产；可以提高血液循环；促进消化功能，缓解孕期常见的不适症状；增强体力和肌肉张力，增强身体的平衡感，提高整个肌肉组织的柔韧度和灵活度，增强髋部、脊柱和腹部肌肉来支撑子宫内胎儿的重量；缓解腰酸、背疼等状况；有益于改善睡眠；缓解孕期紧张情绪，使准妈妈保持健康愉悦的状态；与成长中的胎儿建立更亲密的联系；加快产后恢复。

准妈妈练习瑜伽注意事项

怀孕头三个月不宜练习，最好从孕4月开始练习，孕晚期尽量做一些舒缓的放松运动，产后最好在6周后及恶露完全结束后，才能逐步恢复瑜伽练习；在活动时应注意自我保护，避免摔跤、碰撞腹部；高龄准妈妈、有习惯性流产或者有其他疾病史的准妈妈慎做；最好选择明亮、整洁、安静并且通风良好的房间；每次时间不宜过长；在家练习时，可以利用家具来保持平衡或得到支撑；要根据妊娠的情况选择适当的衣服；准妈妈最好不要赤脚练习瑜伽；选择权威、有资历的专业机构进行指导和练习。

孕期不可以做的动作

后弯类动作；腹部着地的动作；有关腹部训练的动作；深度扭转类动作；迅速改变体位的动作；倒立。躺姿的动作在孕中期以后不宜；取站姿时不要外八站法；不要过度拉筋。

孕期宜常练的动作

"蹲"类的动作；多练习收阴；骨盆倾斜的动作；靠墙做站姿的动作；扩胸运动；小腿伸展的动作。

情绪胎教有助胎儿发育以及良好性格的形成。

好情绪是胎教的开始

准妈妈长期的情绪烦躁，会对胎儿造成伤害。

情绪受来自人体内部环境和外部环境的刺激的影响，刺激通过人体的感觉器官，经传入神经传到各级神经中枢，特别是大脑皮层、丘脑和下丘脑，然后，大脑又发出信号，向外传输，影响自主神经系统和内分泌系统，引起人的表情动作、肢体运动等，还影响内脏器官的活动状况。所有这些化学物质，都经血流通过母体和胎儿之间的桥梁和纽带——胎盘和脐带传递给胎儿。

如果准妈妈受到惊吓、忧伤、恐惧或其他严重的精神刺激等，会引起胎儿呼吸加速和身体移动。如准妈妈和人吵架时，有5%的胎儿心率加快，80%以上的胎儿胎动增强；胎动次数比平常增多3倍，最多时，可达正常的10倍。这样有可能引起子宫出血、胎盘早期剥离，造成胎儿死亡。即使胎儿顺利出生，也比正常宝宝瘦小。并且宝宝往往身体功能失调，特别是消化系统容易发生紊乱，易躁动不安，易受惊吓。

怀孕早期是胚胎各器官分化的关键时期，母子间虽没有直接的神经联系，但准妈妈的情绪变化引起的内分泌变化，可以通过胎盘直接影响胎儿的大脑发育。如果准妈妈情绪不佳，会造成肾上腺皮质激素的增高，这就可能阻碍胎儿上颌骨的融合，造成腭裂、唇裂等畸形。

愉快的情绪，可以使人血液中氧气充足，准妈妈和胎儿都处于放松、安静的状态，在这种环境下，胎儿就会更愿意接触外面这个他毫不知情的世界，对一切充满好奇心与期待。因此，准妈妈应尽量避免情绪激动、精神紧张，遇到不开心的事情多往积极的方面想，或是做做深呼吸、记记日记，或是到空气好的地方散散步，就会发现情绪很容易调节的。

准妈妈要多想美好的事

准妈妈要多想自己向往和喜欢的事情，以形成良好的情绪，进行想象胎教。

创造性审美想象，是一种能充分发挥和调动主观能动性的心理活动，它可以使任何一个人的生活变得充实和快乐。对准妈妈来说，她们更需要快乐、满足和美感。准妈妈要进行想象，想自己向往和喜欢的事，如想着自己抱着未来的宝宝，逗着宝宝玩的情景。

准妈妈自己置身于一个舒适的环境中，或是坐着，或是躺着。使身体完全放松，从脚趾开始，一直到头顶，想着一步步地放松身体的每一块肌肉，让所有的紧张从身体中流出。用腹部又匀又长地呼吸，慢慢地从10倒数到1，每数一下都觉得自己是更深地放松了。

当准妈妈感到自己深深地放松了之后，开始想象自己逗宝宝玩的情景。想象宝宝是多么活泼可爱，自己的心情是多么愉快欢乐，胎教成功的喜悦充溢在自己心头。

做好准爸爸

准爸爸需要为准妈妈挑选一些书籍：

分享类的怀孕日记或心得的书。

怀孕期间的营养、安全、常见病护理、专家指导的书。

胎教书、胎教音乐。

轻松愉快的阅读图书、漫画、杂志等，避免悬疑、恐怖、悲剧等容易引起人负面情绪的读物。

儿歌、一些清新婉约的宋词或乐府诗、童话故事和现代诗歌。

孕早期就要提高自然分娩率

准妈妈从孕早期就开始注意营养、控制体重、放松心情、重视产检等，就有利于自然分娩率的提高。

合理营养，控制体重

怀孕期间准妈妈都很重视饮食营养，但是整个孕期体重增长最好别超过15千克，如果不注意控制体重，而引起营养补充过多、脂肪摄入过多就会造成胎儿发育过大，分娩时无法顺利通过产道，就降低了自然分娩率。

加强锻炼，适当运动

准妈妈进行运动锻炼时，能使全身肌肉的血液循环得到改善，增强的腹肌能防止因腹壁松弛造成的胎位不正和难产；好的体能会使准妈妈对产痛的承受能力增强。运动不仅锻炼了肌肉、关节和韧带，还可以缓解身体的疲劳和不适。由于准妈妈肌肉和骨盆关节等得到了锻炼，为日后的自然分娩做了良好的准备。

做好产检

对胎儿进行相应的检查，可以确切地掌握胎儿的发育情况，例如遇到胎位不正，在医生指导下可以采取膝胸卧位等方法矫正，从而不影响顺产。

对准妈妈进行检查，可以及时发现和治疗妊娠高血压综合征、糖尿病等不适和疾病，以利自然分娩。

放松心情

对于打算顺产的准妈妈来说，要提前做好心理准备，多阅读一些这方面的书籍，了解顺产的过程和应对方法，要保持稳定的心情，相信自己能够顺产。

选择鼓励自然分娩的医院

选择鼓励自然分娩的医院，这样就可以更多地得到专业支持，以帮助你更好应对自然分娩。

高龄就不能自然分娩吗

高龄准妈妈选择何种分娩方式，应根据准妈妈自身情况来定，如果准妈妈无妊娠高血压综合征等并发症、分娩发生后宫缩良好、胎儿位置也正常，最好是以阴道助产分娩为主。

控制体重有利胎儿健康

　　孕后的体重比孕前体重增加10～13.5千克为宜，增加过多，会使身体发胖、胎儿过大，不利分娩；增量过少，易营养不足造成低体重儿。

　　在怀孕期间增重以10~13.5千克为宜。在此范围内增重，宝宝出生时体重可在2500~3400克，符合标准要求。在增加较迅速时，每周也不超过0.5千克。

增重的标准

　　一般来说，理想的孕期增重，是怀孕1~3个月增重2千克，4~7个月增加5千克，8~10个月增加5千克，总共约12千克。对于担心产后瘦身不容易的准妈妈，将体重尽量控制在理想增重范围内，未来要进行产后瘦身，也不至于太辛苦。

如何控制体重

　　如果体重需要控制，也不要节食，通过饮食调整来控制体重。饮食要规律、均衡；远离高脂肪、高糖、营养成分又少的食物，例如甜点、糖果、巧克力；多喝不含热量或热量很低的水，例如，矿泉水、茶、浓度低的果汁，牛奶不应该被当做饮料，而应该算做食物；每天坚持运动。

如何增加体重

　　体重过轻可导致准妈妈贫血、水肿、高血压、子痫，胎儿体重过轻、生长迟缓等，这样的准妈妈要注意补充营养、均衡饮食。如果体重过轻，可咨询医生，补充适量的孕妇奶粉。

为什么孕早期体重会减轻

　　孕早期的妊娠反应会导致孕吐、准妈妈情绪紧张，出现没有胃口等情况而使体重有所下降是一种常见的现象，不用担心，这并不会危害胎儿的正常发育。

怎么量体重

　　要做到准确测量体重应脱掉鞋子，只穿单衣单裤，最好事前排空小便，只有相同条件下真实的体重相互比较，才有意义。

在妻子确定怀孕后，准爸爸也需要调整好心态。

准爸爸要调整好心态

准爸爸面对怀孕的妻子和家庭的责任，也会有"妊娠反应"，准妈妈要帮助准爸爸调整心态，尽量让准爸爸多参与孕期的生活。

当妻子确定怀孕后，一些丈夫在欣喜的同时，也和妻子一样增加了许多心理负担，他们也会感到周身乏力、头痛、心烦意乱，出现一些"妊娠反应"的症状。

😊 对初为人父的紧张

在习以为常的两个人之间，忽然要再增加一个"陌生"的小生命，准爸爸难免会有些紧张、恐惧和抵触，缓解准爸爸的这种紧张情绪就要给他一定的接受时间。

😊 看到准妈妈不适的焦虑

由于妻子的早孕反应，像恶心、呕吐不能进食，丈夫看在眼中疼在心里，心情会非常焦虑。可以让准爸爸了解相关知识、阅读相关书籍，让他了解这些妊娠反应都是正常的，只要更加关心和呵护妻子就可以了。

😊 来自家庭的压力

妻子怀孕后丈夫的家务劳作负担加重，尤其是那些平时很少做家务的丈夫，开始会感到紧迫感和不适应。如果遇到妊娠反应严重或好挑剔、难侍候的妻子，丈夫的精神紧张程度还会加重。妻子要理解丈夫，干一些力所能及的家务，不要什么都不干。

😊 对性生活的担心

在孕早期，很多准爸爸会担心性生活可能危害胎儿及怀孕的妻子，性欲降低，逐渐会出现不适、头痛、腹痛，以及易怒、疲惫等现象。因此，准妈妈要理解准爸爸，多和准爸爸沟通，在孕中期可以适当地有节制地进行性生活。

丈夫对妻子的怀孕及孕期的日常生活的照顾需要一个认识的过程，两个人要多沟通、多体谅对方，消除了孕期种种的异常心理状态，才能愉快而健康地度过孕期。

胎教日历 孕早期要避免接受X线摄片检查。

X线摄片检查不利于胎儿的健康

妊娠3个月以内，正是胚胎器官形成时期，X线有很强的致畸作用，可使流产、死胎的发生率大大提高。

☺ X线摄片检查

X线摄片检查对于确诊许多疾病起着重要作用。X线有很强的穿透力，小剂量X线照射也可引起人体组织损伤、基因突变；若大剂量照射可引起染色体断裂。对于一般人来说，偶尔做X线摄片检查不会引起大的损害，但胎儿却非常敏感。

☺ 孕早期不要做X线摄片检查

怀孕早期，特别是最初15～56天，正是胚胎的脑、眼、心脏、四肢等分化发育的时期，如果接受放射线照射，极易导致胚胎发生先天缺陷。在怀孕最初3个月内，腹部绝对禁止X线

照射，胸部透视最好推迟到怀孕28周后。骨盆X线测量或拍摄胸片，均应安排在怀孕36周后。

准妈妈在不知怀孕的情况下做了X线摄片检查，应把X线照射时怀孕的时间、照射的部位和受照射面积等告诉医生，由妇科医生决定是否终止妊娠，绝不能擅自做主。

如果必须进行X线摄片检查，应注意以下几点：

（1）尽可能在妊娠晚期进行检查，这时胎儿各器官均已完成发育，很小剂量的X线摄片不致引起胎儿的变化。特别是用于诊断胎儿骨骼发育是否异常时，此期胎儿骨骼发育成熟，易于识别。

（2）如准妈妈需要做X线摄片检查时，做检查前要告知医生已经怀孕，尽量避开腹部，只照需要检查的局部。

（3）在孕早期做过大剂量X线摄片检查，特别是腹部检查的准妈妈，可请医生做产前诊断，了解胎儿是否发生畸形。

准妈妈别忘了去产检

第一次产检可以到医院做验血或B超确认怀孕，在三个月后可以去医院进行产检建卡。

怀孕40天时，你的妊娠尿检呈阳性，医生会告诉你"你怀孕了"，还会向你交代警惕宫外孕等异常妊娠，如发生腹痛、阴道出血应立即看急诊，不要自己单独在家或外出，以免危险。

验孕

怀孕40天时就诊，一般医生会问最后一次月经的时间，若超过28天，大部分会怀疑是否有怀孕的可能，可进行尿检来确认怀孕。孕6~7周就可以通过验血或B超来确认怀孕。

通过超声波检查，大致能看到胚囊在子宫内的位置，若仍未看到，则要怀疑是否有子宫外孕的可能。怀孕女性若无阴道出血的情况，仅需看看胚囊着床的位置。若有阴道出血时，通常是"先兆性流产"，这段时间若有一些组织从阴道中掉出来，就要考虑是否真的是流产。另外，在孕期5~8周间，还可以看到胚胎数目，以确定准妈妈是否孕育了双胞胎。

推算预产期

基本上，对于月经周期为28天的女性来说，从最后一次月经第一天算起，月份加9，日数加7，直到预产期，整个孕期约为280天。所以，女性平时若是35天的排卵周期，那么以最后一次月经来潮日算起，预产期要再多加7天，即287天。正确算法是从最后一次月经来的第一天开始算起，而不是从排卵日或受精日算起。

注意事项

要注意药物的服用和X射线的照射，事先一定要告知医生已有妊娠的可能性，也要注意不可以任意服用药物。

若有出血或是茶色分泌物的出现，就要注意，有些人会误以为是下一次月经的来潮，最好尽早确认怀孕。

做好准爸爸

第一次产检，准爸爸最好和准妈妈一起去，再忙也要挤时间，以示对准妈妈的重视，也要帮助准妈妈挂号、排队，以免医院人多造成准妈妈的劳累和烦躁。

要警惕母婴血型不合

在我国，以ABO血型不合引起的新生儿溶血发生率较高，并且90%以上发生在准妈妈是O型血，丈夫是A、B或AB型血者身上。

溶血症是指因母、婴血型不合而引起的同族免疫性溶血，使胎儿在宫内或出生后发生大量红细胞破坏，出现一系列溶血性贫血、黄疸以及其他多种临床表现的疾病。

母婴血型不合主要有ABO型和Rh型两类。如果准妈妈为O型，丈夫为A型、B型或AB型，则母婴有ABO血型不合的可能；如果准妈妈为Rh阴性，丈夫为Rh阳性，则有Rh血型不合的可能。

O型血的准妈妈要珍惜第一胎

在ABO系统中，因O型人具有抗A或抗B的人数比A型及B型的人数多，所以准妈妈O型，胎儿A型者得病机会多。新生儿溶血症发生的机会和严重程度随着胎次的增加而增加，如果有过流产史或者输血史，怀孕时就该想到这个问题。因此O型血的准妈妈更要重视第一胎。

孕前孕中要积极预防

如果准妈妈属于容易导致溶血病类型的，可在孕前先进行中药治疗来降低抗体，预防怀孕后胎儿患溶血症。

如果已知存有母婴血型不合可能的情况，那么怀孕后应作特异抗体检查，以便及时预防。第一次测定可在孕16周时，作为抗体基础水平。然后于孕后28～30周作第二次测定，以后每隔2～4周重复检测一次，监测抗体上升速度。如抗体效价升高，则需及时应用药物治疗，以预防溶血的发生或降低其危害性。在孕期也要按照医生的要求定期检查，并做好相应的防治工作。

多补碘有利胎儿的大脑发育

妇产科专家提醒准妈妈，为了优生，准妈妈在妊娠期间宜多吃海产品。

碘是人体不可缺少的一种矿物质，碘在人体中的主要作用就是参与甲状腺素的合成，甲状腺素对身体发育是必需的，正常的体格、认知行为和神经运动系统的发育均依赖于甲状腺素。

准妈妈缺碘，会造成死胎、流产、早产和宝宝先天性畸形。宝宝出生后智力低下，体格矮小，面容呆傻，以及瘫痪、又聋又哑等克汀病表现。为了下一代的优生，给准妈妈补碘既是必需的，又是重要的。在缺碘区，盐中加碘是一种经济、安全、方便和有效的补碘措施。补碘的关键时间是在妊娠早期3个月，尤以妊娠前为好。若怀孕后5个月再补碘，作用已甚微，起不到预防后代智力缺陷的作用了。

准妈妈每日碘的适宜摄入量为200微克，

一般日常饮食不能满足准妈妈对碘的需要，海产品中含有丰富的碘，如海带、紫菜、贝类、鱼、虾等，准妈妈可适当多吃一些。若是准妈妈每2~3天吃一次海鱼，即可满足人体对碘的需要量，故准妈妈不妨多吃些海产品。

 胎教小贴士

准妈妈食用不同的食材，对胎儿的益处也不同。

食物名称	供给主要营养素	对胎儿的益处
牛奶及奶制品	钙、磷、维生素D、蛋白质	骨骼和牙齿的发育
肉类及其代用品	蛋白质、铁	造血、肌肉发育
水果和蔬菜	维生素C和维生素A、纤维	皮肤、眼睛和血管发育
谷类(米、面)	维生素B$_1$、铁、纤维、糖	供给热能及其他多种功能

注意噪声污染影响到胎儿

准妈妈接触强烈噪声可对胎儿的听觉发育产生不良后果，准妈妈应避免接触超过85分贝的噪声。

按照卫生标准规定，住宅区的噪声白天不能超过50分贝，夜间应低于45分贝。

噪声的危害

噪声能使准妈妈内分泌腺体的功能紊乱，从而使脑垂体分泌的催产激素过剩，引起子宫

强烈收缩，导致流产、早产。噪声还会加快胎心、增加胎动、损害胎儿的听觉器官，能使脑部部分区域受损，并严重影响大脑的发育，导致儿童出现智力低下。

噪声的常见来源

妊娠期间不可忽视家电等噪声的危害。医学研究表明，某些声波对于成年人无损伤，但对胎儿稚嫩的生命却有重大的伤害，甚至可以导致畸形。所以，妊娠期间应格外注意准妈妈卧室内环境的宁静，应避免一切不良刺激。

噪声不光是我们平时注意到的交通噪声、建筑噪声等，还包括家电噪声。电视机、收录机所产生的噪声可达60～80分贝，洗衣机为42～70分贝，电冰箱为34～50分贝，高声说话为60分贝。准妈妈平时应注意这些噪声，尽量远离或回避。

专家指导

一般来讲，高龄准妈妈的胎儿宫内发育迟缓和早产的可能性较大。据统计，高龄准妈妈的胎儿畸变率比年轻的准妈妈高5～10倍，所以，高龄准妈妈一定要严格做好产前检查,必要时进行特殊检查，以降低新生儿畸变率。通过严格的孕前检查可让医生及早发现问题，及早处理，并得到控制。为保证生个健康的宝宝，产前检查一次也不能落下。

补钙、补磷有利胎儿的骨骼发育

缺钙和缺磷的准妈妈要注意进行适量的补充，当然也不能补充过量。

钙是构成骨骼和牙齿的重要成分，也是宝宝骨骼发育所必需的物质，如果准妈妈身体内钙充足，可促进胎儿骨骼及牙齿的生长发育。缺钙，可导致准妈妈小腿抽搐及宝宝软骨病或小儿佝偻病。准妈妈严重缺钙，可致骨质软化、骨盆畸形而诱发难产。

胎儿的乳牙胚在妊娠6周开始发育，妊娠4～5个月时恒牙胚开始发育。这一过程较长，直至乳前牙根完全形成约需2年的时间，而恒前牙根约需10年才能发育完全。所以，孕期钙的摄取与乳牙的发育及钙化关系密切。妊娠期间准妈妈每天需补钙1.5克。

食物中钙的丰富来源是奶和奶制品，不仅含量丰富，而且吸收率高，发酵的酸奶更有利于钙的吸收，是准妈妈最理想的钙源；虾皮、鱼类（特别是带骨头的小鱼）和芝麻酱含钙也特别丰富；蔬菜和豆类含钙量虽较多，但吸收较差；硬水中也含有相当量的钙。

磷和钙一样，也是构筑骨骼和牙齿的重要矿物质。

磷约占人体重的1%，成人体内含有600～900克的磷，是人体含量较多的元素之一。磷不但是构成人体的成分，而且参与生命活动中非常重要的代谢过程。人体内总磷量的85%～90%存在于骨骼和牙齿中。磷和钙结合形成磷酸钙，是构成骨骼和牙齿的重要成分，其中钙与磷的比值约为2：1。磷广泛存在于动、植物食品中，豆类、坚果类、蔬菜、水果中都含有磷；动物性食品如蛋、乳、肉、鱼和禽类中磷含量都比较高；鱼脑中含有丰富的脑磷脂和卵磷脂，是补脑佳品，准妈妈不妨多吃一些鱼，这对准妈妈本人和胎儿都是有好处的。人体一般不会出现磷缺乏。

准妈妈不要吃含咖啡因的食物

准妈妈最好不要摄取含咖啡因的食物，如茶、咖啡、可乐、巧克力等，以免导致流产、胎儿体重过轻，或生出畸形儿。

在怀孕期间，不要大量饮用咖啡、浓茶和可乐型饮料或食用含咖啡因的食品。这些饮料中大都含有较多的咖啡因，咖啡因是一种中枢神经兴奋药物，会加快胎儿心跳速率及新陈代谢速度，因此对胎儿有不良影响；咖啡因也会降低母体血液流入子宫的速度，使供给胎儿的血中氧气量与养分降低，影响胎儿的发育。此外，由于咖啡因有利尿的作用，使原本已经频尿的准妈妈更加不方便，同时会造成钙质从尿道中流失，并影响铁质的吸收。容易刺激准妈妈的胃酸分泌，加重肠胃不适症状。

在妊娠期过量饮用含咖啡因的饮料，也有可能使胎儿发生腭裂、脊柱裂、无眼等畸形。

减少咖啡因的摄取：茶或咖啡不要泡太久、太浓，因为越浓的咖啡和茶，所含的咖啡因就越多。

在购买饮料前注意看成分标示，若饮料含有咖啡因则不要喝。

尝试喝不含咖啡因的花草茶，或用水煮低咖啡因的咖啡，以尽量降低咖啡因的摄取量。

专家指导

准妈妈要少吃烧烤食品，如果特别想吃烧烤，建议淋上点儿柠檬汁，它富含维生素C、柠檬酸、苹果酸以及奎宁酸等有机酸，能抑制致癌物对身体的侵害，还能抑制促进癌细胞生长的各种酶的活性。另外，烧烤时要多吃蔬菜和水果，不仅降低热量，又补充维生素、促进排便、降低胆固醇。

补锌有利胎儿的神经系统发育

缺锌的准妈妈要在医生指导下适量补锌，也可适当多吃含锌的食物。

如果妊娠早期缺锌，可干扰胎儿中枢神经系统的发育，严重的可造成中枢神经系统畸形；妊娠晚期缺锌，可使胎儿的神经系统发育异常。

锌是促进生长发育的重要元素之一，是体内物质代谢中很多酶的组成成分和活化剂。锌在核酸、蛋白质的生物合成中起到重要作用。锌参与糖类和维生素A的代谢过程。锌还具有维持胰腺、性腺、脑垂体、消化系统和皮肤正常功能的作用。锌也是胰岛素的成分之一，与胰岛素的活性有关。

孕早期的准妈妈每日宜摄入锌15毫克；孕中期、孕晚期准妈妈每日需摄入锌20毫克。

锌的来源广泛，但动物性食物和植物性食物的锌含量与吸收率有很大差异。牡蛎含锌量较高，每千克可达1克以上；动物性食品含锌量也较高，如牛肉、猪肉、羊肉及肝脏、蛋类每千克在20～50毫克；鱼类和其他海产品每千克在15毫克左右；牛奶及奶制品每千克在3～15毫克；豆类及谷类每千克在15～20毫克；而蔬菜和水果含锌较低，一般每千克在10毫克以下。过细的食品加工过程可导致锌大量丢失，例如将小麦加工成精面粉约去掉80%的锌。

目前含锌药物主要有硫酸锌、氧化锌和葡萄糖酸锌等，但人体对药物性锌的吸收率较低，仅为10%左右，所以补锌时以不超过正常人每日需要量（成人为15毫克）的10倍为限，即每日不超过150毫克。

专家指导　怀孕18周以内的准妈妈最好不做B超，尤其是在怀孕早期。因为怀孕2个月内若过多做B超，可使胚胎细胞分裂与人脑成形受到影响。过多做B超，会抑制胎儿生长发育，发生畸胎或死胎。当然若是怀疑有畸胎、需要进行检查者则属例外。

怀孕不同阶段的饮食胎教

良好充足的营养,可以促进胎儿的大脑发育,大脑是积极开展胎教的物质基础。

☺ 孕早期(0~3个月)

(1)远离咖啡因。

(2)食用能减轻早孕反应的食物。从准妈妈开始产生妊娠反应的时候开始,就应该食用能减轻早孕反应的食物。生的海鲜或色拉等能够减轻妊娠反应,并且在呕吐的时候应多食用牛奶或水果等以保证摄入充足的水分。

(3)摄取维生素E以防止流产。在预防流产方面维生素E有一定的功效。糙米、菠菜等含有大量的维生素E。

(4)应该摄入适当的叶酸。在这个时期虽然不需要摄入什么特别的营养素,但这个时期是婴儿脸部的各器官、腿、性器官等开始发育的时期,因此需要摄取一些细胞分裂所需要的叶酸。含有叶酸的食物有生菜、茼蒿、韭菜等绿黄色蔬菜。

☺ 孕中期(4~7个月)

(1)注意调节自己的体重。

(2)吸收充分的维生素C。为了预防贫血,应摄取铁成分及有助于铁成分吸收的维生素C。铁成分主要存在于动物的肝脏、黑芝麻中;维生素C存在于草莓等水果当中。

(3)摄取充足的蛋白质和钙。大脑、肌肉、各个器官发育的时期,也是最需要蛋白质的时期。并且因为胎儿的血管和骨骼正在发育,因此急需铁和钙。蛋白质主要存在于肉类、海鲜、豆类当中;镁主要存在于海产品、豆腐当中。

☺ 孕晚期(8~10个月)

摄入充足的纤维素以预防便秘。越到怀孕后期子宫越是受到压迫,导致胃消化功能降低。并且这个时期准妈妈腰痛、便秘、痔疮等症状容易加剧。所以应多摄取含纤维素的蔬菜和水果。并且为了预防妊娠中毒,盐分的摄入也要减少。再有这个时期胎儿的脑部发育非常快,必须均衡地摄取营养。

准妈妈可以听听音乐

音乐胎教不仅可以激发准妈妈愉快的情绪，同时可以给胎儿的听觉以适当的刺激，为下一步的音乐胎教与语言胎教、对话胎教开个好头。

胚胎学研究证明，在受孕后第8周胎儿的听觉器官已开始发育，胚胎从第8周起神经系统初步形成，听觉神经开始发育，尽管发育得还很不成熟，但胎儿已具有可以接受训练的最基本条件，所以从妊娠2个月末起，准妈妈和胎儿可以听一些优美、柔和的曲目。每天在室内放1~2次，每次10分钟左右，乐曲不要选得太多，3个曲子就差不多了。

选择乐曲时要根据准妈妈的不同性格特点选取不同曲词、节奏、旋律和响度的乐曲。如准妈妈情绪不稳、性情急躁则宜选择一些缓慢

柔和、轻盈安详的乐曲，如《渔舟唱晚》《仲夏夜之梦》等，这些柔和平缓，并带有诗情画意的乐曲，可以使准妈妈及胎儿逐渐趋于安定状态，有益于母婴的身心朝着健康的方面发展。

如果准妈妈的性格抑郁，则宜选择一些轻松活泼、节奏感强的乐曲，如《欢乐舞曲》《春之声圆舞曲》等，这些乐曲旋律轻盈优雅，曲调优美酣畅、起伏跳跃，节奏感强，既可以使准妈妈振奋精神，解除忧郁，也能给腹中的胎儿增添生命的活力。

 **做好准爸爸**

缓解孕吐食谱：

绿豆粥

原料：绿豆50克，粳米250克，冰糖适量。

制作方法：将绿豆、粳米淘洗干净；砂锅内放入适量清水，放入洗净的绿豆、粳米，用旺火烧沸，转用文火熬成粥，然后加入冰糖，搅拌均匀即可。

注意事项：绿豆性凉，所以绿豆粥和绿豆汤最适合在夏天食用，如果是冬天怀孕，则可采用其他方式缓解孕吐。

营养功效：有清肝泻火、和胃止呕的功效，可缓解呕吐苦水或酸水或肝火犯胃的妊娠呕吐。

第3个月

DI-SAN GE YUE

胚胎成长为胎儿

胎教日历　准爸妈可通过抚摩与胎儿进行交流。

多抚摩胎儿

　　抚摩胎教法是根据胎儿具有触觉，准爸爸、准妈妈通过抚摩来与胎儿沟通的方法，它也是准爸爸、准妈妈早期与胎儿沟通的重要途径。

　　相对视觉而言，胎儿的触觉发育要早一些，实验证明，2个月的胎儿已经开始有感觉了，准爸爸、准妈妈可以通过对胎儿进行抚摩、拍打等，激发胎儿的积极性。经常抚摩胎儿，可以促进准妈妈的血液循环，有利胎体的形成和胎儿的智力发育。通过抚摩把触觉刺激传递给胎儿的大脑，加强胎儿感受器和大脑的联系，使宝宝更聪明。

　　怀孕2个月抚摩胎教的具体做法是：准妈妈可用双手轻抚腹部，一边抚摩一边呼唤胎儿的名字，还可以跟胎儿说话，把胎儿当成每时每刻和自己生活在一块的小人儿，把自己正在做的或可以和胎儿一起做的事告诉他。同时，准爸爸也可以选择合适和固定的时间抚摩胎儿，或用手指轻按妻子的腹部，把压力通过腹壁传至胎儿的皮肤，以产生压觉和触觉。这样可满足胎儿的皮肤饥饿感，激发胎儿活动的积极性，促使其发生蠕动。

😊 做好准爸爸

　　要为准妈妈换上较硬的床垫，虽然软床垫柔软舒适，但会让准妈妈感觉更疲劳，侧卧时，脊柱会不同程度地向侧面弯曲，长期下去会使脊柱结构与形态发生异常，压迫神经，加重腰肌负担，从而增加了准妈妈腰痛与腿痛的发病率。而且太软的床还不易翻身，对准妈妈和胎儿均不利。

　　睡硬板床当然也是不好的，睡硬板床会使准妈妈缺乏对身体的缓冲力，从而转侧过频，多梦易醒。所以，不要选用过硬或过软的床垫，最好是睡棕垫床或者硬床上铺9厘米厚的棉垫。

开始制作胎教卡片

　　绝大多数准妈妈怀孕以后都高兴在休息时，可以在家里随心所欲地欣赏自己最喜爱的胎教卡片了。

　　图像卡片胎教法是到孕晚期才开始使用的胎教法，但考虑到孕期所需要的身心保养，孕妈妈在孕早期就可以开始准备了。

　　孕晚期的时候，胎儿开始有情绪反应，会有微笑、皱眉、哭泣的表情，孕妈妈可通过深刻的视觉印象将卡片上描绘的图像、形状与颜色通过自己的想象传递给胎儿。

　　制作卡片的纸以浅色为宜，比如淡黄、淡蓝、粉色、纯白色等，大小为约12厘米的正方形即可，不可太大。

　　写字的笔为彩色笔，也可以单单选用深色的或者黑色的，这样写上去的字显得清晰，有助于孕妈妈在胎教过程中强化意念，集中注意力，并促进孕妈妈获得明确的视觉感。

　　卡片上的内容主要为：数字、拼音、大小写的英文字母、汉字。还可以加入一些图片辅助教学,如风景画等。

专家指导　　做胎教时，孕妈妈应保持轻松愉悦的心情，集中注意力与胎儿对话。这主要是为了使母亲的感觉和思考的内容与胎儿的发育状况相吻合，使胎教更有效果。每次胎教开始前，孕妈妈可以先把呼吸调整得深沉而平静，然后把要教的内容描绘出来。

第59天

孕3~6个月是胎儿脑发育的第一个高峰期。

胎儿脑发育的关键期

准妈妈只有了解了胎儿脑发育的特点，才能主动和正确补充健脑营养素，帮助宝宝长得更聪明。

胎儿的脑发育开始于胚胎的第3个月，此后脑细胞的增殖呈现出两个高峰。

第一个高峰发生在妊娠3~6个月时；

第二个高峰发生于妊娠后期，即妊娠7~9个月时。而第二个高峰，脑细胞的发育好坏，对人一生的智慧来说显得更为重要。

如果胚胎期营养不良，其大脑细胞的总数最少可能只有正常胎儿脑细胞的80%。为此，如果在脑发育的这两个"关键时期"发生任何一种与脑有关的营养素的缺乏，都将导致脑发育受阻，最终导致宝宝不够聪敏。

专家指导

卵磷脂，是构成神经组织的重要成分，属于高级神经营养素。卵磷脂在人体中占体重的1%左右，但在大脑中却占到脑重量的30%，而在脑细胞中更占到其干重的70%~80%。它能保障大脑细胞膜的健康及正常功能，确保脑细胞的营养输入和废物输出，保护脑细胞健康发育。对于处于大脑发育关键时期的胎儿来说，卵磷脂是非常重要的益智营养素。它还可以提高信息传递速度和准确性，提高大脑活力，增强记忆力。孕期缺乏卵磷脂，将影响胎儿脑的正常发育，甚至会发育异常。因此，准妈妈应常吃大豆、蛋黄、核桃、坚果、肉类及动物肝脏等富含卵磷脂的食品。

名画欣赏——《泉》

准妈妈在欣赏美术作品的时候，通过联想，想象到美好的事物，从而将美的感受传递给胎儿，完成对胎儿的美育胎教。

准妈妈在欣赏美术作品的时候，要在理解美术作品的基础上，用心去体会，引起感情上的共鸣，产生美的感受，从而达到对胎儿进行美育胎教的目的。

☺ 名画欣赏——《泉》

《泉》创造出的不仅是一个纯洁少女的化身，更创造了恬静、典雅、抒情诗般的意境。

如果准妈妈在孕早期受到严重的精神刺激，胎儿可能会患兔唇。

准妈妈情绪不好，宝宝易患兔唇

孕早期，如果准妈妈受到惊吓、恐惧、忧伤、悲愤等严重刺激，或其他原因造成的精神过度紧张，易导致胎儿患兔唇。

在孕7～10周内，是胚胎腭部和脏器发育的关键时期，如果在这个时期，胚胎受到一些不利因素的影响，如准妈妈情绪极度不安、抑郁、夫妻之间经常争吵等，会使其唇、腭发育受到障碍，就会产生唇裂或腭裂畸形。

妊娠早期受震惊、恐吓使准妈妈精神紧张，造成皮质激素分泌增加，准妈妈情绪不好时还会分泌出一些有害激素，通过生理传递途径被胎儿接受。同时，可以导致血管收缩，血流加快、加强，会直接危害到胎儿。

😊 准爸爸多照顾准妈妈的情绪

妊娠期间，丈夫应承担更多的责任，处理好夫妻之间的一些矛盾，与妻子共同分担所承受的压力，避免给妻子不良的刺激，以保证妻子的情绪与心理处于最佳状态，使妻子与胎儿进行最佳的信息沟通与情感交流。夫妻双方应互相尊重，互相理解，耐心倾听对方的意见，理智地、心平气和地对待彼此间的分歧。

😊 影响唇、腭裂的其他因素

27%唇、腭裂源自遗传；不良生活习惯；高龄怀孕；准妈妈在孕期前3个月营养缺乏，特别是维生素和叶酸缺乏；孕期用药不慎，服用阿司匹林、皮质激素等药物；准妈妈摄取维生素A过量；接触放射线及有毒物质；准妈妈患风疹等病毒感染性疾病。

豆类食品有利胎儿的大脑发育

豆类是重要的健脑食品，如果准妈妈能多吃些豆类食品，对胎儿大脑十分有益。

大豆中含量相当高的氨基酸和钙正好弥补米、面中这些营养的不足。又如脑中极为重要的营养物质谷氨酸、天冬氨酸、赖氨酸、精氨酸在大豆中的含量分别是米中含量的6、6、12、10倍，可见其含量之高，对健脑作用之大。

大豆中含蛋白质约占40%，不仅含量高，而且多为适合人体智力活动需要的植物蛋白，也有利于健脑。

大豆含脂肪量也很高，约占20%，在这些脂肪中油酸、亚油酸、亚麻酸等优质不饱和脂肪酸又较多。

此外，每100克大豆中含钙240毫克，铁9.4

毫克，磷570毫克，维生素B_1 0.85毫克，维生素B_2 0.30毫克，烟酸2.2毫克。这些营养物质也都是智力活动所必需的。

所以，准妈妈宜多吃大豆和大豆制品，如豆豉、豆腐、豆浆、豆腐皮、腐竹、豆腐干等。

👶 做好准爸爸

缓解烦躁的食谱：

生地枣仁粥

原料：生地30克，酸枣仁30克，粳米100克。

制作方法：酸枣仁研细，水煎取汁100毫升，生地水煎取汁100毫升。粳米洗净，煮成粥加入药汁，再煮沸。早晚温服。

注意事项：肠胃不适期间慎用。

营养功效：滋阴、清热、除烦，适用于阴虚所致妊娠心烦。

第63天

核桃仁中富含有健脑作用的卵磷脂。

核桃有利胎儿的大脑发育

核桃仁不仅外形非常类似于人脑的形状，而且核桃仁中所形成的能量也即营养结构与人脑的需求极为吻合，并且容易被大脑吸收。

核桃仁含不饱和脂肪酸、磷脂、蛋白质等多种营养素，可补充准妈妈所需脂肪，核桃仁营养成分的结构对于胎儿的脑发育非常有利。准妈妈可每天吃2~3个核桃。

含有大量脂肪和蛋白质

核桃中含有大量的脂肪和蛋白质，它们是大脑最好的营养物质，常吃核桃仁对大脑神经、周围神经系统有益。

含有健脑物质赖氨酸

核桃的蛋白质中还含有一种对人体极为有益的物质——赖氨酸。它是健脑的重要物质，能够给予大脑神经所需的营养，有助于提升孩子的智力，增强记忆力。

含有维生素B和维生素E

核桃含有丰富的维生素B和维生素E。B族维生素是重要的神经营养物质，参与机体内蛋白质、脂肪、糖的代谢，能使脑细胞的兴奋和抑制处于平衡状态。而维生素E具有防止脑细胞衰老的功效，从而增强记忆力、强健大脑。

含有健脑作用的卵磷脂

核桃中的卵磷脂，对脑神经有良好保健作用。它可以提高大脑活力，加快脑部神经细胞之间的信息传递，从而使神经系统顺畅地传递信息，达到镇定神经、增强记忆力和提高学习效率的目的。

 做好准爸爸

虎皮核桃仁

原料：核桃仁500克，白糖125克，香油500克，精盐3克。

制作方法：将核桃仁用开水烫一下，用竹签挑去内衣皮，再用清水冲洗干净；锅内加入白糖和清水，投入核桃仁用小火煨，至糖汁黏稠并包在核桃仁上，离火；锅内放入香油，用旺火烧至四成热时，将核桃仁倒入，改用小火炸至金黄色，放入精盐捞出，冷却后即可。

营养功效：对于孕早期胎儿脑的发育有良好的作用。

倾听《摇篮曲》

听听悠然的《摇篮曲》，你是不是感觉到在你的怀抱中，宝宝甜甜地睡着了！

《摇篮曲》作于1868年，作者是勃拉姆斯。相传是勃拉姆斯为祝贺法贝尔夫人次子的出生，作了这首平易可亲、感情真挚的摇篮曲送给她。法贝尔夫人是维也纳著名的歌唱家，1859年勃拉姆斯在汉堡时，曾听过她演唱的一首鲍曼的圆舞曲，当时勃拉姆斯深深地被她优美的歌声所感动，后来就利用那首圆舞曲的曲调，加以切分音的变化，作为这首《摇篮曲》的伴奏，仿佛是母亲在轻拍着宝宝入睡。

原曲的歌词：

"安睡吧，小宝贝，夜色已低垂，床头满插玫瑰，陪伴你入睡，夜色寂无声，宝宝睡得甜蜜，愿你舒舒服服睡到太阳升起。"

这恬静、优美的旋律本身就是一首抒情诗。后人曾将这首歌曲改编为轻音乐，在世界上广为流传，就像一首民谣那样深入人心。

整个乐曲的主题充满了温暖安详的情绪，表现了母亲真挚的爱意，伴奏声部形成了摇篮的晃动感受，烘托了平稳宁静的气氛。

乐曲的后半段为上行的八度跳进，仿佛充满了希望之光。

多呼吸新鲜空气

准妈妈一半的时间都在居室中度过，所以一定要注意空气的流通，尽量少用空调，保持适当的温度和湿度。

😊 新鲜空气有利于准妈妈和胎儿

新鲜空气不仅让人身心舒畅，还可以减轻准妈妈的早孕反应。新鲜空气中氧气含量高，有害物质少，能有效地提高人体血液中的含氧浓度，有助于人体的健康。生活在新鲜空气环境中的准妈妈，其胎儿往往较安静，胎动正常，胎儿不易躁动，生长发育较好。

😊 经常开窗换气

为了享有舒适安全的居室环境，一定要注意空气的流通，经常开窗换气，让新鲜空气不断流入，同时让室内的二氧化碳及时排出，减少空气中病原微生物的滋生。如果居室通风条件不好，应设法安装换气扇或做其他改善，有呼吸道传染病流行时，应少接触来访客人。

在夏季尽量少开空调，采用自然风降温；冬季，则在保暖的同时，也要注意开窗换气，使室内空气流通，并保证居室的温度、湿度适宜。

😊 注意居室环境

准妈妈要尽量避免被动吸烟，应经常交换环境中的空气；准妈妈卧室中不宜摆放花草；准妈妈的卧室内不宜铺地毯；理想的居室应该是冷暖适宜，20℃～25℃，准妈妈的居室里，最好备一个温度表以供调节室温参考。

 做好准爸爸

在孕期，准妈妈会比较懒，准爸爸可不要懒，多督促准妈妈到室外散步，并且陪着准妈妈，她就会出去了。周末或有时间的时候带准妈妈到郊外走走，呼吸一下新鲜空气。

准妈妈要告别不健康的零食

准妈妈要转换零食结构，零食以水果为主，干果为补充，其他零食尽量少吃或不吃。

😊 远离不健康的零食

各种含糖高的饮料包括冷饮、冰棍等，主要是水和糖，多吃影响食欲，且冷的刺激可使肠道痉挛，引起腹痛。

油炸食品含热量高，不易消化，如炸鸡腿、炸糕等。

膨化食品如饼干、虾条等，主要是淀粉、糖类和膨化剂制成，蛋白质含量很少，多吃可致肥胖。

果冻主要是增稠剂、甜味剂、人工合成香料等，营养成分很少。

街头烧烤如烤羊肉串等，不卫生，质量不可靠，应尽量少吃。

😊 各种健康小零食

低糖、低脂肪、低热量、低胆固醇，不含人工色素、防腐剂、味精等，才是健康的零食。

水果：是最好的零食，除了山楂、榴莲和其他高热量的水果，其他水果都可以多吃。尤其香蕉，可以缓解紧张情绪、润肠道。

坚果：坚果中有益于心脏健康的脂肪，可以健脑、提神、抗疲劳，如瓜子、核桃等，但坚果的热量和脂肪含量比较高，因此，每天应将摄入量控制在28克左右。

脱脂牛奶：准妈妈每天应该摄取大约1000毫克的钙，只要3杯脱脂牛奶就可以满足这种需求。

全麦面包：可以增加纤维的摄入量，还可以提供丰富的铁和锌。

红枣：维生素C的含量很高，还富含蛋白质、脂肪、钙、磷、铁、胡萝卜素及B族维生素等多种营养成分，预防妊娠期高血压。

花生：花生可以预防产后缺乳，花生的内衣中含有止血成分，可预防再生障碍性贫血。

专家指导　羊肉串有致癌物质，最好不要吃。肉的营养价值虽高，但烧烤的时候营养却会大量流失。炭烤肉需要几百摄氏度的高温加热，而且烤的时间比较长，肉中的氨基酸、维生素都会遭到严重破坏，营养价值也会大大降低。

胎教日历

菠菜中富含叶酸。

吃哪些食物可以补充叶酸

孕后3个月还要继续补叶酸，也可以吃一些富含叶酸的食物。

富含叶酸的蔬菜：莴苣、菠菜、西红柿、胡萝卜、青菜、龙须菜、花椰菜、油菜、小白菜、扁豆、豆荚、蘑菇等。

富含叶酸的水果：橘子、草莓、樱桃、香蕉、柠檬、桃子、李、杏、杨梅、海棠、酸枣、山楂、石榴、葡萄、猕猴桃、梨、胡桃等。

富含叶酸的动物食品：动物的肝脏、肾脏，禽肉及蛋类，牛肉、羊肉等。

富含叶酸的谷物：大麦、米糠、小麦胚芽、糙米等。

富含叶酸的豆类：食品黄豆，豆制品等。

富含叶酸的坚果：核桃、腰果、栗子、杏仁、松子等。

由于叶酸是一种水溶性的B族维生素，遇光、遇热就不稳定，容易失去活性，所以，虽然含叶酸的食物很多，但人体真正能从食物中获得的叶酸并不多。如蔬菜贮藏2～3天后叶酸损失50%～70%；煲汤等烹饪方法会使食物中的叶酸损失50%～95%；盐水浸泡过的蔬菜，叶酸的成分也会损失很大。

所以，要想从食物中摄入叶酸，就必须在食物的储存、烹饪上多加注意。在用食物补充叶酸的同时，应该注意补充叶酸制剂。

专家指导

准妈妈每次卸妆，清洗一定要彻底，防止色素沉着；妆容不宜过重，特别是粉底；注意产品清洁，过期产品和别人的化妆品坚决不用；妊娠期不文眼线、眉毛，不绣红唇，不拔眉毛，改用修眉刀；妊娠期间不要因为妊娠斑的产生而使用美白产品；尽量不要涂抹口红，如有使用，喝水时、进餐前应先抹去，防止有害物质通过口腔进入母体。

准妈妈感冒、高烧要及时处理

孕早期是胚胎发育器官形成的初期，也是最敏感的时期，准妈妈一旦患感冒或高烧，一定要及时处理。

处于孕早期的准妈妈身体抵抗力较弱，很容易受到这些细菌、病菌的感染。流感和不当用药都可能影响到胎儿的生长发育，出现低能、弱智、早产、流产等。如果在怀孕早期发高烧，婴儿患脊柱裂的危险性也会有所增高，高烧还会使细胞里的蛋白质变性，导致畸形、流产甚至死胎。

😊 准妈妈感冒怎么办

准妈妈在怀孕期间治疗感冒的原则还是应以预防为主，加强体质锻炼，控制感染，尽量不要去人多的地方。如果患了感冒，也不要紧张，应多休息，多饮水，多吃清淡易消化的食物，避免滥用药。一般的感冒，症状较轻，如流清涕、打喷嚏，对胎儿影响不大，也不必服药，休息几天就会好的。若患流行性感冒，且症状较重，则对胎儿影响较大，此期间服药对胎儿也有较大风险，必须在医生指导下用药。

😊 准妈妈高烧怎么办

准妈妈的体温如果持续过高，超过38℃，可能会影响胎儿成长，造成流产。如果是一般性的感冒而引起的发烧，对胎儿不会有太大的影响。但如果是感染性的高烧，对胎儿的影响就比较大了，应尽快降温，可在额部、颈部放冰块或服药降温，但一定要在医生指导下进行，避免乱用阿司匹林之类的退热药。

另外，发烧超过39℃，要排除肾盂肾炎的可能；久咳不愈，要排除肺炎的可能。

😊 预防最重要

勤洗手；经常做搓手动作；用冷水洗脸；常用盐水漱口；尽量不去公共场所；经常开窗透气；注意收看天气预报，及时增减衣物；多喝白开水；避免在空调房间久待。

提前做做运动胎教

运动胎教就是准妈妈在胎儿自发运动的基础上，适当、适时地帮助胎儿进行运动刺激和训练。

胎儿在子宫中的活动方式有握拳、吸吮手指、吞咽羊水、踢腿和翻身等动作。尽管在孕3个月后，准妈妈还感觉不到胎动，但实际上胎儿已经开始了以上的动作，所以从此时起就可以提前进行运动胎教了，适时、适当地进行一些"运动"刺激，可以促进胎儿的身心发育。

运动胎教的具体做法是：准妈妈仰卧在床上，注意头不要垫得太高，也可将上身垫高，采取半仰姿势，不论采取什么姿势，一定要感到舒适。准妈妈要全身放松，呼吸匀称，心平气和，面部呈微笑状，双手轻放在胎儿的位置上，双手从上至下，从左至右，轻柔缓慢地抚摩胎儿，心里可想象你双手真的爱抚在可爱的小宝宝身上，怀着喜悦和幸福感，深情地默想或轻轻地说出："宝宝，妈妈爱你""宝宝快快长，长成一个聪明可爱的小宝宝"等，开始时动作宜轻，时间宜短，每次5分钟左右即可。

👶 做好准爸爸

准爸爸为准妈妈做饭时一定要注意：

（1）一定要保证所有的肉制品都是完全熟的，而且在吃的时候必须是热的。

（2）水果、蔬菜和沙拉在吃之前，一定要洗干净。

（3）如果做煎蛋，要保证两面都煎熟，等蛋清、蛋黄都成为不透明的固体时才能给准妈妈吃。

（4）肉酱、软奶酪这一类食物就不要给准妈妈吃了，以防准妈妈感染致病菌。

开车的准妈妈要注意安全

开车上下班的准妈妈要注意开车的时间不宜太长，开车一定要系上安全带，并注意避免车速过快。

孕早期和晚期尽量不开车

孕早期的准妈妈由于体内激素的变化，心理状态不稳定，神经比平时更敏感，注意力容易分散，也容易产生困倦、疲劳，对于需要高度集中精神的开车来说是不适合的。

孕后期避免开车，也不要乘机出行或搭乘震动较大的交通工具出行。准妈妈驾车时习惯前倾的姿势，容易使子宫受到压迫，产生腹部压力，特别是在怀孕初期和怀孕七八个月时，最容易导致流产或早产。

注意车内空气

尤其要注意经常开窗通风。车内开放空调，关紧门窗，空气难以流通，会积攒很多细菌，因此，最好通过开窗通风来降温，同时还能促进空气流通。

时间不宜过长、速度不宜过快

坐的时间过久，会使准妈妈骨盆和子宫的血液循环不好，开车时长期处于震动和摇晃之中，对准妈妈来说过于疲劳，可能会引起不正常的胎动和腹痛。开车每次不宜超过1个小时。

速度过快，遇到紧急刹车时，方向盘容易冲撞腹部，引起破水。

系好安全带

安全带斜角部分应该压过胸部的中间，并尽量靠近臀部的下方，而腿部安全带则必须在隆起的腹部下面跨过大腿，不要压迫到隆起的肚子。身体姿势要尽量坐正，以免安全带滑落压到胎儿。

在孕期，准妈妈最好能酌情以步代车，如果总是坐在车里，较少活动，容易下肢水肿、发胖，将来分娩时也可能会发生一定的困难，适当活动还是有必要的。

准妈妈需要补充复合维生素吗

每个人都需要维生素，但不等于每个准妈妈都需要补充复合维生素，如果准妈妈孕前孕后饮食均衡、营养丰富，能够满足胎儿成长需要，就不必补充维生素。

如果不确定自己的孕期饮食是否合理，可以去医院，请营养学专家为你做一个营养分析，以便有针对性地进行补充。

😊 饮食均衡的准妈妈不用专门补充

虽然准妈妈对于蛋白质、钙、铁的需求比平时多得多，但在维生素方面，准妈妈所需的摄取量仅比平常略高。而大多数维生素散存于所有食物中，因此只要保持均衡健康的饮食，胎儿和准妈妈都不会缺乏维生素。相反，维生素如果摄入过量，对胎儿的健康可能是有害无益。

😊 复合维生素的选择

选择专为准妈妈设计生产的产品，这些为准

妈妈配方的多种维生素是以国际推荐的准妈妈每日需要量作标准，按一定的比例来配方的。

😊 按标准量服用

一般市售的复合维生素片都是以平均身高、正常体重范围的准妈妈为标准进行剂量设计的。一些进口或是合资的产品，可能是按美国或是欧洲配方生产的，他们当地的女性的平均身高、体重都高于我国，因此用量也会比国产的维生素剂量大。如果身体正常，体型较小的准妈妈，可以在平衡饮食的基础上每天补充一半推荐量的复合维生素片，这样相对会安全一些。

孕妇配方奶粉中也按准妈妈需要的比例添加了维生素，平时有饮用孕妇配方奶粉习惯的人，也可减少或不服维生素。

😊 有特殊需求的准妈妈不宜擅自补充

不同的疾病可能有一些特殊的维生素营养需求，每个人的需求也不同，不能同等对待。大多数复合维生素片中还加有钙、铁、碘、锌等矿物质，一些对微量元素有特殊要求的准妈妈也不宜自己随意补充。

准妈妈如何健康使用手机

　　手机在工作状态中会产生一定的电磁辐射，容易使正在发育中的胚胎受到损害。特别是在汽车里接通手机时，电磁辐射强度会突然增大好多倍，因此孕期最好尽量少使用手机。

　　手机的电磁波辐射对胎儿可能有致畸作用，还能引起准妈妈内分泌紊乱，影响泌乳。因此，准妈妈不要常用手机，以免影响胎儿健康成长和准妈妈分泌乳液，给分娩后哺乳造成困难。如必须要用，应尽量缩短通话时间，使用次数和时间越少越好。

☺ 接通时尽可能让手机远离身体

　　使用手机时，尽可能让手机远离身体，让手机与大脑相距15厘米以上，也可选用免持听筒或无线蓝牙耳机。有座机的时候最好改用座机通话。

☺ 接通以后再放耳朵边

　　拨号时手机的电磁波最强，等到手机接通后再拿到耳朵旁会减少80%～90%的辐射量。在行进的车内或信号不良的地方，手机会自动增加发射功率以增强信号，所以最好避免在这些情况下拨打手机。

☺ 尽量长话短说

　　在身体组织能承受电磁波的时间内讲完，如果真的得长时间使用，最好转用有线电话。也可以尽量选择以短信传递信息。

☺ 平时手机不要贴身放

　　尤其睡觉时不要把手机放在枕头下及床头柜上。手机带在身上时，不要把手机挂在胸前，或者靠近腹部，待机状态下的手机也有辐射，或选购可吸收电磁波的手机配件。

☺ 远离正充电的手机

　　手机的充电器在充电时，周围会产生很强的电磁波，能杀死人体内的免疫细胞，所以，准妈妈应远离手机充电器30厘米以上，切忌把手机充电器放在床边充电。

准妈妈要多喝水

准妈妈要养成健康的饮水习惯。

清晨起床后喝一杯新鲜的凉开水是一个好习惯。日本的一项研究表明，白开水对人体有"内洗涤"的作用。另有研究表明，早饭前30分钟喝200毫升25℃~30℃的新鲜开水，可以温润胃肠，促进消化液分泌，以促进食欲，刺激肠蠕动，有利定时排便，防止痔疮、便秘。早晨空腹饮水能很快被胃肠道吸收，进入血液，使血液稀释，血管扩张，从而加快血液循环，为细胞补充在夜间丢失的水分。

准妈妈切忌口渴才饮水。应每隔2小时1次，每日6~8次，约1600毫升。不要喝久沸或反复煮沸的开水以及没有烧开的自来水。本身有喝浓茶和咖啡嗜好的准妈妈，孕期应不喝浓茶和咖啡。

专家指导

由于体内雌激素和孕激素变化的缘故，使准妈妈味蕾敏感度下降，她们往往会感觉食物淡而无味，导致胃口的改变。有些准妈妈还会出现嗅觉变得特别敏锐的情形。

胃口改变以后，许多准妈妈变得"爱吃"起来，这并没多大关系，想吃就吃，但是食物最好以清淡、易消化的为主，营养物质需合理均衡。每次摄取食物不可太多，防止过饱，可以少吃多餐，也可用水果、牛奶、蛋类、点心来代替正餐，用增加摄入的次数来弥补量的不足，以保证身体活动所必需的热量。

准妈妈要坚持多运动

怀孕期间，准妈妈的身体会发生很多的变化，有规律的运动，不仅能使准妈妈很快适应这些变化，而且可以帮助身体为艰难的分娩过程做好准备。

准妈妈做运动，有利于胎儿的发育，运动能促进血液循环，增加胎儿氧的供给和废物的排出，能刺激胎儿的大脑、感觉器官、平衡器官以及循环和呼吸功能的发育。需要提及的是妊娠期间运动要在医生的指导下进行。

多运动更有利于准妈妈的健康：

（1）运动强健肌肉、增强耐力、增加血液循环，帮助准妈妈应付身体承受的额外负担，使身体逐渐适应妊娠和分娩的需要。

（2）运动不仅锻炼了肌肉、关节和韧带，还可以缓解身体的疲劳和不适。由于准妈妈肌肉和骨盆关节等得到了锻炼，又为日后的自然分娩做好了准备。

（3）适当且合理的运动能促进准妈妈消化、吸收功能，不仅可以给腹中的宝宝提供充足的营养，而且也为准妈妈补充了体力，以利分娩。

（4）运动可以控制孕期体重，不至于使体重增加过多。孕期保持合适的体重，会使分娩更容易、更轻松，产后也可在短期内恢复正常体形。

（5）孕期的适度运动会消耗母体多余的血糖，降低患糖尿病的危险，而且对胎儿的生长发育有良好的促进作用。

（6）适当运动能减少妊娠水肿和高血压的发生；使胎儿及与分娩直接有关的骨盆关节和肌肉受到锻炼，为日后的顺利分娩创造有利的条件。

 **做好准爸爸**

清蒸河鲫鱼

原料： 新鲜鲫鱼1条（重500克以上）。

制作方法： 将鱼去鳞、肠、肚，放置菜盘中，放入笼中蒸15~20分钟，取出后稍凉即可食用。

注意事项： 少用油盐调料。妊娠呕吐者会愈吃愈香。

维生素E有助于安胎。

多吃安胎食物，平安度过危险期

孕早期易出现先兆流产症状，食疗是最好的保胎、安胎的方法。

孕早期是预防流产的关键时期，常见安胎食品有蜂蜜、鱼类、黄豆芽、鸡蛋、冬瓜、海带、苹果、南瓜、葵花子、芹菜、土豆、核桃、芝麻、动物肝脏、其他一些略酸的水果等。

维生素E也有助于安胎保健，富含维生素E的食物有大豆、牛奶、谷皮类食物等。

😊 安胎食谱

枣杞鸡汤

原料： 大红枣10个，枸杞30克，童子鸡1只（500克），精盐少许。

制作方法： 将童子鸡去毛及内脏，洗净，与大红枣、枸杞同炖至鸡烂熟，吃鸡喝汤，食时可放入精盐少许。

营养功效： 养血止痛安胎，适用于血虚妊娠腹痛。

黄瓜银耳汤

原料： 鲜嫩黄瓜100克，水发银耳50克，精盐、味精、胡椒粉、香油和水适量。

制作方法： 锅置火上添入适量的水；将鲜嫩黄瓜洗净切成1厘米见方的薄片放盘内；水发银耳择洗干净；水烧开后将水发银耳、精盐、胡椒粉入锅烧开，再放入黄瓜片，烧开后淋入香油即可。

营养功效： 银耳脆嫩、黄瓜清香，味美适口。含有丰富的蛋白质、碳水化合物、纤维素、钙、铁、维生素B_2及尼克酸等。有滋补健身、润肺养胃、强壮身体和安胎的作用。

在怀孕36周以前，若有不利于继续怀孕的征兆就必须安胎。当有流产征兆时，除了卧床休息安胎之外，可以请医生视准妈妈的个人体质，给予适当的安胎药。

准妈妈需要喝孕妇奶粉吗

孕妇奶粉一般来说都强化了维生素、矿物质，其营养搭配合理，有条件的准妈妈可以适当饮用。

☺ 孕妇奶粉的作用

为准妈妈量身打造，满足孕期的各种营养需求，可以补充叶酸，缓解孕期不适，促进胎儿大脑发育。

☺ 什么时候喝、怎么喝

从孕前3个月开始喝孕妇奶粉，可以提高体内营养素的水平，有利于受孕和怀孕。

一般来说，孕妇奶粉的产品说明上都会建议准妈妈每天喝1~2杯。准妈妈不要擅自增加饮用量，否则容易造成某些营养元素摄入量超标，反而对健康有害，最好在营养专家或医生的指导下做一些恰当的增减。孕妇奶粉的配方只是针对大多数准妈妈的，如果是贫血、缺钙严重的准妈妈，还应该针对身体状况，按照医生的诊断，补充铁剂和钙等。

☺ 如何选购孕妇奶粉

看清楚每种品牌所含有的成分，了解清楚奶粉的特点，根据自身的需要来选择合适的奶粉。比如喜食大鱼大肉的准妈妈最好选择低脂配方奶粉，防止脂肪摄入过多而造成体重过重；对于孕吐反应强烈或是胃口不好、营养不够的准妈妈，则建议选择高脂奶粉，以保证充足的热能，以及胎儿发育所必需的营养。

☺ 孕妇奶粉和鲜奶哪个好

从营养成分来讲，孕妇奶粉优于鲜奶。目前，市售的鲜奶大多只强化了维生素A、维生素D和一些钙质等营养素，而孕妇奶粉几乎强化了准妈妈所需的各种维生素和矿物质。孕妇奶粉是根据准妈妈孕期特殊的生理需要而特别配制的，能全面满足孕期的营养需求，比鲜奶更适合准妈妈饮用。

准妈妈要科学吃鸡蛋

鸡蛋所含的营养成分全面且均衡，而且它的营养几乎全部可以被人体吸收利用。所以准妈妈一般可以每天吃2~3个鸡蛋，既能满足身体对营养素的需要，又不会增加肝、肾等器官的负担。

鸡蛋中的蛋白质，是常见食物中蛋白质较优的食物之一，这不仅有益于胎儿的脑发育，而且母体储存的优质蛋白质有利于提高产后母乳的质量；鸡蛋中的胆固醇是脑神经等重要组织的组成成分；蛋黄中的"记忆素"——胆碱，能维持良好的记忆能力，能提高准妈妈的思维、分析及判断力，准妈妈吃蛋黄还可促进胎儿脑神经元之间的联系增多，促进胎儿脑发育。

😊 吃生鸡蛋要不得

生吃鸡蛋不仅不卫生，容易引起细菌感染，而且也不营养。生鸡蛋里含有抗生物素蛋白，影响食物中生物素的吸收，导致食欲不振、全身无力、肌肉疼痛等。另外，生鸡蛋内含有"抗胰蛋白酶"，会破坏人体的消化功能。

😊 讲究鸡蛋的吃法

鸡蛋吃法多种多样，就营养的吸收和消化来讲，煮鸡蛋是最佳的吃法，但要注意细嚼慢咽，否则会影响吸收和消化。茶叶蛋一定要少吃，因为茶叶中含酸化物质，与鸡蛋中的铁元素结合，对胃起刺激作用，影响胃肠的消化功能。

😊 不要食用过量

鸡蛋是高蛋白食品，会增加肾脏的负担，每天两个鸡蛋营养就够了，而且准妈妈最好吃整个鸡蛋，蛋白中的蛋白质含量较多，而其他营养成分则是蛋黄中含得更多。

😊 不要与白糖和豆浆同食

与白糖同食，会使鸡蛋蛋白质中的氨基酸形成果糖基赖氨酸结合物，不利于人体的吸收。

与豆浆同食，豆浆中的胰蛋白酶与蛋清中的卵松蛋白相结合，会造成营养成分的流失，降低两者的营养价值。

准妈妈要怎么补钙

整个孕期，准妈妈都需要补钙，孕中期、孕晚期尤其要及时补钙，尤其出现小腿抽筋现象时。

😊 孕期补充钙要适量

对于钙质的摄取，孕中期以每天1000毫克为宜，孕晚期每天1200毫克为宜。怀孕期间只要摄取富含钙质的食物，应该很容易达到。

😊 食补最重要

准妈妈在饮食中应有意安排富含钙质的食物摄入，特别是早期孕吐反应剧烈的准妈妈更要加强。含钙较多且易吸收的食物有小鱼、虾皮、牛奶和奶制品、芝麻酱、豆腐等。

😊 多晒太阳

阳光照射可在体内产生维生素D，以利于钙在人体内吸收。准妈妈最好选择在上午或午后晒太阳，要避开正午的阳光以免晒伤皮肤。

😊 补钙的同时注意补磷

如果磷摄入不足，钙磷比例不适当，尽管补充了足够的钙，钙的吸收和沉积并无明显增加。海产品中磷的含量十分丰富，如海带、虾、蛤蜊、鱼类等，另外蛋黄、肉松、动物肝脏等也含有丰富的磷。

😊 补钙补铁不要同时进行

铁对钙的吸收有一定的抑制作用，同样钙对铁的吸收也不利，如果准妈妈有缺铁性贫血，那么补钙与补铁的时间最好隔开。

😊 食盐不要摄入过量

摄入食盐过多会增加钙从尿中的流失量。成人摄入0.5克盐/日，尿中的含钙量不变，若增加为5克，则尿中的含钙量显著增加。

😊 喝骨头汤补钙的效果并不理想

骨头中的钙不容易溶解在汤中，也不容易被人体的肠胃吸收，而喝了过多骨头汤，反而可能因为油腻，引起不适。

😊 食补不足时要补充钙剂

准妈妈可服用钙剂。补钙最佳时间应是在睡觉前和两餐之间。注意要距离睡觉有一段的时间，最好是晚饭后休息半小时即可，因为血钙浓度在后半夜和早晨最低，最适合补钙。

音乐欣赏——《天鹅湖》

原为柴科夫斯基于1875～1876年为莫斯科帝国歌剧院所作的芭蕾舞剧，是世界上最出名的芭蕾舞剧，也是所有古典芭蕾舞团的保留剧目。

《天鹅湖》的音乐像一首首具有浪漫色彩的抒情诗篇，每一场的音乐都极出色地完成了对场景的描写和对戏剧矛盾的推动以及对各个角色性格和内心的刻画，具有深刻的交响性。

舞剧的序曲一开始，双簧管吹出了柔和的曲调引出故事的线索，这是天鹅主题的变体，它概略地勾画了被魔法变为天鹅的姑娘那动人而凄惨的图景。然后，在第一幕结束时，夜空出现一群天鹅，这时乐曲第一次出现天鹅的主题，它充满了温柔的美感，在竖琴和提琴颤音的伴随下，由双簧管和弦乐先后奏出。

准妈妈不要穿过紧的衣服

准妈妈本身就有一种美，不要因为怀孕以后体形有所改变就穿过紧的衣服来掩饰。

😊 不要穿过紧的衣服

女性怀孕后，由于胎儿在母体内不断地发育成长，会使得母体逐渐变得腹圆腰粗，行动不便。为了产后哺乳的需要，准妈妈乳房也逐渐变得丰满。准妈妈本身和胎儿所需氧气增多，呼吸通气量也会增加，胸部起伏量增大，所以准妈妈的胸围也增大。准妈妈穿瘦、紧、小的衣服，就会影响呼吸运动和身体的血流循环，甚至会引起下肢静脉曲张和限制腹内胎儿的活动。因此，准妈妈不可穿瘦、紧、小的衣服。

😊 穿宽松、舒适的衣服

为了准妈妈自身健康和胎儿发育，准妈妈宜穿质地轻而柔软、宽大舒适的衣服，尤其内衣、内裤、文胸不要太紧，裤带也要松紧适度。一般来说，夏天准妈妈容易出汗，宜穿肥大不贴身的衣服；冬天要穿厚实、保暖、宽松的衣服，如羽绒服或棉质衣服，既防寒又轻便。

😊 不要紧勒肚子

用扎紧腰带或布带的方法来减小胎儿的体重是不科学的，这不利于胎儿生长发育。有些准妈妈认为衣服穿得宽大或腰带扎得过松，胎儿会长得过大，难于分娩。因而，她们除了选紧身的衣服穿之外，还将腰带扎得很紧，或者用宽布带把腹部紧紧扎起来。这种做法不仅会使准妈妈不舒服，而且还会影响胎儿的生长发育。更为严重的是，妊娠后期会出现垂腹和胎位不正。紧束腰腹还会影响准妈妈下肢的血液循环，导致静脉曲张，加重下肢浮肿。

胎儿也不喜欢汽车尾气

汽油味会使准妈妈感到头晕、恶心、呕吐、烦躁，不仅会影响食欲，而且会严重影响准妈妈的精神状态，甚至影响胎儿的健康。

☺ 汽油的危害

汽油对人体有一定的危害，尤其是对准妈妈的危害更不容忽视。准妈妈吸入含高浓度铅的蒸气或皮肤大量吸收蒸气后，经胎盘传给胎儿，可引起铅中毒、流产、胎儿发育异常、先天畸形、智力低下等。在怀孕期间接触微量铅，即可造成胎儿生长发育明显受抑制，神经系统也同样受累，出生的婴儿体重明显减轻，智力远较未接受铅的母亲所生的婴儿差。

准妈妈不宜从事生产、配制或保管汽油的工作。对于司机来说，在怀孕期间也最好停止开汽车，防止对胎儿造成伤害。汽油如果误入口中，会通过消化道吸收而引起严重中毒。

动力汽油为了防震防爆，都加入了一定量的四乙基铅，乙基汽油燃烧时，四乙基铅即分解，释放出的铅随废气排入大气中，人通过呼吸吸入体内的铅会在血液中积累。如果准妈妈过量闻这种污染的气体，对胎儿就可能产生危害，可引起铅中毒和胎儿先天性发育畸形。

☺ 汽车尾气的危害

增加了婴幼儿患哮喘病的风险；汽车尾气含铅；汽车尾气中有上百种不同化合物，其中污染物有固体悬浮微粒、一氧化碳、碳氢化合物、氮氧化合物、铅及硫氧化合物等，对准妈妈及胎儿的危害极大。

☺ 远离汽油和汽车尾气

要注意避开车多的大马路；不要在十字路口久留；如果有条件，尽量到郊外大自然中呼吸新鲜空气。

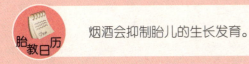
哪些因素影响胎儿的大小

医生通常会根据胎儿的大小和准妈妈怀孕的周数来判定胎儿生长发育是否正常。

哪些因素会影响胎儿的大小呢：

（1）胎儿的大小，往往受父母体型的影响，一般情况下，妈妈或爸爸身材高大，生出来的宝宝个头就很可能比较大。

（2）吸烟与饮酒都会对胎儿的正常发育产生抑制，甚至有可能会导致胎儿宫内发育迟缓，导致低体重儿的出生。

（3）在饮食上，如盐分的过量摄取、高热量食品的大量食用等都会导致子宫内环境的恶化，影响胎儿的生长发育。

（4）在一般情况下，男孩会比女孩略大一些，但并不是绝对的。形成这种现象的原因，是因为男孩的骨骼框架一般来说要比女孩略大一些。

（5）准妈妈孕育双胞胎、多胞胎等情况时，胎儿往往会稍小一些。

（6）疾病，如先天性心脏病等，胎儿个头往往会比较小，发生胎儿宫内发育迟缓的现象也会增多。

做好准爸爸

准妈妈究竟什么时候停止正常工作，什么时候开始休息好呢？这要区别对待，因人而异。一般说来，准妈妈健康状况良好，产前检查一切正常，所从事的又不是重体力或环境恶劣或条件差的工作，可以到预产期前2周左右再停止工作，在家休息待产，甚至也可以照常工作直到预产期。若工作较轻，即使工作到出现临产征兆也不为晚。但是，若准妈妈患有较严重的疾病，或产前检查发现有显著异常，或有重要妊娠并发症，则应提前休息。何时开始休息要听从医生的意见。

准妈妈洗澡水温不要过高

怀孕分泌物增多，洗澡不仅能保持皮肤清洁，增加身体的舒适度，更重要的是还能够预防尿路感染等疾病，但是洗澡也有讲究。

😊 水温不要太高

洗澡的水温不要过高，控制在40℃以内为宜，过高的水温有可能会造成胎儿畸形及智力低下。最好用37℃左右的、与人体正常温度相等的温水。

😊 时间不宜过长

洗澡的时间不宜太长，10分钟左右即可，头发可以和身体分开洗，这样不会因为消耗过多的体力而产生倦怠感。

😊 洗浴用品的选择

洗浴用品尽量选用天然、中性、无刺激性、无浓烈香味、具保湿性的产品，以免其中的化学物质影响胎儿健康和准妈妈的敏感肌肤。

😊 采用淋浴

用淋浴的方式洗澡，不要坐在澡盆里洗澡，否则易引发阴道炎、输卵管炎等疾病，甚至引发流产。最好不要到公共浴池洗澡，以防感染滴虫性或霉菌性阴道炎，甚至传染上其他性病，影响胎儿健康。

😊 注意防滑

浴室的地板最好铺上防滑垫，浴缸里也要铺上防滑垫；洗浴用品用完后随手放在固定的地方，以防不小心踩到而摔倒；洗澡时动作不要太快、幅度不要太大。

😊 空间不要密闭

密闭空间温度较高、氧气供应不足，易使准妈妈脑部供血不足而昏厥，使胎儿也缺氧；洗澡时不要将门从里面锁上，以免发生意外时影响救护。

😊 洗澡后谨防感冒

洗完澡后，要立即擦干头发及身体，将衣服穿好后再走出浴室；涂抹润体霜时间不要过长，谨防感冒。

😊 做好准爸爸

洗澡的时候放点轻柔的音乐，可以大大放松准妈妈的心情，让准妈妈在享受中体味到孕期的温暖。

该建产检档案了

一般是准妈妈选择在哪家医院生产，就在哪家医院建立档案，以便在整个怀孕期间和生产之后的保健有一个可跟踪查询的记录。

第一次到医院正式产检后，在医院购买全国通用的《母子健康手册》就可以了，该手册对从妊娠直至分娩，再到宝宝7岁前的检查都会记录的，这就是我们所说的孕期保健卡了，怀孕期间，需要到正规医院建立孕期保健卡。

需要携带的证件

各地医院或许有些差异，准妈妈在建档之前应先咨询一下医院需要带哪些证件，一般需要携带身份证及复印件、曾经检查的检验单、生育保险证（可以后补）、计划生育服务证（准生证，可以后补）等。

每次产检都要携带

产前检查，在怀孕的前7个月，准妈妈需要隔4周检查一次；7个月以后，需要两周检查

一次；39周以后，需要每隔一周检查一次。每次产前检查准妈妈都要携带《母子健康手册》并出示给医生，以便医生为准妈妈填写检查情况。

分娩时也要携带

住院分娩时一定携带并出示《母子健康手册》，医生会帮准妈妈填写分娩记录。

宝宝的预防接种也需要

准妈妈户口所在地的街道医院保健科或社区服务中心将为宝宝进行系统的保健和预防接种。

建好档后，有一个编码，便于查找，要记住自己的档案编码。并在挂号纸上写上自己的编码，便于护士查找你的档案。

做好准爸爸

准妈妈到医院建档的时候，准爸爸要事先了解好建档需要的证件、物品，建档的大致流程，医院的基本规定等，以免去了医院耽误时间。准爸爸更要陪准妈妈一起去医院，因为建档前要进行一系列的检查，准妈妈一个人很难处理妥当。

第4个月
DI-SI GE YUE

胎儿开始动了

教日历　猫、狗等宠物不能养，小鱼还是能养的。

美育胎教——居室装饰

通过居室的装饰，让准妈妈有个愉快、放松的好心情。居室装饰的基本原则为色调朴素，典雅优美。

居室布置并不是装修

室内装修污染对准妈妈健康危害很大，严重的可导致胎儿畸形。孕期及产后6个月内不要住新装修房，不要添置新家具。

适当的花草可以愉悦心情

准妈妈居室内应避免摆放过多的花草，特别是芳香馥郁的盆花更不应摆放。但准妈妈居室内摆放一两盆吊兰之类的花草则无妨，还可给准妈妈以充满生机、优美、温馨的感觉。

添置一些婴儿用品

可以适当添一些婴儿用的物品，还可在床头的上方贴一张非常漂亮的宝宝画，有时候准妈妈一边看这张画，一边想象自己的宝宝是什么样子，会像这个宝宝一样如此可爱、动人！

选择好饰品

现在有很多时尚的居室饰品，除了要注意材质外，色彩宜简洁、温柔、清淡，如乳白色、淡蓝色、淡紫色、淡绿色等，让准妈妈有一个宁静、优美，又不失时尚的环境。

书法作品是不错的选择

书法作品的内容常常是令人深思的名句，从中不仅能欣赏字体的美，还能感到有一种健康向上、给人以鼓舞的力量，陶冶情操。

养些小鱼

小鱼五颜六色，既装饰了生活环境，又给准妈妈来了活泼的生机，让准妈妈感到那种旺盛的生命力是无处不在的，进而产生美好的联想。

到了孕中期，早孕反应消失，准妈妈可以适量进补。

准妈妈进补的好时机

这个时期早孕反应逐渐消失，准妈妈心理、生理状态开始好转，可以适量进补。

妊娠进入第4个月，准妈妈的情况已经大有改善，早孕的不适反应基本消失，流产的危险也变得很小，但是对于饮食营养的关注则丝毫不能放松。

此时应该增加各种营养素摄入量，尽量满足胎儿迅速生长及母体营养素存储的需要，避免营养不良或缺乏对胎儿生长发育和母体健康的影响。

☺ 增加主食摄入

应选用标准米、面，搭配一些杂粮，如小米、玉米、燕麦片等。一般来说，孕中期每日主食摄入应为400～500克，这对保证热量供给、节省蛋白质有着重要意义。

☺ 增加动物性食品

动物性食品所提供的优质蛋白质是胎儿生长和准妈妈组织增长的物质基础。此外，豆类以及豆制品所提供的蛋白质质量与动物性食品相仿。对于经济条件有限的家庭，可适当选食豆类及其制品以满足机体需要。但动物性食品提供的蛋白质应占总蛋白质量的1/3以上。

做好准爸爸

孕早期和孕晚期不适宜进行性生活，孕中期可适当进行性生活。怀孕后性生活的原则一定要记住：首先不能压迫或撞击肚子，再者不要给子宫以直接的强烈的刺激。当准妈妈子宫还没有明显增大的时候，同房时仍可取正常位，即男在上女在下的体位，但不要压迫准妈妈的肚子，且男性的生殖器不要插入过深。准妈妈的肚子越来越大以后，千万别压到肚子，可采取前侧位、侧卧位或前坐位，动作不要过于激烈。到怀孕偏后期的时候，也可取后侧位同房。

准妈妈如何解决腹泻的问题

孕期激素的分泌发生改变，容易引起准妈妈的肠胃蠕动异常，产生腹泻。

😊 腹泻原因

腹泻有哪些原因？怀孕初期由于激素的变化，准妈妈体内的黄体素逐渐升高，导致肠胃蠕动改变，有些孕妇会出现肠燥症的腹泻反应；激素也可能会改变孕妇的原有体质，导致对某些食物变得异常敏感，例如，有些准妈妈在怀孕前习惯每天喝牛奶，但怀孕后却出现乳糖不耐症，喝牛奶后会出现胀气、拉肚子等肠胃不适症状。

除此之外，造成孕妇腹泻的原因还有很多。研究报告显示，孕妇腹泻最常见的原因是胃肠道感染，或是感冒等引起的病毒性肠胃炎。医师提醒准妈妈，腹泻时如果伴随恶心、呕吐、头痛、发烧等症状，千万不能忽视，一定要尽快就医。

😊 预防与缓解的方法

1. 适时补充水分

为了避免腹泻造成孕妇脱水，一旦发生腹泻，就要注意适当补充水分。医师建议，除了调整饮食习惯，增加水分的摄取也是很好的调养方式，多喝开水、适当地补充运动饮料和蔬果汁，腹泻症状一般都会逐渐好转。

有些准妈妈会担心腹泻期间的清淡饮食会影响胎儿，对此，医师表示，短时间的清淡饮食不足以严重影响胎儿的健康，而且，此时如果进食不易消化的固态食物反而容易让腹泻恶化，更加不利于营养摄取。如果腹泻超过24小时，最好立刻就医，并遵医嘱服用相应药物。

2. 注意食物卫生，及时就医

如果是食物中毒引起的腹泻，情况比较严重。如果是沙门氏菌引起的食物中毒，轻则出现腹泻等肠胃不适，严重时会有早产甚至流产的可能。有关研究显示，沙门氏菌多半寄生在生鸡蛋及未煮熟的肉类里，为了避免食物中毒，孕妇平时要注意食物的卫生及清洁，选择熟食。此外，时刻注意胎动的情形，也相当重要。

儿歌集锦

给胎儿读儿歌，他一定会很好奇地听，然后能慢慢地记下来。

新年到——新年到，放鞭炮，小朋友，拍手笑。

红花——花园里，花儿开，我看花，不去采。

小树苗——小树苗，快长大，小朋友，爱护它。

看图书——看图书，要坐好，慢慢翻来仔细瞧。

大苹果——大苹果，甜又香，宝宝吃了脸儿圆。

睡午觉——小麻雀，你别叫，宝宝睡午觉，身体长得好。

手牵手——小朋友，手牵手，走到马路上，看到大高楼。

小宝宝醒来了——小宝宝，睡午觉，醒来了，眯眯笑。

雨——千条线，万条线，数不清，剪不断，落在水里就不见。

小毛驴——小毛驴儿，爱打滚儿，滚过来，滚过去，叽里咕噜一身泥。

准妈妈左侧卧，胎儿更健康

准妈妈从怀孕4个月起子宫会逐渐增大，睡眠以左侧卧位为宜，每天的睡眠时间应不少于10小时。

😊 左侧卧有利母子健康

准妈妈的睡眠姿势与母子健康关系十分密切。一般准妈妈不宜长时间仰卧或右侧卧，更不要趴着睡，最好是采用左侧卧位。准妈妈睡眠时采取左侧卧位，可使子宫不压迫脊柱边的大血管，使得下肢大静脉血管正常回流到心脏，因而可预防水肿发生；可增加子宫胎盘的血液循环，改善胎儿缺氧状态；使全身肌肉放松，减低腹压，减少骨骼肌中的血容量，使盆腔血量相应增加。睡觉时上面的腿向前弯曲接触到床，这样腹部也能贴到床面，感觉稳定、舒适。另外，准妈妈睡觉时用枕头将脚部垫高。

如果长时间左侧卧位不习惯，平卧时可在右侧臀部垫以毛毯、枕头或棉被等，使骨盆向左倾斜，同样也能起到左侧卧位的效果。

😊 右侧卧和仰卧

对妊娠晚期的准妈妈来说，仰卧位是不宜选择的睡眠姿势，应以左侧卧位为宜。当然，在一夜睡眠中，躺卧的姿势不可能固定不变，大约需要翻身20次，所以，左侧卧位和右侧卧位可以相互交替。

右侧卧，对胎儿发育也不利。因为怀孕后子宫往往不同程度地向右旋转，如果经常取右侧卧位，可使子宫进一步向右旋转，从而使营养子宫的血管受到牵拉，影响胎儿的血液供应，造成胎儿缺氧，不利于他的生长发育，严重时可引起胎儿窒息，甚至死亡。

仰卧，对身体也不好。仰卧时，易引发准妈妈患"仰卧位低血压综合征"；仰卧时增大的子宫还会压迫骨盆入口处的输尿管，影响排尿量，加重痔疮症状。

准妈妈运动要注意什么

在妊娠期，母体为适应胎儿生长发育，生理系统均发生了一定的变化。因此，妊娠期的运动与平常不同，应特别注意安全。

☺ 以有氧运动为宜

准妈妈运动应当以有氧运动为主，其中散步是最好的运动，可以促进小腿及脚的肌肉收缩，促进血液循环，减轻下肢水肿，减轻便秘，增进食欲，锻炼体力，活动关节和肌肉，有利于分娩。但准妈妈散步的时间不能太长，以不感到疲劳为宜。

☺ 注意运动前后体温

准妈妈运动时要注意体温，怀孕期间准妈妈体温过高对胎儿是有害的，运动之后体温会上升更多，准妈妈在锻炼时不妨带个温度计，以便随时监测自己体温的变化。准妈妈在运动时或运动后，只要体温保持在38℃以下，就证明活动量没有超标。

☺ 警惕不适状况

运动时心率不能过快，尽量不超过最大心率。最大心率=(220-年龄)×60%。运动中如出现眩晕、恶心或疲劳等情况，应立即停止运动；如发生腹痛或阴道出血等情况，要及时上医院检查。

☺ 运动注意的小细节

准妈妈运动时还应注意，着装宜宽松舒适，鞋要合脚轻便，要穿合适的乳罩，不要空腹运动；运动量要适中，不要过累；注意运动姿势的正确；运动中及时补充水分，防止虚脱；注意保暖，以免着凉；最好在空气清新、绿树成荫的场所锻炼，这对母体和胎儿的身心健康均有裨益。

☺ 根据妊娠情况调整运动方式

妊娠的早期和晚期，应避免剧烈运动，注意选择轻稳的动作，如散步，上、下较平缓的阶梯等。

搭配好饮食，提高免疫力

孕期膳食合理搭配，营养均衡，饮食结构多样化，满足准妈妈的各种营养需求才能提高准妈妈的免疫力。

准妈妈要想提高免疫力，就要养成良好的饮食习惯：均衡饮食、定时定量、少量多餐、忌生冷辛辣食品。主食不要单调，将米、面和杂粮搭配食用。副食要全面多样，荤、素搭配；要多吃些富含多种营养素的食物，如猪肝、瘦肉、蛋类、海产品、鱼虾、乳制品、豆制品等，并且要多吃些新鲜黄绿叶菜类和水果，以提供足够的维生素和矿物质。

从妊娠中期起，可适当服些钙片、鱼肝油，但不可过量。

适当补硒

硒是营养素中的微量元素，具有抗氧化、抗癌、增添免疫力的功能，怀孕期间更需要有足够摄取量，才能在免疫功能上发挥最大作用。富含硒的食物有洋葱、西红柿、花椰菜、小麦胚芽、小麦麸皮。

红枣能提高免疫力

红枣是营养丰富的滋补品，它除含有丰富的碳水化合物、蛋白质外，还含有丰富的维生素和矿物质，对准妈妈和胎儿的健康都大有益处。尤其是维生素C，它可增强准妈妈的抵抗力，还可促进准妈妈对铁质的吸收。

糖分的摄入要控制量

摄入过多的糖分会削弱人体的免疫力，使准妈妈机体抗病力降低，易受细菌、病毒感染，不利于优生。

多吃海鱼

海鱼含多种不饱和脂肪酸，能阻断人体对香烟的反应，并能增强身体的免疫力。海鱼更是补脑佳品。

多吃西红柿

含有多种抗氧化强效因子，如西红柿红素、胡萝卜素、维生素E和C，可提高免疫力。

益生菌好处多

益生菌可以促进体内菌群平衡，让身体更健康，是对人体有益的细菌。

胎教日历　准妈妈容易缺铁。

准妈妈要预防贫血

孕期为了负担胎儿生长与分娩，对铁的需要量增加，易出现缺铁性贫血；怀孕后，体内循环的血液大量增加，易出现生理性妊娠贫血。这两种贫血都要及时治疗，以免对胎儿造成不良的影响。

严重贫血的准妈妈，会引起胎儿宫内发育迟缓、早产，甚至死胎。有的可引起妊娠高血压综合征，准妈妈分娩时易出现宫缩无力和大出血等异常状况，产后恢复慢。此外还影响母乳分泌等。

妊娠期贫血的症状是头晕、心悸、站立时眩晕、指甲或眼睑发白等，但孕期出现这些症状往往被忽视。因此，要坚持孕期定期做产前检查，以尽早发现。

😊 缺铁性贫血

如果血红蛋白在100克以上，可通过食物解决贫血，如动物肝脏、瘦肉、红枣等。

如果血红蛋白低于100克，可在食补的基础上增加药物，如硫酸亚铁片等，服药后如出现恶心、呕吐等不良反应，可以停药2～3天；铁剂服用时间需在1个月以上。

加强营养对于治疗贫血极为重要。准妈妈应该多吃一些肝、蛋、瘦肉、蔬菜，以补充适量的蛋白质、叶酸、维生素C等造血物质。动物肝脏、牛肉、豆类、蔬菜以及胡萝卜、马铃薯也含有造血必需的物质。

😊 生理性妊娠贫血

贫血的预防应从多方面入手：合理膳食不偏食，积极治疗早期妊娠孕吐、消化性溃疡、慢性胃肠炎等，去除可能的病因。

贫血的治疗：要根据贫血种类有针对性地补充铁元素、叶酸、维生素B_{12}等。一般贫血者可口服补血铁剂；严重的要进行输血治疗；如明确诊断为再生障碍性贫血，必须住院治疗。孕期贫血易导致机体抵抗力低下，要特别注意预防感染。

蛋白质、脂肪等营养素对胎儿的大脑发育非常重要。

胎儿的大脑发育需要哪些营养素

胎儿大脑发育需要的营养素有：蛋白质、脂肪、维生素A、B族维生素、维生素C、维生素E、钙、碘等。

营养素	对大脑的作用	食物推荐
蛋白质	含量占脑干总重量的30%～35%，是人的大脑复杂智力活动中不可缺少的基本物质，缺乏会引起胎儿大脑发育障碍，影响智能水平	肉、动物肝脏、鱼、虾、蛋、乳类、豆类食品、谷类、坚果等
脂肪	占脑重的50%～60%，在大脑活动中起着不可代替的作用。其中对大脑发育最重要的脂质是不饱和脂肪酸、卵磷脂	食用油、核桃、鱼、虾、动物肝脏等
糖类	是大脑活动能量的来源，具有刺激大脑的活动能力的作用	白糖、红糖、蜂蜜、甘蔗、萝卜、主食、红薯、大枣、甜菜及水果
维生素A	可以促进脑的发育，缺少会导致智力低下	动物肝脏、鱼、海产品、鸡蛋、牛奶
B族维生素	通过帮助蛋白质代谢而促进脑部活动	芦笋、杏仁、肉、蛋、花生、牛奶、动物肝脏、五谷杂粮、绿叶蔬菜
维生素C	在胎儿大脑发育期起到提高脑功能敏锐性的作用	樱桃、猕猴桃、西兰花、草莓、柿子、柠檬、西红柿、苦瓜等
维生素E	具有保护细胞膜的作用，还能防止不饱和脂肪酸的过氧化	坚果、植物油、麦芽、谷物、新鲜绿叶蔬菜、动物肝脏、豆类、蛋黄、瓜果、瘦肉、花生等
钙	具有保证大脑顽强工作以及对大脑产生异常兴奋起到抑制，使脑细胞避免有害刺激的作用	牛奶、乳酪、绿色蔬菜、大豆、小鱼干、芝麻等
碘	是胎儿神经系统发育的必要原料	碘盐及海带、海蜇、紫菜、苔条和淡菜等海产品

第94天

胎教日历

给胎儿起个乳名吧。

给胎儿起个名字

胎儿虽然还没有出生，给他起个名字，可使父母对他更为重视，和他"对话"更为方便。

经常呼唤胎儿的名字，能引起他的条件反射，一听到叫他的名字就知道爸爸妈妈是在和他讲话了。胎儿出生后，听到你呼唤他的名字，他会转头寻找声源，感到熟悉，对你亲热。

当然，给胎儿起的名字要响亮一些，两个字一样，如"贝贝""灵灵""辉辉"，这样容易叫，容易听，也容易记住。

当爸爸妈妈轻声呼唤胎儿的名字时，他必然会有一种温馨、亲昵的感情荡漾在心中，必然觉得胎儿已经成为你家庭中不可缺少的一员——虽然他还没出生，虽然你还不能见到他，但对他的身心发育和健康生长却是很有益的。

要经常用亲切的乳名呼唤宝宝，和他交流，这样可以更好地同宝宝进行感情的传递。

胎教小贴士

美国斯赛迪克夫妇的胎教方法：

1.经常用悦耳、快乐的声音唱歌给胎儿听。

2.多播放旋律优美节奏明快的音乐，将幸福与爱的感觉传递给胎儿。

3.随时与胎儿交谈。从早上起床到晚上就寝，做了什么想着什么都跟胎儿说。

4.用富有感情和变化的声音讲故事给胎儿听，同时，要把故事转化成脑中的意象。自己必须先了解故事的内容，然后用丰富的想象力，把故事说给胎儿听。

5.多出外散步，无论见到什么，都可以讲述给胎儿听。

6.利用形象语言教育胎儿。

7.在婴儿出世以后，利用胎教材料慢慢唤起胎教时婴儿的记忆。

怎么给胎儿讲故事

准妈妈必须充满感情地对胎儿讲话或讲故事，发出的声音要欢快、明朗、柔和，最好带着笑声，这样容易感染胎儿。

讲的内容要熟悉

向胎儿叙述的事物要是自己熟悉的、能理解的，而且要声情并茂、绘声绘色地讲，就像托儿所里的阿姨对两岁左右的孩子讲话一样。讲话结束时，不要忘记对胎儿说："你真是一个聪明的孩子，妈妈讲的故事你都听懂了。"使胎儿具有自信，并喜欢听准妈妈说的话。

讲的要形象

准妈妈要把每一页的画面细细地讲给胎儿听。胎儿虽然不能看到画册上画的形象或外界事物的形象，但准妈妈用眼看到的东西，胎儿可以用脑"看"到即感受到。准妈妈看东西时受到的视觉刺激，通过生动的语言描述就视觉化了，胎儿也就能感受到了。

形象与声音相结合

先在头脑中把所讲的内容形象化，像看到影视的画面一样，然后用动听的声音将头脑中的画面讲给胎儿听。例如，讲《小猫钓鱼》的故事时，要声情并茂地描绘小猫兴冲冲去钓鱼和后来在河边三心二意的样子，有声有色地讲述河边美丽的花草和翩翩飞舞的蝴蝶，栩栩如生地表现小猫又想抓蝴蝶又想钓鱼的心情，惟妙惟肖地流露小猫最后一条小鱼也没有钓到的懊丧感觉。这样，你就和胎儿一起进入了小猫活动的世界，小猫遇到的种种事物及其个性特点，也就通过形象和声音输入胎儿的头脑里了。

把形象和情感融合起来

如你到公园里散步，就用这样的心情把所见所闻讲给胎儿听：儿童乐园里的小朋友们玩得多么高兴呀，他们在笑，他们在跳，小宝贝，你看见了吗？你听到了吗？等你长大了，妈妈带你到这里来和小朋友玩，一起笑，一起跳。

讲故事——兔子的尾巴

准爸爸准妈妈要绘声绘色地讲给胎儿听，告诉胎儿兔子长什么样、乌龟长什么样。

很久很久以前，兔子长着长长的、毛茸茸的尾巴，它们走到哪里都要炫耀一下自己美丽的尾巴。

一天，兔子在小河边玩，看见对岸长着一片又青又嫩的草，很想过去饱餐一顿。可是自己又不会游泳，这怎么办呢？

兔子正为难的时候，忽然听见水里咕噜咕噜的声响，原来是一只乌龟在晒太阳。兔子眼珠一转，有了主意，就探头问乌龟："乌龟妈妈，听说你的儿女很多，你们是一个大家族吧？"

乌龟一听，很高兴，连连点头说："是，是啊！"

兔子说："我们的家族才大呢，要不我们比比看？"

乌龟说："好啊。"

"那你把你的儿女都叫来，从河这边排到河那边，两个一行，浮在水面上，我们从这边跳过去数，有一对算一对。"

乌龟就把自己的儿女都叫来，整整齐齐排成两列，浮在水面上。

兔子从龟壳上跳着过去，一边跳一边数："一对、两对……"快到对岸了，兔子得意地说："傻瓜！我可骗了你们！"

不料，它得意得太早，长尾巴还拖在水里。乌龟知道自己上当了，就一口把它的尾巴咬断了。从此，兔子家族就都成了短尾巴。

准妈妈要有积极的想象

积极的想象是对美好生活的憧憬和肯定，有利于准妈妈和胎儿的身心健康。

😊 进行积极的想象

准妈妈要进行肯定的练习，用一些更积极的思想、概念来替代否定性的思维模式。这是一种强有力的技巧，它能在短时间内改变准妈妈对生活的态度和期望。准妈妈可以不出声地练习，可以大声说出来，也可以写在纸上，甚至可以歌唱或吟诵。一天只要有10分钟有效的练习，就能抵消准妈妈许多年的思维习惯。准妈妈在自己告诉自己一切时，要进行积极的想象，选择积极的语言和概念，一个积极的现实就会被创造出来。

如："我正在和可爱的宝宝度过一个美好的晚上""宝贝，看爸爸和我们在一起玩，我们多幸福啊！"等。

😊 想象自己在清新的大自然中

想象你自己置身在清新的大自然中——也许是片开阔的绿色草地，旁边是潺潺的小溪，也许是在海边细软的沙滩上，能看到波浪起伏。花一些时间想象所有美好的细节，意识到自己正充分享受并经历着这一切。

专家指导

准妈妈多活动踝骨和脚尖儿的关节。由于胎儿的发育，准妈妈体重日益增加，这就增加了脚部的负担，因此准妈妈有必要注意多做脚部运动。

脚部练习操：脚心不离开地面，脚尖尽量往上翘，呼吸一次把脚放平。同样的动作要反复几遍。坐在椅子上把腿搭起来，将上面腿的脚尖和脚腕慢慢地上下活动，然后换另一条腿。

轻轻抚摩胎儿

抚摩宝宝促进他的成长发育和智能开发。

😊 抚摩

准妈妈倚靠在床上或坐在沙发上，全身放松，用手捧着腹部，从上而下，从左到右，反复轻轻抚摩，然后再用一个手指反复轻压。

刚进第4个月时，大多数准妈妈还感觉不出胎动，将来在抚摩时，应该注意胎儿的反应，如果胎儿对抚摩刺激不高兴，就会出现躁动或用力蹬踢，准妈妈则要立即停止抚摩。如果胎儿在准妈妈抚摩下，出现轻轻地蠕动，则表示胎儿感到很舒服、很满意。抚摩胎教每次5~10分钟。

😊 轻推

在抚摩的基础上，准妈妈可以用手轻轻推动胎儿，胎儿很可能会出现踢妈妈腹壁的动作，这时用手轻轻拍打胎儿踢的部位，胎儿第二次踢腹壁，然后再用手轻轻拍打胎儿踢的部位，出现第三次踢腹壁，渐渐形成条件反射，当你用手轻轻拍胎儿时，胎儿会向你拍的部位

踢去。注意轻拍的位置不要距原来的位置太远。

每天1~2次，每次5~10分钟。经过抚摩、拍打锻炼的胎儿出生后，动作敏捷灵活，如翻身、坐、爬、站、走以及动手能力都比未经过锻炼的宝宝发展得早一些，而且体格健壮，手脚灵敏，动作协调。

专家指导

国外的一项研究表明，浅蓝色、草绿色、嫩黄色、黄绿色和橙色等高智商色彩，会让宝宝们变得机敏并富有创造性，宝宝的观察、思维、记忆的发挥能力也更加出色；而白色、黑色、褐色等低智商色彩，则会让宝宝变得略有些迟钝，长期待在低智商色彩的环境中，则会降低宝宝的智商。因此，准妈妈可用高智商色彩打扮自己，进行色彩胎教。

准妈妈美容也是胎教

准妈妈爱美，也会对宝宝构成积极的影响，孕期生活虽然有很多不便，但是准妈妈也不要放弃美容。

怀孕以后，准妈妈会逐渐发现不仅面部出现了黑褐色的斑点或斑块，而且腹部、乳房、大腿等部位也会相继出现色素沉着和妊娠纹，这是妊娠带来的正常生理变化，注意美容和护理就会减少。

😊 黄褐斑

一些准妈妈在妊娠4个月后，脸上出现茶褐色斑，分布于鼻梁、双颊，也可见于前额部，这是由于孕期脑垂体分泌的促黑色素细胞激素增加，以及大量孕激素、雌激素，致使皮肤中的黑色素细胞的功能增强的原因，属于妊娠期生理性变化，不必担心，也不需要治疗。

减少黄褐斑：多吃猕猴桃，其中富含的维生素C能有效预防色素沉淀；不要摄取过多的甜食及油炸食品；不要用化妆品来掩饰；避免强烈的直晒，外出应戴遮阳帽；保持充足的睡眠。

😊 妊娠纹

怀孕时，皮肤扩张的速度赶不上子宫扩大及母体生长的速度，由此导致皮肤中的弹力纤维和胶原纤维被过度拉伸而造成损伤甚至断裂，就在皮肤表面形成了宽窄不同、长短不一的紫红色波浪纹，成为妊娠纹。妊娠纹主要出现在下腹部、大腿、臀部、胸部或背部。

减少妊娠纹：孕期合理控制体重增长速度；均衡营养，避免摄取过多的甜食及油炸物，改善皮肤的肤质；适当按摩，增加皮肤弹性；游泳对于恢复皮肤弹性也很有好处，可以借助水的阻力进行皮肤按摩，促进新陈代谢，消耗多余脂肪；使用托腹带，可以承担腹部的重力负担，减缓皮肤过度的延展拉扯；预防妊娠纹的保健品要在医生指导下服用，否则误食激素类药物，还会造成类似的萎缩纹。

孕期日历　胎儿4个月时，大脑内控制本能、欲望和心理状态的部分已经形成。

情绪胎教对宝宝性格的影响

胎儿在母体孕育的过程中，个人的性格以及气质特点就已经开始萌芽。胎儿在子宫中，不仅有感觉，而且会对母亲细微的情绪变化做出敏感的反应。

胎儿在4个月时，大脑内控制本能、欲望和心理状态的间脑或旧皮质部分已经形成，当准妈妈情绪不稳定时，血液中的激素就会产生变化，经胎盘进入胎儿血液、间脑中，刺激间脑，就会使胎儿的行动产生变化。如果胎儿在子宫中感受到温暖、和谐、慈爱的气氛，胎儿将得到同化，意识到生活的美好和欢乐，可逐渐奠定热爱生活、活泼外向、果断自信等优良性格的基础。反之，胎儿会觉得痛苦，将来性格可能会偏向孤僻、懦弱、自卑、多疑等。

家庭成员特别是丈夫要多体贴妻子，为了腹中胎儿安全和形成良好的性格基础，要避免让准妈妈做较重的家务活动，减少准妈妈的负担，让准妈妈时刻处于心境平静、开朗的状态下，让准妈妈的身体维持良好的状态，这样就能让胎儿在舒适的环境下健康、顺利地成长。

胎儿生长在子宫里，看似与外界隔绝，其实，准妈妈的一举一动对胎儿都有影响，包括情绪也是如此。研究发现，胎儿长到6个月以后，神经系统已发育到相当程度，能听到声音，并能做出各种反应，如胎动增加，心跳加快等。准妈妈与胎儿的神经系统本身并没什么联系，但准妈妈受到精神刺激后，自主神经系统活动加剧，内分泌也发生变化，释放出来的乙酰胆碱等化学物质和某些激素可以经过血液由胎盘进入胎儿体内，影响胎儿的正常生长发育。

例如当准妈妈的情绪兴奋、轻松愉快时，通过神经—体液系统的调节，血液中增加了一些使胎动有规律、活跃的化学物质，增强了胎儿的生命力。

胎儿健脑食谱推荐

假期的时候，准爸爸可以为准妈妈做几道菜，既能让准妈妈感受到关爱，又能促进胎儿的大脑发育。

黄豆芝麻粥

原料：黄豆100克，芝麻20克。

制作方法：黄豆洗后水中浸泡半天，芝麻炒焦研粉（可买现成的芝麻粉，超市有卖）。先用黄豆煮粥，可加高汤（超市销售的袋装高汤亦可），粥滚后再加入芝麻粉、盐调味即可。

营养功效：润肠通便，还有利于胎儿大脑发育。

西红柿烧豆腐

原料：西红柿250克，豆腐2块，油75毫升，糖（最好是白糖）少许，酱油少许。

制作方法：1.先用开水把西红柿烫一下，去皮，切成厚片。把豆腐切成3厘米左右的长方块。2.锅置火上，油热，放西红柿片小炒片刻，随即把切好的豆腐放入，加酱油、白糖滚几滚，待豆腐炒透即好。

营养功效：西红柿含有大量的维生素C，对于骨、齿、血管、肌肉组织的生长发育极为重要，并能刺激食欲，增加对疾病的抵抗能力。豆腐的营养价值也十分高，含有人体所必需的8种氨基酸，有助胎儿大脑发育。

准爸爸要陪准妈妈上孕育课堂

准爸爸最好能于百忙之中抽点儿时间和爱妻一起去听课，一起学习哺育、抚养婴儿的知识，还能体现自己对爱妻的支持和体贴。

一般产检的医院都有免费的"孕育课堂"，由专业产科大夫为准爸爸准妈妈们讲授孕前、孕期、分娩期直至产后相关知识。准爸爸最好能于百忙之中抽点儿时间和爱妻一起去听课，一来学了知识，二来也是体现自己对爱妻的精神支持的有力行动。

准妈妈心理状态不佳，很多原因是担心自己和胎儿出现各种不测，以及害怕分娩。准爸爸要与准妈妈一起学习孕产知识，对各种异常情况的预防和处理也要有所了解。这样，有助于消除准妈妈的紧张。或者准爸爸阅读完孕育书后，一有时间就给准妈妈讲自己学到的孕产知识，让准妈妈更安心、更轻松地度过孕期。

☺ "孕育课堂"的内容

准妈妈通常应该注意的问题如营养、运动、胎儿保健、胎教等相关知识，专业产科大夫为你讲授分娩的相关知识，接受咨询，提供科学的保健知识、营养测试等，确保胎儿的健康发育。

☺ 有免费的，有收费的

一般医院配套产检的课程都免费，介绍基本的孕产知识。

针对准妈妈的特殊需求会有一些收费的指导，如建立"一对一"的贴身服务，针对个体情况制订个人指导计划；分娩指导和体验；孕期瑜伽、骨盆操、准妈妈游泳等。

去听课以前要带好听课证，提前去找个通风的位置；带上自己的水杯。

准妈妈为什么爱做梦

准妈妈常常会觉得心神不安，睡眠不好，经常做一些记忆清晰的噩梦，这是在怀孕阶段对即将承担的母亲的重任感到忧虑、不安的反应。

孕期经常做噩梦通常是心理压力和思想负担引起的，这是正常的。但是准妈妈经常做噩梦，会导致睡眠质量下降。长久的睡眠不足以及心理压力过大，自然会对胎儿的健康发育产生不利影响。为了胎儿的健康发育保持良好的心境，可以向丈夫或亲友诉说内心感受，他们也许能够帮助准妈妈放松下来。如果不是心理问题引起，准妈妈应及时去医院就诊。

😊 放松心情

要对付这些由心而生的噩梦，准妈妈最需要做的就是解决心中的疑虑。对孕期担忧的问题都要说出来，与身边的人交流。不能解决的应该去医院进行咨询，尽量放松自己的心态。

😊 警惕疾病引起多梦

极少数的准妈妈因患有某些心脑血管疾病，当夜间睡眠处于不当的体位时，也可能会引起心脑组织出现阵发性缺血缺氧，故而也会发生因噩梦惊醒等，这时准妈妈应尽早到医院检查、治疗，以保证安全度过孕期。

😊 睡前喝杯蜂蜜水

准妈妈睡前饮一杯蜂蜜水，有安神补脑、养血滋阴之功效；能够治疗多梦易醒、睡眠不香。如果用蜂蜜调匀适量面粉涂在面部及手背上，还有滋润皮肤、养颜美容之功效。

胎教小贴士

跟踪胎儿日常生活的研究发现，胎儿大部分时间用于睡眠。胎儿的快眼动睡眠最早出现于妊娠23周；30周时，胎儿开始多梦的日子，这时他们做梦比出生后还多；32周时，胎儿一天用90％～95％的时间打盹，其中部分时间酣睡，部分时间为快眼动睡眠。

准妈妈可适当减少工作量。

准妈妈在工作中要注意什么

准妈妈的腹部会随着胎儿月龄的增加变得越来越大，在工作中准妈妈要注意保护好自己和胎儿。

应该说妊娠中期对于准妈妈来说是最好的时段，早期可能有早孕反应，有人可能会有些腹痛、出血，担心流产的问题。到了13周之后，胎盘形成了，胎儿正常生长发育，这时候子宫增大又不是特别快，所以准妈妈正常的工作和生活受的影响不是很大。

孕4月：胎盘发育完全，流产的可能性减少，你已基本度过妊娠反应期。这一时期你要注意增加营养，可以带些营养品在办公室里食用，也可以多备些水果。但要注意吃东西的时候，别影响其他人工作。

孕5月：你的腹部已经显现出来了，而你的身心都进入稳定期。工作休息时可以做些轻微的运动，如活动脚踝，伸展四肢等。如果你开始感到腰痛，就要注意不能一种姿势保持太久，或者采取不正确的姿势进行工作。

孕6月：你的下腹部明显增大，注意不要碰撞。注意工作间隙能适当休息一下，不要干长时间站立或一个姿势坐着的工作。如果感到疲劳，应该在工作间隙及时休息，哪怕几分钟也好，有条件最好躺下，尽量午睡就可以了。

专家指导 准妈妈可以通过调整饮食来预防孕期糖尿病。在孕中期、后期一般每日要控制在7534.5~9208.9千焦为宜；蛋白质摄入量每日以100~110克为宜；适当限制碳水化合物的摄入量，以每日摄入200~250克为宜；增加膳食纤维的摄入量，应多吃大豆及其制品；每日摄入一定量的牛奶、动物肝脏、蛋、鱼、虾、豆类、干果类、大量的新鲜叶菜类。有浮肿和高血压的准妈妈，要限制盐的摄入量。

准妈妈有午睡精力才充沛

睡午觉主要是可以使准妈妈神经放松，消除劳累，恢复活力，既有利于下午的工作，又有利于胎儿的生长。

😊 准妈妈要睡午觉

怀孕期间准妈妈受激素水平的影响，比平时更容易感到疲劳，因此增加午睡最好。

午睡时间长短可因人而异，因时而异，半个小时到一个小时，甚至再长一点均可，但也不宜过长，否则会使准妈妈晚上难以入眠，最好不要超过两小时。如果睡很久，午餐就要大大地减量，不只是水果，全体热量摄取都要减少才行。

😊 午睡要放松

准妈妈午睡时，可以把双脚架在一个坐垫上，抬高双腿，然后全身放松。最好取左侧卧位。如果长时间左侧卧位不习惯，平卧时可在右侧臀部垫以毛毯、枕头或棉被等，使骨盆向左倾斜，同样也能起到左侧卧位的效果，以身体感到舒适为原则。

😊 保证睡眠时间

常人一般每日需要8小时睡眠，而怀孕期间的睡眠更要比平时多1小时左右，每日的睡眠时间最少不能低于8小时，这更有利于准妈妈的休息和身体健康。最好是晚上10点入睡，早上7点多起床，下午1点多开始午睡，睡1~2小时。午饭后休息一下再睡。总之以休息好为主，平常准妈妈感到劳累时，也可以躺下休息一会儿。

😊 做好准爸爸

失眠的食疗：

牛肉桂圆汤

原料：桂圆肉100克，牛肉200克，盐适量。

制作方法：牛肉、桂圆肉洗净，备用；将材料放入煲中，注入清水，煲上2小时，加盐调味即成。

营养功效：桂圆肉有补心安神作用，是失眠人士的最佳食疗汤。

古诗词欣赏

古诗词有着深厚的文化内涵，是对胎儿很好的文化熏陶。

小 池

杨万里

泉眼无声惜细流，
树荫照水爱晴柔。
小荷才露尖尖角，
早有蜻蜓立上头。

春 晓

孟浩然

春眠不觉晓，
处处闻啼鸟。
夜来风雨声，
花落知多少？

静夜思

李白

床前明月光，
疑是地上霜。
举头望明月，
低头思故乡。

胎儿是怎么呼吸的

胎儿在母体内也有呼吸的，不过他在液体中通过脐带进行呼吸。

胎儿的呼吸是在分娩时建立的，在母亲体内时，胎儿肺里面存的不是空气，而是液体，在分娩时因受到挤压而排出体外，在接触到空气时开始自动建立呼吸，很是神奇。

宝宝在出生之前肺是闭合的，他通过脐带来呼吸，脐带是联结母体和胎儿的纽带。胎儿的生存和发育是紧紧地依赖于母体的，胎儿所需的营养、氧气可经由脐带供给，胎儿所产生的废物可经由脐带、胎盘代谢出去。

胎盘是胎儿的消化器官、呼吸器官，也是他的排泄器官。通过胎盘的血液循环，胎儿从母体摄取必需的营养物质和氧气，排出废物和二氧化碳。

一般到孕期的16周胎儿开始打嗝，这是胎儿呼吸的先兆。刚开始还听不到什么声音，因为胎儿的气管充斥的不是空气，而是流动的液

体。从超声波看到胎儿吞咽羊水的样子好像在呼吸一样，其实他是为了出生后用肺呼吸做练习。

做好准爸爸

准妈妈要穿棉质的有弹性的袜子，这样才能让双脚透气；穿松软、合脚、后跟高度为2～3厘米的低跟或坡跟鞋为宜；有能支撑身体的宽大的后跟；鞋底上有防滑波纹；宽窄、长度均合适，鞋的重量较轻；鞋型选择上开式，即系鞋带式或魔术粘贴带式较佳，其次可以选择有松紧带或可调整宽度的鞋类款式。

鱼类营养丰富。

准妈妈要多吃鱼

准妈妈多吃鱼是极有利于胎儿的健康成长的。

多吃鱼可以改变准妈妈有可能发生的胎盘供血不足，保证足够的营养物质输送给胎儿，促进胎儿的生长发育。鱼身磷质和大量氨基酸还对胎儿的中枢神经系统发育起到良好的促进作用。

（1）鱼肉的蛋白质，不仅含量多，一般15%～20%，而且是最优质蛋白质，其必需氨基酸含量和比值同人体相似。

（2）鱼肉细嫩，可溶性成胶物质含量多，因此，鱼肉更易于人体消化吸收，一般消化吸收率高达96%。

（3）鱼的脂肪含量较低，一般只有1%～3%，多是不饱和脂肪酸，不仅比其他肉类脂肪容易消化，还具有很好地降低胆固醇的作用。

（4）鱼的矿物质含量相当多。鱼肉含磷和钾较多，并有很多铜，海水鱼还含有碘、氟。鱼肉含的钙也比其他肉类多。

（5）鱼的维生素含量也相当多。尤其是维生素A、维生素D更丰富，这是其他肉类不可比拟的。

因此，准妈妈可以多吃深海鱼类，如鲑鱼、鲭鱼等；烹调的时候尽量采用水煮的方式，清淡饮食比较好；对于鱼类过敏的准妈妈，不妨改吃准妈妈专用的营养配方食品，以减少婴幼儿过敏体质的产生。千万不要勉强摄取鱼类，以免造成身体不适。

特别提醒的是：准妈妈要多吃鱼，但是最好不要吃鱼油，因为鱼油会影响凝血机能，准妈妈吃多了可能会增加出血概率。

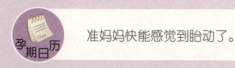
准妈妈什么时候能感觉到胎动

胎动会在16～20周时逐渐明显起来，即从第5个月开始母体可逐渐明显感到胎儿的活动，胎儿在子宫内伸手、踢腿、冲击子宫壁，这就是胎动。

😊 胎动是宝宝成长的重要阶段

除了睡觉的时候，胎儿很少安静地待着，他在子宫里滚动、转身、打嗝、伸展胳膊和腿，就是胎动。通过运动，胎儿具有了本体感觉，特别是在子宫中的翻滚动作，胎儿的视野获得了巨大改变，同时锻炼了自己的协调能力。他开始有了位置感觉，即使在充满水的世界里，他也能感受到自己方位的变化。当准妈妈走来走去时，或坐、躺、走、弯腰时，胎儿都能感受到。

😊 影响胎动的因素

尽管胎动很早就有了，但并不是一开始准妈妈就能感觉到的。每一位准妈妈的状况不同，对胎动的感觉也不同，有人能很早就明显地感觉到胎动，而有人则不容易分辨。

妈妈腹壁的薄厚：腹壁厚的人感觉稍稍迟钝一些，腹壁薄的准妈妈到妊娠后期，在胎儿活动的时候，都有可能从肚子外面看到鼓了一个小包。

羊水多少：羊水多的准妈妈对胎动的感觉会迟钝一些。

妈妈的敏感度：每个人的感觉灵敏度不同，因此，开始的时候，胎动还很微弱，有人会比较敏感，有人就会感觉不到。

胎动对准妈妈很重要，可以了解胎儿活动情况以及羊水多少、供氧是否充足等。

孕期日历

一般来说，胎儿晚上动得最多。

每天什么时候胎动最频繁

胎动情况和其健康状况有关系，与性格无直接联系。

（1）夜晚睡觉前：一般胎儿在晚上是动得最多的，一方面比较有精神，另一方面准妈妈通常在这个时间能静下心来感受胎动，所以会觉得动得特别多。

（2）吃饭以后：准妈妈体内血糖含量增加，胎儿也"吃饱喝足"有力气了，所以胎动会变得比饭前要较频繁一些。

（3）洗澡的时候：可能是因为在洗澡时准妈妈会觉得比较放松，这种情绪会传达给胎儿，就比较有精神。

（4）对着肚子说话的时候：准爸爸和准妈妈们在和胎儿交流的时候，宝宝会有回应，用胎动的方式表达自己的感觉。

（5）听音乐的时候：受到音乐的刺激，胎儿会变得喜欢动，这也是传达情绪的一种方法。

准妈妈怀孕18～20周，可以感觉到胎动。怀孕周数越长，胎动越活跃，但在妊娠末期，胎动又会减少。胎动是判断胎儿在宫内安危的主要指标。准妈妈将早、中、晚胎动各测1小时，测得的次数相加后乘以4，每12小时30～40次为正常，最少不应低于12次。如果准妈妈突然感觉胎动次数增加或减少，可能因为宫内缺氧所致，应及时就诊，排除意外。

当胎儿的生命受到威胁时，胎儿便出现异常的胎动，不仅表现在次数上，而且还体现在性质上，如强烈的、持续不停地推扭样的胎动或踢动，甚或是微弱的胎动，这时也要及时就医。

专家指导

准妈妈注意室内通风，不宜长时间吹电扇，吹电扇时也不应直吹，风速宜缓和，电扇宜用摇头或微型电扇；使用空调也不宜将温度降得过低、与室外温度差距太大，更不应到空调下边吹风纳凉。在夏天睡觉宜用毛巾被盖在肚子上。

选件漂亮的孕妇装

准妈妈衣服的款式、颜色的选择，也是美容胎教的一部分，准妈妈要选一件称心的孕妇装，让自己既舒适又漂亮。

舒适为主

选择质地柔软、透气性强、易吸汗、性能好的衣料，因为怀孕期间皮肤非常敏感，如果经常接触人造纤维的面料，容易引起过敏。天然面料包括棉、麻、真丝等，而以全棉最为常见。尤其是贴身的衣物，最好选择全棉的。

适宜宽松

不可紧胸束腹，如果准妈妈上衣过紧，会影响到胸部的呼吸，并妨碍乳腺的发育，不利于产后母乳喂养；裤子过紧，腹部会受压，会影响子宫血流；腰带过紧，会使增大的子宫不能上升，只能前凸，日久则成悬垂腹而造成胎位不正。

可调节的最好

上衣适宜选择开前襟的，以方便穿脱。在以后的几个月内，准妈妈的体形还会发生较大的变化，可调节式的孕妇装还能穿，就不需要准备很多孕妇装，节省开支。

淡雅的色调最好

最好选择色调明快、柔和甜美的颜色，这些色彩可以让准妈妈消除疲劳、抑制烦躁、控制情绪。

防辐射服

现在准妈妈接触电脑、复印机等有辐射的用品比较多，可适当选择防辐射服，以达到防辐射的目的。

准妈妈不一定非要穿专门的孕妇装，平时宽松、舒适的衣服也可以自行搭配穿，这样更能体现出准妈妈的个性，让准妈妈有个好心情和漂亮的衣着。

帮助胎儿运动锻炼

运动胎教是对胎儿进行"宫内锻炼"，以促进胎儿四肢运动的训练方法。

胎儿运动锻炼好处多

可以激发胎儿运动的积极性，促进胎儿身心发育，但运动量一定要适当。现代医学已经证明，胎动的强弱和胎动的频率可以预示胎儿在母体内的健康状况。有人曾对胎动强者和胎动弱者进行观察，他们发现在宫内活动强者出生后其动作的协调性和反应的灵敏度均优于出生前胎动弱者。凡是在母体内受过运动训练的宝宝出生后翻身、爬行、坐立、行走及跳跃等动作都明显地早于一般的宝宝。因此说胎儿的运动训练确实不失为一种积极有效的胎教手段。

帮助胎儿进行锻炼

准妈妈仰卧，全身放松，先用手在腹部来回抚摩，然后用手指轻按腹部的不同部位，并观察胎儿有何反应。开始时动作宜轻，时间宜短，等过了几周，胎儿逐渐适应之时，就会做出一些积极反应。这时可稍加一点运动量。

有些准妈妈对胎儿进行运动训练表示担心，认为锻炼会伤害胎儿，其实这种担心是多余的，胎儿在4个月时胎盘已经很牢固了，胎儿此时在母体内具有较大的空间，而且环绕着胎儿的羊水对于外来的作用力具有缓冲的作用，可以保护胎儿。所以准妈妈对胎儿进行运动训练时并不会直接碰到胎儿，这一点准妈妈大可放心，进行适当的胎儿运动训练是不会伤害胎儿的。

专家指导　准妈妈支撑过重的体重，腿部肌肉负担增重，常出现腿部抽筋、疼痛，多发生于妊娠中后期，与缺钙和受凉也有关。一旦发生抽筋，立即站在地面上蹬直患肢；或是坐着，将患肢蹬在墙上，蹬直；或请身边亲友将患肢拉直。总之，使小腿蹬直、肌肉绷紧，再加上局部按摩小腿肌肉和大脚趾，即可缓解疼痛甚至使疼痛立即消失。

第5个月
DI-WU GE YUE

胎儿成长很稳定

胎儿也爱听寓言故事。

讲故事——后悔莫及的大公鸡

给胎儿讲讲大公鸡的故事吧，他一定爱听。

很久很久以前，大公鸡有一对有力的翅膀，飞起来赛过燕子，还有一双强壮的腿，跑起来赛过鸵鸟，再加上漂亮的羽毛，动物们对公鸡也十分尊敬。人们在目睹过公鸡的华丽和本事后，纷纷将公鸡称为"神鸟"，用好吃的好喝的将大公鸡供奉起来。慢慢地，大公鸡再也不飞了，也不跑了，只是每天昂首挺胸，迈着方步，向森林中的小动物们炫耀自己的威名。一天，一只小麻雀说："大公鸡，你真漂亮，但是你现在还飞得起来吗？" 大公鸡听了傲慢地说："哼，我过去飞起来赛过燕子！现在，主人为我准备好了吃的喝的，我何必还要飞呢？"小麻雀又问："大公鸡，你现在还跑得快吗？"大公鸡把眼一瞪："这有什么，过去我跑起来赛过鸵鸟，现在不需要东跑西跑去找食了，我何不好好休息呢？"这时候，一只狐狸从草丛中蹦了出来："这么肥的大公鸡，正好做我的晚餐。"大公鸡看到狐狸，拼命地扑腾着，就是飞不起来，它又拼命地蹬着两条腿，可是就是跑得不快！尽管它用出了全身的力气，但还是很快就被狐狸捉住了。直到这时，大公鸡才后悔自己不该贪图享乐和安逸，把自己仅有的一点本事都丢光了，遭遇到如此的下场！

怎么鉴别胎动和孕期腹痛

不少准妈妈常把腹痛当做胎动，沉浸在兴奋之中，贻误治疗时机而导致早产、流产等。

😊 生理性腹痛和病理性腹痛

最常见的生理性腹痛在妊娠4个月左右常见。疼痛部位多在下腹部子宫一侧或双侧，呈钝痛、隐痛或牵拉痛，大多发生在准妈妈体位变动或远距离行走时，卧床休息后可缓解，无须特殊治疗。也可发生在胎动后或妊娠晚期的假宫缩后，但此种情况造成的腹痛一般仅持续数秒钟即可缓解。

病理性腹痛，如胃肠病、阑尾炎、胎盘早剥、子宫先兆破裂也会引发腹痛，但是一般都比较剧烈或持续时间较长，这种情况的腹痛应及时到医院检查、治疗。

😊 胎动的特点

怀孕第16~20周，胎动在靠近准妈妈肚脐的地方，跟胀气、肠胃蠕动或肚子饿的感觉有点像。

怀孕第20~36周，胎动已经上升，在靠近胃的地方。

怀孕36周后，因为临产，胎儿的头部已下降至骨盆，活动也大大受限，胎动开始变得温和，不那么频繁了。

😊 区分胎动和腹痛

怀孕4个月之内出现腹痛，则不是胎动。因为胎动一般在怀孕16~20周才出现。此期间，若有下腹部坠痛、肛门坠胀、阴道流血等现象，则应考虑到宫外孕、葡萄胎、流产等情况的发生。

怀孕4个月以后准妈妈就会感觉到胎动，胎动有一定的规律性，一般每小时3~5次，在怀孕28~37周时较活跃，但不会引起准妈妈明显的不适，如有腹部局部不适，几秒钟或数十秒钟就可缓解。

如果孕中晚期出现全腹下坠、肛门坠胀、阵发性腹痛并伴有阴道流血时，则应考虑到早产、胎盘早剥等情况的发生；若腹痛位于右下方或偏上，无规律性，且准妈妈有高热、恶心、呕吐等症状时，则应考虑到急性阑尾炎的发生；若准妈妈在临产后，出现全腹强直如板状，且疼痛难忍等现象时，则应警惕子宫破裂的发生。

第115天

正常的、明显的胎动1小时不少于3次。

正确数胎动才能确保胎儿健康

胎动正常，表示胎盘功能良好，输送给胎儿的氧气充足，胎儿在子宫内生长发育健全。准妈妈的运动、姿势、情绪以及强声、强光和触摸腹部等，都可引起胎动的变化。

☺ 胎动反映了胎儿安危

胎动的次数多少、快慢强弱等表示胎儿的安危。如果在妊娠5～6个月还没有胎动，就应该及时到医院做详细检查。如果感觉胎动减少或出现强烈的、持续不停地推扭样的胎动或踢动，甚或是微弱的胎动，这都要引起准妈妈的注意。

正常明显胎动1小时不少于3次，12小时明显胎动次数为30～40次。但由于胎儿个体差异大，有的胎儿12小时可动100次左右，只要胎动有规律，有节奏，变化不大，即证明胎儿发育是正常的。胎动的次数并非恒定不变的，在妊娠28～38周，是胎动活跃的时期，以后稍减弱，直至分娩。

一般而言，昼夜胎动变化规律为上午均匀，下午减少，夜间8～11点胎动最多。

☺ 怎么数胎动

准妈妈取左侧卧位，静心体会胎动的次数，胎儿每动一下记一次数，每天早、中、晚各选1个时间段，数1个小时胎动。这个时间段可以根据自己的时间灵活掌握。例如早上起床前的1小时，中午午休的1小时，晚饭后的1小时。然后将3个小时的胎动次数相加乘以4，即为12小时胎动次数。如果12小时胎动次数大于12次，为正常；如果12小时胎动次数少于10次，属于胎动减少，就应该仔细查找原因，必要时到医院进行胎心监测。

准妈妈游泳有利胎儿健康

游泳锻炼能明显减轻准妈妈妊娠期间的腰痛及有效纠正胎位异常，这些都可以促使准妈妈分娩更加顺利。

准妈妈在水中运动的好处是身体负担非常小，这样就能轻松锻炼腰腿部肌肉，水的阻力可以减少逐渐松弛的关节受损伤的机会，使准妈妈健身更加安全；游泳耗能较多，可以去掉准妈妈过多的脂肪，同时增加肺活量，改善心肺功能；还能明显减轻准妈妈妊娠期间的腰痛、痔疮、静脉曲张及有效纠正胎位异常。

准妈妈游泳时的注意事项：

孕中期是准妈妈进行游泳锻炼的最佳时间，游泳前要做体检，听取医生意见是否可以游泳及游泳中注意什么；游泳必须选择正规游泳池，水温在30℃左右，清洁卫生；可以每周游泳1～2次，每次不宜超过半小时；游泳要有亲人、朋友一同前往，以随时照应，保证安全；下水前先做一下热身，下水时戴上泳镜，上岸时注意擦干身体，避免感冒；游泳动作不宜剧烈，可在水中漂浮，轻轻打水，如做仰泳更适合；游泳要避开游泳池人多的时间。如

在室外游泳池游泳，还要避开阳光强烈的时间段，上午10点至下午4点不宜去游泳；若身孕未满4个月，或有流产、早产、死胎病史，或阴道出血、腰部疼痛、妊娠高血压综合征、心脑疾病者不宜游泳，妊娠晚期也不要去游泳。

🔶 **做好准爸爸**

水中分娩，是现在很多准妈妈的选择，因为坐在水中分娩，骨盆容易舒展，同时便于用力，通过给胎儿创造同胎内环境相似的外部环境，降低胎儿降生时的压力，同时可缓解准妈妈的阵痛。

正常情况下，子宫底每周增高8.2毫米。

准妈妈自查胎儿是否健康

准妈妈可以根据一般标准，自己检查胎儿是否发育正常。

了解胎儿生长发育是否正常，方法很多，准妈妈自己了解胎儿生长发育情况可采用以下几种简单易行的方法。

（1）根据子宫的高度。正常情况下每周子

宫底增长8.2毫米，一个妊娠月增加3.28厘米。胎儿生长发育的情况与妊娠的时间、子宫的大小是一致的。如子宫底的高度低于妊娠月数应有的高度，说明可能有胎儿发育迟缓的问题。

（2）体重与腹围增大。一般情况下，体重在怀孕前3个月增加1.1～1.5千克，以后每周增加350～400克；腹围每周增长6.9毫米，一个妊娠月增大2.7厘米。如果准妈妈上述数值大致符合，说明胎儿生长发育正常。

（3）胎动和胎心计数。

胎动计数：如胎儿发育正常，每小时胎动次数为3～5次。每小时少于3次，或12小时内胎动小于10次，都反映胎儿宫内缺氧。

胎心计数：妊娠足4个月时，在腹部可听到胎心音。正常胎心音每分钟为120～160次。如果慢于120次或快于160次，或中间停跳，或快一阵慢一阵，或一阵响亮后又听不清，都是不正常现象。

专家指导

孕期，一般准妈妈都会感到燥热，加上精神紧张和身体不适，往往出很多汗，枕头最易受到汗液的浸渍和污染，容易滋生霉菌、螨虫，引发过敏或者呼吸道疾病。因此，准妈妈最好备两个枕头，及时更换，每周晾晒一次枕头，每月清洗一次枕头，阳光中的紫外线有利于杀菌。

胎儿会排便吗

胎儿在母体中只有小便，没有大便，因此，一般地说，正常情况下羊水是不会有胎儿的大便成分的。

胎儿体内的二氧化碳通过血液，在脐带、胎盘处与母体进行交换，母亲再将二氧化碳呼出去；胎儿在母体内不吃东西，但会喝羊水，并且会排尿。其他代谢产物就通过尿直接排到羊水中，再随着吞咽吃到肚子里，尿液和羊水形成一个动态的平衡状态，每小时约有600毫升的羊水进行交换，近2小时羊水中所有水分全部更新一次。如果出现羊水过少，就提示是否有泌尿系统的发育不良，而引起排尿障碍。

足月妊娠时胎儿尿量43毫升/小时，24小时吞咽羊水约500毫升，经过消化道进入胎儿血循环，形成尿液再排至羊膜腔中。

尽管胎儿周而复始地吞咽着相当量的羊水，但是由于羊水中上皮细胞、蛋白质及糖等物质含量极低，所以每日形成的胎粪残渣量也极微。因此，正常情况下胎儿在宫腔内并不排出大便。孕期胎儿在宫腔内吞入的羊水、胎儿脱落的上皮细胞、皮脂等在肠管内形成黑绿色的胎便，总量100~200克。新生儿于出生后6~10小时即排出胎便，2~3天排完。

胎儿在正常情况下，在母体内是绝对不排大便的，在出现严重的缺氧或其他不良情况时，才会将粪便排出，但此时就会出现羊水混浊，这是严重的胎儿宫内窘迫缺氧的表现，提示随时会发生胎儿死亡的危险，要及时就医。

专家指导

准妈妈适合用9厘米高的枕头，与肩持平即可，太高不能保持颈椎正常的前凸弧度，反而会加重颈椎负担，而且还可能产生落枕现象。枕头过低会使头部充血，容易造成眼睑和面部浮肿。

准妈妈要尽量克服孕期不良心理。

孕期要克服不健康的心理

不良的情绪会严重影响胎儿的身心健康，准妈妈要努力克服不良心理和情绪，为胎儿创造宁静、积极的成长环境。

（1）烦躁心理。准妈妈不要因妊娠反应而心情恶劣，烦闷不安，应保持心情舒畅，情绪稳定，保持心理平衡。

（2）担心心理。准妈妈会担心胎儿的健康，应把担心说出来，依靠科学的手段来确定，而不要盲目担心。

（3）抑郁心理。抑郁情绪会造成准妈妈失眠、厌食、性机能减退和植物神经紊乱，对胎儿的生长不利。

（4）淡漠心理。妊娠期间，准妈妈可能只关心体内的胎儿，而对以外的事情漠不关心，

这样会影响夫妻感情。

（5）猜想心理。总想宝宝是男孩还是女孩，担心宝宝的性别给自己的压力(来自夫家)，无形中给准妈妈造成心理负担。

（6）羞怯心理。怕别人看出自己怀孕了，羞于出现在公共场所，这完全是不必要的。

（7）焦急心理。期盼宝宝、担心宝宝而整天焦躁不安。

（8）紧张心理。偏听偏信长辈的话，对分娩产生一种恐惧。

专家指导

通常产检项目表

周数	检查项目	周数	检查项目
		第30周	例行产检
第6周	验孕、验血	第32周	例行产检
第8周	回诊，看结果；必要时进一步检查	第34周	胎儿生长超声波评估，验血
第12周	例行产检	第36周	例行产检
第16周	母血筛检唐氏综合征或接受羊膜穿刺	第37周	例行产检
第20周	胎儿超声波筛检	第38周	例行产检
第24周	糖尿病筛检	第39周	例行产检
第28周	例行产检	第40周	例行产检

胎教音乐要注意质量

孕5月开始，胎儿已具备了听力，准妈妈可以实行音乐胎教，选取有优美旋律的音乐给胎儿听。

音乐胎教是指通过准妈妈或胎儿听音乐，使他们精神放松、情绪愉快。平稳的旋律和节奏对胎儿大脑的发育是一个良好的刺激，能使胎儿情绪安宁，有利于胎儿的发育。

选择质量好的音乐，不然形成噪声，会让胎儿觉得烦躁，甚至影响听觉的发育，为了预防高频声音损伤胎儿的听力，在进行音乐胎教时，请注意尽量降低CD的噪声；最好请专业人员帮助选购CD以确保质量；每次听的时间不宜过长。

音乐胎教的乐曲分为两类：一类是适宜准妈妈听的，以轻柔舒缓的E调和C调为主；另一类是让胎儿单独欣赏的。

😊 不同的音乐对胎儿的作用不同

不同的音乐对于陶冶胎儿的情操起着不同的作用。如巴赫的复调音乐能帮助胎儿形成恬静、稳定的性格；圆舞曲帮助胎儿形成欢快、开朗的性格；奏鸣曲激发胎儿热情、奔放的情绪等。另外，准妈妈也可以根据心情来挑选音乐，如轻灵活泼的乐曲《二泉映月》；柔和平缓的乐曲《春江花月夜》；舒筋活血的乐曲《江南好》；解除忧郁的乐曲《喜洋洋》《春天来了》；消除疲劳的乐曲《友谊地久天长》等。

😊 听胎教音乐的要求

准妈妈听的胎教音乐可用耳机听，也可以从扬声器里放出来听，音量不宜太大。胎儿听的胎教音乐，在频响、节奏以及情感特征等方面都有特殊的要求，要购买经过相关质量鉴定的产品。

😊 给胎儿听的音乐

要在怀孕的第5个月开始给胎儿听音乐，这时胎儿已具备了听力。每天给胎儿听1~2次，每次15分钟，最好选择旋律优美的钢琴、小提琴乐曲，不要选用刺激性较强的摇滚乐等，音量不要太大。为了便于胎儿记忆，每段乐曲重复放10天左右。

通过拍打和胎儿玩耍

对胎儿适当地进行运动训练，可以激发胎儿运动的积极性，促进胎儿身心发育。

孕5月时，胎儿稳定、胎动明显，准妈妈可为胎儿进行拍打动作胎教。在准妈妈的腹部摸到胎儿的肢体，在按压胎儿的肢体后，胎儿马上会缩回肢体或活动肢体。准爸爸准妈妈可以通过拍打胎儿的肢体同胎儿玩耍，刺激胎儿活动，让胎儿在宫内"散步"，做宫内"体操"，反复训练，可以使胎儿建立起条件反射，并增强胎儿肌肉肢体的力量。临床实践证明，经过拍打肢体训练的宝宝，出生后肢体肌肉强健有力，抬头、翻身、坐、爬、走等大动作均早于一般宝宝。经过拍打增加了胎儿的肢体活动，是一种有效的胎教方法。但是，当胎儿出现蹬腿不安的现象时，要立即停止训练，以免发生意外。

专家指导

从孕中期开始，每天做乳房护理，可预防乳头破裂而导致发炎，并可矫正乳头凹陷。每日应用清水擦洗乳头及其周围皮肤褶皱处，以增强乳头表皮和根部皮肤的韧性。乳房护理可于每天洗澡时进行，准妈妈先以手指环形按摩整个乳房，待冲洗擦干后，在乳头上涂抹一些润滑油，以拇指及食指揉捏乳头，增加乳头柔韧度。在做乳房按摩的时候，手法一定要轻柔，并且注意适可而止。准妈妈还可以准备一把粗齿的木梳，用木梳在乳房上打圈，也能够起到按摩的作用。

准爸爸帮助准妈妈保持愉快心情

妊娠对准妈妈来说有很多事情是不可控制和不可预见的，怀孕时遭遇坏心情也是常事，无须抱有思想负担。

孕中期准妈妈的心情更加敏感，且变化多端。准爸爸要时常观察准妈妈的思想状况，如果遇到不太好的情况，及时交流开导她，让她心情好起来。如果准妈妈心情不好，冲家人发脾气，或者以平时不太容易接受的方式来发泄，这时家里人尤其是准爸爸应该明白这是她的情绪不稳所致，不是她故意与大家过不去，理解她，让她心情平和下来，这时爱人体贴的表示和坚定的信念是让她阴转晴的最好办法。

准爸爸关键是要和妻子一起做好自我调适，多了解一些孕产的知识，通过看书、听讲座等方式学习相关知识，对于减轻焦虑十分有效。

准爸爸要做好几件事情：

（1）给妻子和胎儿讲故事。

（2）帮妻子洗洗头按摩一下。

（3）来次居家大清洁。

（4）当一个好厨师。

（5）和准妈妈一起做运动。

（6）继续献殷勤。

（7）给准妈妈买新的衣服。

（8）偶尔帮准妈妈剪指甲。

专家指导　不要用肥皂水或酒精清洗乳头，因为这样会使乳头表面的天然润滑物被洗掉，而导致乳头更加干裂。使用干毛巾摩擦乳头以增强乳头的韧性，有助于预防乳头破裂。在清洗乳房后，用少量油脂置于拇指和食指上，然后拇指和食指轻柔地绕乳头旋转30次，将油脂均匀地涂在整个乳头上。

继续进行抚摩胎教

胎儿在5个月时，触觉功能渐渐发育起来，可以适时进行抚摩胎教，当胎儿开始有胎动时，即可进行抚摩。

准妈妈仰卧床上，头不要垫得太高，全身放松，呼吸匀称，心平气和，面带微笑，双手轻放胎儿位上；也可将上身略垫高，采用半躺姿势，总之以准妈妈自我感觉舒适为宜。用双手捧着胎头，从上到下，从左到右，反复轻轻抚摩。然后，再用一个手指反复轻压胎儿。

在抚摩胎儿时，要随时注意胎儿的反应，如果胎儿对抚摩和刺激不高兴，就有可能用力挣扎或蹬腿，这时应马上停止抚摩。若胎儿受到抚摩后，过一会儿，就做出轻轻蠕动的反应，这种情况可以继续抚摩，一直持续几分钟再停止，或改为语言、音乐刺激。

抚摩的时间一般可在傍晚或凌晨胎动频繁时进行，每次5～10分钟，每天1～2次。

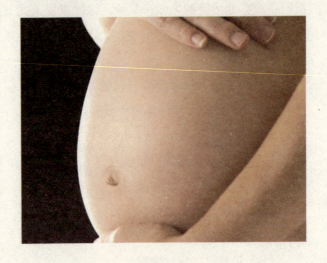

专家指导

准妈妈怀孕后身体及生殖器的变化需要补充大量营养。

(1)胎盘生成和发育：受精卵着床后，胎盘发育很快，尤其在妊娠头3个月内。

(2)子宫增大：为了容纳日渐长大的胎儿、胎盘及其周围的羊水，子宫内部容积必须增大。

(3)阴道扩张：女性怀孕后，阴道扩张，以备分娩，肌肉细胞增大，黏膜层变厚。

(4)准妈妈乳房明显增大：在妊娠前3个月中，大部分输乳管开始发育，乳房也迅速增大。

(5)血液增加：准妈妈血容量在妊娠期增加1.5升。 此外，心脏、肺、肾的负担增大以及牙齿、关节、皮肤、指甲、头发都有变化。

以上准妈妈机体的变化，都需要营养的供给才能保证其正常功能。

古诗词选读

古诗词是我们的文化瑰宝，准爸爸和准妈妈可以多读给胎儿听。

望庐山瀑布

李白

日照香炉生紫烟，
遥看瀑布挂前川。
飞流直下三千尺，
疑是银河落九天。

竹枝词

刘禹锡

杨柳青青江水平，
闻郎江上踏歌声。
东边日出西边雨，
道是无晴却有晴。

游子吟

孟郊

慈母手中线，
游子身上衣。
临行密密缝，
意恐迟迟归。
谁言寸草心，
报得三春晖。

准妈妈定时、定量进餐很重要。

准妈妈饮食要有规律

饮食有规律，也就是说要定时、定量。

准妈妈担负着为自身健康和保证胎儿生长提供营养物质的任务，必须按时进餐，遵循消化规律。

饮食定量

如果准妈妈吃饭不知道控制，饥一顿，饱一顿，对胎儿的营养供给也会随之出现不正常状况，这会影响胎儿的营养均衡及身体发育。也就是说，准妈妈在怀胎10个月内的饮食，也要随着胎儿的发育逐渐少量增加。如果准妈妈不掌握这个原则，而是为了胎儿生长盲目地多吃，过量摄取营养，对准妈妈本身和胎儿都不利。有的准妈妈为保持体形苗条，而控制饮食，也不利于准妈妈健康和胎儿生长发育。

饮食定时

就是要求准妈妈养成准时吃饭的习惯。因为人的各个器官基本上是按时间程序有规律地工作的，各种食物在人体胃肠内停留的时间也在一个大致范围内，所以到了一定时间就会出现饥饿感。这时，血糖下降到较低程度，可使人心慌意乱，甚至四肢发抖。如果准妈妈经常出现类似情况，无疑会引起胎儿营养供给不足。

做好准爸爸

很多准爸爸都打鼾，妻子怀孕以后，准爸爸要注意缓解一下打鼾，以免给准妈妈的休息造成影响。如果准爸爸睡觉打鼾影响到你，你要轻轻推推他，一般打鼾声就会减弱；如果准爸爸打鼾持续时间很长，轻推作用不大，可以把准爸爸叫醒，告诉他；平时可以先让准妈妈入睡后，准爸爸再睡。

准妈妈外出要注意保护胎儿

准妈妈不要在人流高峰时间出门，逛街购物要预先列好清单，不要逛太久，更不要在天气恶劣的时候出门。

😊 错过人流高峰

准妈妈不要在人多拥挤的时候去购物，人多拥挤的地方空气不好，对准妈妈和胎儿都不利，在人流少的时候购物免受拥挤之累，尤其要保护腹部免遭不测。

😊 最好有人陪伴

陪伴者不仅可以帮准妈妈提重物，还可以保护准妈妈的安全。在逛街途中可选择一些街心花园或人静境幽处休息一会儿。

😊 列好清单

逛街购物要有计划，预先列好清单，买齐所需物品之后就离开人多的场所，减少在一些拥挤场所的逗留时间。不要一次买很多东西，以免过重，必要时分作几次购买。

😊 天气不好少出门

有大风、雨、大雾、雪时，不要上街购物，以免因身体笨重及不便而发生摔伤或扭伤，或因滑倒而引起流产或早产。

😊 流感季节要谨慎

冬春季节如有感冒等传染病流行时，最好不要上大商场，那里空气不流通，有被传染的危险。不要在刚装修完毕的商场或商店停留过久，以免接触装修材料产生的化学污染物。

😊 时间不要过久

最好不要超过2个小时。逛街时的行走速度不宜快，更不要穿高跟鞋。上商场时不要爬高楼，可利用电梯上下。

逛完街后回到家里应当及时洗手、洗脸，换下外衣。购回的物品要合理存放，外包装要妥善处理。也可坐定后闭目养神或听听音乐，以消除躯体疲劳，缓解紧张情绪。

怎样调整孕期抑郁情绪

准妈妈要尽量通过各种方式来使自己放松，也可以暂时离开令准妈妈郁闷的环境，培养一些积极的兴趣爱好，转移自己的注意力。

孕期抑郁症检测

(1)注意力无法集中，记忆力减退。

(2)总是感到焦虑、迷茫。

(3)脾气变得很暴躁，非常容易生气。

(4)睡眠质量很差，爱做梦，醒来后仍感到疲倦。

(5)非常容易疲劳，或有持续的疲劳感。

(6)不停地想吃东西或者毫无食欲。

(7)对什么都不感兴趣，懒洋洋的，总是提不起精神。

(8)持续的情绪低落，莫名其妙地想哭。

(9)情绪起伏很大，喜怒无常。

深呼吸

自由地深呼吸，每一次都吸进新鲜的氧气，想象自己的整个身体都是新鲜的。慢慢地吐气，把紧张、压力与不快统统吐出去，就会进入更放松的状态。

数数

如果感到自己为某件事要生气，先努力让自己从一数到十，尽量慢慢地数，哪怕是气呼呼地。只用短短的几十秒时间，你的心情很可能就会平复下来。

同时，凡事都试着换位思考，多为对方想一想，就会发现没什么气可生的。

撕纸

当有郁闷情绪需要排解时，可试着将废纸撕成小条儿，你的坏情绪可能就会随着撕开的小条儿消散掉。

幻想

幻想一下宝贝出生后的美好生活，这样，当前的困难就变得不那么难解决了。一切的付出都会得到回报的。

多与准爸爸沟通

对于孕期生活中遇到的难题，准妈妈要注意和准爸爸多沟通，和准爸爸保持良好的关系，让准爸爸成为准妈妈的坚强后盾。还可以跟亲密的朋友倾诉，让他们给予准妈妈理解和帮助。

如果准妈妈作了种种努力，情况仍不见好转，或者有伤害自己和他人的冲动，那么准妈妈应该立即寻求医生的帮助，医生会指导准妈妈服用一些对自身和胎儿没有副作用的抗抑郁药物，以免病情延误，给自己和胎儿带来不良后果。

胎儿为什么会被脐带绕颈

一般认为与脐带过长、羊水过多和胎动过频有关。

脐带富有弹性，其血管的长度超过脐带的长度，血管呈螺旋状盘曲，有很大的伸展性。脐带绕颈是妊娠晚期常见的情况，发生率为20%~25%，多数绕颈1周，少数绕颈2周，3周以上的很少见。

超声波检查已成为产前检查的重要手段，超声波可看到胎儿是否有脐带绕颈、缠绕周数及松紧度如何。

在胎头及颈部纵切面上，胎儿颈部后方有"V"形压迹，表示脐带绕颈一周；"W"形压迹，表示脐带绕颈两周；波浪形压迹，表示脐带绕颈两周以上。

胎儿是很聪明的，当有不适感时，他会主动运动摆脱窘境。脐带缠绕胎儿，而且缠绕较紧、胎儿感到不适时，他会向周围运动，寻找舒适的位置，左动动、右动动，当胎儿转回来时，脐带缠绕自然就解除了，胎儿就会舒服地休息一会儿。当然，如果脐带绕颈圈数较多，胎儿自己运动出来的机会就会少一些。

脐带绕颈后，只要不过分拉扯脐带，不至于影响脐带的血流，绝大多数胎儿不表现任何异常，所以脐带绕颈不必惊慌。但当脐带缠绕过紧时可影响脐带血流，出现胎心率改变，严重者可导致胎儿宫内窘迫，甚至胎儿死亡。如果在妊娠晚期发现胎儿有脐带绕颈现象，准妈妈应当减少活动，注意休息，学会数胎动，胎动过多或过少时，应及时去医院检查。

专家指导

由于孕激素的关系，准妈妈的皮肤失去了以前的柔软感，而略呈粗糙，甚至会很干燥，有些区域会出现脱皮现象。准妈妈要注意洗澡、洗脸之后，应尽快把水擦干，并涂上润肤膏按摩一会儿；在直接用手工作时，最好戴上橡皮手套，以免手直接接触洗涤剂。

铁在食物中含量丰富。

准妈妈补铁要注意什么

孕中晚期，每日需要45毫克的铁质摄取量，除了补充自身基础流失量之外，更要满足准妈妈血液与红细胞增加、胎盘及胎儿成长所需。

铁的来源为食物和药物，食物中含铁很丰富；如果准妈妈贫血比较严重，需要在专业医生的指导下服用补铁剂。目前市售的铁剂种类较多，均有较好疗效，不必过分强求哪一种最好，关键是搞清楚每次应服多少剂量。

食补最好

多种食物均含有铁，一般植物性食品铁的吸收率较低，而动物性食品铁的吸收率较高。富含铁的动物性食品有：猪肾，猪肝，猪血，牛肾，羊肾，鸡肝，虾子，鸡肫等；植物性食品含铁多的有桂圆、黄豆、油豆腐、银耳、黑木耳、淡菜、海带、海蜇、芹菜、荠菜、大枣等。

巧搭配增强补铁效果

用铁锅烧煮食物。如果做菜时加入西红柿、柠檬汁或橙汁，锅中会有更多铁进入食物中。服用硫酸亚铁片剂的同时吃一些橘子、芒果或木瓜之类的水果，会使身体吸收更多铁剂。

服用铁剂注意事项

（1）注意选择易吸收的补铁剂，如硫酸亚铁、碳酸亚铁、富马酸铁、葡萄糖酸亚铁等，在医生指导下正确服用。

（2）铁剂对胃肠道有刺激作用，常引起恶心、呕吐、腹痛等，应在饭后服用为宜。服药后如出现恶心、呕吐等不良反应，可以停药2~3天，或可改用注射剂。

（3）铁剂服用时间需在1个月以上。

（4）服用铁剂前后1小时内不要喝咖啡、茶等饮料。

（5）维生素C可以促进铁的吸收，在服铁剂时，补充适当的维生素C。

（6）铁剂易与肠内的硫化氢结合成硫化铁，使肠蠕动减弱，引起便秘，并会使患者排出黑色粪便，这些都是正常的，准妈妈不必紧张。

孕期饮食的三不宜

在孕期，准妈妈必须食用比平时更多的含脂肪、蛋白质、糖的食物，才能满足身体的需要，但是也必须注意到其中的弊端。

不宜高脂肪饮食

医学研究证实，乳腺癌、卵巢癌和宫颈癌具有家族遗传倾向。如果孕妇长期摄入高脂肪膳食，势必增加女儿罹患生殖系统癌瘤的危险。医学家指出，脂肪本身虽不会致癌，但长期多吃高脂肪食物，会使大肠内的胆酸和中性胆固醇浓度增加，这些物质的蓄积能诱发结肠癌。同时，高脂肪食物能增加催乳激素的合成，促使人体发生乳腺癌，不利母婴健康。

不宜高蛋白饮食

医学研究认为，蛋白质供应不足，易使孕妇体力衰弱，胎儿生长缓慢，产后恢复健康迟缓，乳汁分泌稀少。故孕妇每日蛋白质的需要量应达90~100克。但是，孕期高蛋白饮食，则可影响孕妇的食欲，增加胃肠道的负担，并影响其他营养物质摄入，使饮食营养失去平衡。研究证实，过多地摄入蛋白质，人体内可产生大量的硫化氢、组织胺等有害物质，容易引起腹胀、食欲减退、头晕、疲倦等现象。同时，蛋白质摄入过量，不仅可造成血中的氮质增高，而且也易导致胆固醇增高，加重肾脏的肾小球过滤的压力。有人认为，蛋白质易过多地

积存于人体结缔组织内，可引起组织和器官的变性，较易使人罹患癌症。

不宜高糖饮食

意大利比萨国家研究院的医学家们发现，血糖偏高组的孕妇生出体重过重胎儿的可能性、胎儿先天畸形的发生率、出现妊娠毒血症的机会或需要剖宫产的次数，分别是血糖偏低组孕妇的3倍、7倍和2倍。另一方面，孕妇在妊娠期肾排糖功能可有不同程度的降低，如果血糖过高则会加重孕妇的肾脏负担，不利孕期保健。大量医学研究表明，摄入过多的糖分会削弱人体的免疫力，使孕妇机体抗病力降低，易受病菌、病毒感染，不利优生。

给胎儿讲讲十二生肖的故事吧。

讲故事——十二生肖的故事

给胎儿讲一讲十二生肖的故事，告诉胎儿他的生肖是什么。

很久以前，人们要选十二种动物作为人的生肖。他们定好一个日子，邀请所有动物来报名，先到的十二种动物就为十二生肖。

老鼠和猫都收到了邀请信。

可是猫说："我爱睡懒觉，怎么办呢？"老鼠说："别着急，我能起早，我叫你，咱们一块儿去。"猫高兴地谢了老鼠。

报名那天早晨，老鼠起得很早，可它早把猫忘得一干二净，自己去报名了。

在路上老鼠碰到了跑在最前面的牛，它脑袋一转，对牛说："牛哥哥，我给你唱支歌吧。"牛说："好啊——咦，你怎么不唱呀？"老鼠说："我在唱哩，你没有听到吗？可能是我的嗓门太细了。这样吧，让我骑在你的脖子上，你就听见了。"牛说："行啰！"老鼠就沿着牛腿一直爬上牛脖子，让牛驮着它走，别提多舒服了。它摇头晃脑地唱起歌来：

"牛哥哥，过小河，爬山坡，驾，驾，快点儿啰！"

牛一听，乐得撒开腿使劲跑，跑到报名的地方一看，还没有人来呢，高兴地叫起来："我是第一名！"牛的话还没说完，老鼠从牛脖子上一下蹦到地上，吱溜一蹿，蹿到牛前面

去了。结果十二生肖里，老鼠第一名，牛第二名，没有懒惰的猫。

警惕孕期抑郁症

怀孕期间体内激素水平的显著变化，可以影响大脑中调节情绪的神经传递素的变化，使准妈妈比以往更容易感觉焦虑。

当准妈妈开始感觉比以往更易焦虑和抑郁时，应注意提醒自己，这些都是怀孕期间的正常反应，以免为此陷入痛苦和失望的情绪中不能自拔。

产前易出现抑郁的原因

城市女性大多是初准妈妈，缺乏对生产的直接体验。考虑到自己也将经历此过程，心中不免焦虑；怕宝宝畸形，生个不健康的宝宝；患有妊娠高血压综合征、妊娠合并心脏病等产前并发症的准妈妈，由于自身健康存在问题，同时也怕殃及胎儿，因此也易焦虑；由于到孕晚期各种不适症状加重，如出现皮肤瘙痒、腹壁皮肤紧绷、水肿等不适，使心中烦躁，易焦虑；由于行动不便，整日待在家里，注意力集中到种种消极因素上，加重焦虑；担心宝宝出生后，自己的职业受到影响或家庭经济压力加大，而产生焦虑。

家人多支持准妈妈

一旦准妈妈有抑郁的症状出现，家人要尽一切可能关心她、体贴她，特别是准爸爸要多陪伴准妈妈，比如谈心、散步，多承担家务。而准妈妈自身要对分娩和产后的卫生常识有所了解，以减轻恐惧感和紧张感。另外，准妈妈还应该及时调节情绪，放松心情，注意饮食均衡，适当进行户外运动。

冬季易发抑郁症

冬季是抑郁症的高发期，常晒太阳有利于防止准妈妈情绪波动，有利于杜绝冬季抑郁症的发生。

 胎教小贴士

准妈妈通过阅读书籍，可以促进敏捷的思维和丰富的联想。医学研究表明：母亲的思维和联想能够产生一种神经递质，这种神经递质经过血液循环进入胎盘而传递给胎儿，然后分布到胎儿的大脑及全身，并且给胎儿脑神经细胞的发育创造一个与母体相似的神经递质环境，使胎儿的神经向着优化方向发展。因此，准妈妈阅读有益的书刊，就犹如为子宫中的胎儿服用了超级维生素，使胎儿健康发育。

给胎儿全方位的感觉刺激

这个时期胎儿各项能力的发育和发展很迅速，准爸爸和准妈妈要掌握好时机给胎儿良好的刺激。

当胎儿发育到5～6个月时，数以百万计的联结在神经元之间形成。每一个新的刺激又会激发起神经元建立新的联结，并通过反复刺激巩固已经存在的联结。

只有大脑形成越来越多的联结，它才能有效地运转，并在认识世界的过程中存储许多可以作为参考的信息点。这些信息网络的发展促进胎儿的各种感觉器官——听觉、触觉、视觉、味觉、嗅觉日趋成熟，同时，更加成熟的感觉系统能以更强大功能增长着大脑存储的信息点。

总之，大脑在越来越多的神经元网络的覆盖下，形成非常有活力的特殊区域。以各种方式进行胎教，给胎儿全方位的感觉刺激，会让

胎儿对于触摸、温度、光线、声音和味道的感觉得到全方位的加工并储存下来，为日后的学习和认知奠定良好的基础。

专家指导

孕期因激素水平大幅升高，使准妈妈鼻子的血管扩张血供增加，常会出现鼻出血、鼻塞或肿胀，是孕中期以后极易出现的情况，出血量不大。如果流鼻血过于频繁，建议到医院检查凝血功能，以排除血小板异常所致的出血。

如果发生鼻出血，不必害怕，静坐下来，将头仰起，然后用手指将出血侧的鼻翼向鼻中部紧压；双侧出血时，用拇指及食指分别将两侧鼻翼压向鼻中部；如有干净棉球塞入鼻孔中再压更好，一般压迫几分钟后就可止血。在额部用毛巾冷敷，可以帮助局部血管收缩，减少出血，加速止血。将头部仰起时，鼻内渗出的血液可从鼻后孔流入咽喉，应吐出。如经压迫仍不能止血，或反复发生鼻出血，应到医院诊治。

怎么和胎儿对话

究竟怎么和胎儿说话呢，要和他说些什么呢？

😊 和胎儿说话的技巧

（1）准爸爸或准妈妈要先放松，选择一个让你舒服的坐姿；别把与胎儿对话当成一种功课，不要勉强，也不要有太多目标上的设定，最好在自然中进行。

（2）先取好胎儿的乳名，以后便以此乳名唤他。

（3）语调感性。速度放慢，胎儿较能理解。太高、太尖的声音是胎儿不喜欢的。

（4）请用大人的口吻和胎儿说话，尽量避免儿语。

（5）每次和胎儿对话以不超过10分钟为宜，然后至少休息40分钟。

（6）从胎动观察胎儿的作息时间，选择在他清醒的时间进行对话。

（7）和胎儿说的话、讲的故事、教给胎儿的词汇尽量多重复几遍，不用担心他会厌倦，重复有利于胎儿及婴幼儿精确地学习。

😊 和胎儿的谈话内容

（1）和胎儿道早安，叫他起床；和他道晚安，祝他有个好梦。

（2）和胎儿分享你的心情与原因，无论好坏。常说"我爱你"。

（3）和胎儿说你这餐吃了什么东西，它们的味道又是如何，以及对健康的帮助。

（4）告诉胎儿你现在正在做什么；遇到负面的事情可以和他解释"为什么"。

（5）讲故事给胎儿听，可以是你自己编的，也可照书念，最重要的是把你的感情带进去，或是加点趣味性让故事更生动活泼。

（6）为胎儿唱歌，别管你是否五音不全，请用心唱，速度放慢，咬字清楚。

（7）准备一些学龄前小朋友所使用的图卡，上面写着单字、数字或印有动物（不要太多），固定时间，集中精神一张一张地念给胎儿听。

 胎教小贴士

传声器的使用方法：当胎儿5～6个月以后，可将传声器放于准妈妈下腹部，靠近胎儿头部，母子同步听，每日1～2次，时间不要过长，一般不超过10分钟，传声器的声强一般在60分贝左右，也可父母子同听。详细用法要事先看说明书，或遵医嘱。

准妈妈走路要小心

随着月龄的增加，准妈妈的腹部逐渐凸出，走路的时候要小心，注意安全。

😊 保持正确的走路姿势

由于准妈妈腹部前凸，重心不稳又影响视线，很容易摔倒，故在行走时要特别注意。行走时正确的姿势是抬头，伸直脖子，下颌抵住胸部，挺直后背，绷紧臀部，而身体的重心要放在脚后跟上，踏地时应由脚跟至脚尖逐步落地。好像把肚子抬起来似的保持全身平衡地行走。行走过程中要看清路面，等前一只脚踩实了之后再迈另一只脚，以防摔倒。

走姿矫正训练：

（1）重心放在脚后跟练习。

每走一步，脚跟都最先着地，保持脚趾稍稍离开地面，如此前行，值得注意的是一定得走慢些，以防摔跤。

（2）挺背训练。

背靠一面墙壁站立，找到背挺直的感觉，抬头挺胸，收腹收下巴，脚跟不要离开地面，保持这种姿势15秒，休息片刻再重复训练。

😊 不要走得过久

怀孕期间走得太久，腿部肌肉负担加重，会导致局部酸性代谢产物堆积，引起肌肉痉挛。

😊 上楼梯要注意

上楼梯时，为了保持脊柱挺直，这时准妈妈的上半身应向前略为倾斜，眼睛看上面的第三至第四节级台阶。一开始可能会觉得很难做，但经过反复练习，一定能熟练掌握正确走路姿势的。

专家指导   准妈妈不要穿高跟鞋，高跟鞋使准妈妈身体重心抬高，这样就容易跌跤，导致足踝扭伤或流产、早产，还会加重准妈妈腰痛；使骨盆各胫线发生变异，不利于分娩的正常进行；会使腹压增高，腹腔血流量减少，影响胎儿的供血；更易使准妈妈疲劳，加剧下肢浮肿。

准妈妈胀气会影响胎儿吗

准妈妈胀气总怕影响到胎儿，其实这对胎儿的影响很小，但是如果准妈妈感到不适，还是要尽可能地缓解胀气。

怀孕的不同阶段，胀气原因通常不同。怀孕初期激素分泌改变，使肠蠕动减慢，消化功能减弱；怀孕中后期，子宫扩大，压迫到肠子，使得肠子不容易蠕动；怀孕后期 由于胸腔被挤压、容易变小，有些人可能会出现呼吸较喘的情形，也会造成恶心、胃痛、胀气、呼吸困难等现象。 胀气最明显的时期，通常发生在怀孕前3个月。

孕期胀气不用太担心，对胎儿并无大碍，只是有些小影响，如准妈妈可能因为胃胀气的不适，吸收能力比较差，也会变得挑食，使得胎儿吸收不到足够的营养。怀孕34周后，胎儿会逐渐下降，压迫情况会逐渐减轻，胀气也会得到缓解。

每天4～6次。切记不能按摩中间子宫所在部位。

😊 其他缓解方法

（1）少量多餐，保证胃部消化速度。

（2）养成每天排便习惯——多吃蔬菜水果等高纤维食物，促进肠胃蠕动。

（3）适当运动——透过全身或腰部的肌肉活动可促进肠道的蠕动。

（4）补充足量水分，防止大便干结。

（5）腹部按摩，可帮助舒缓腹胀感。

😊 缓解胀气的按摩方式

饭后1小时后，轻轻躺下，呈45°半卧姿，从右上腹部开始，顺时针方向移动到左上腹部，再往左下腹部按摩，按摩力度不要过大，

专家指导 准妈妈年龄越大，发生高血压、糖尿病、心脏病的机会越多，对胎儿的生长发育不利。应选择综合性、项目齐全、有一定资质的正规医院。为了胎儿的安全考虑，一定要在医生指导下用药。

准妈妈怎么坐最安全

准妈妈最好坐有椅背的椅子，不要坐无背的方凳，方凳无依靠，容易摔倒，危险性大。

😊 保持正确的坐姿

端正坐在椅子上，后背笔直地靠着椅背，不要耸肩，不要将身体往前倾；让手臂靠在桌面上有所支撑；应有垫子或枕头等物品支撑腰部；坐在椅子上时，若要拿取后侧物品，要起身拿取，不要直接扭转身体拿取；如果脚有浮肿，可适当抬高脚部。

😊 怎么坐下来

当由立位改为坐位时，准妈妈要先用手在大腿或扶手上支撑一下，再慢慢地坐下。可以先慢慢坐在靠边部位，然后再向后移动，直至坐稳为止。但不可以坐在椅子的边上，否则容易滑落，如果是不稳当的椅子还有跌倒的危险。

另外，坐有靠背的椅子时，髋关节和膝关节要呈直角，大腿要与地平线保持平行。当准妈妈站起身时，要用手先扶在大腿上，再慢慢站起。

😊 不要坐得过久

准妈妈也不适合长时间坐着，每一个小时左右就要起来走动一下，会有助于血液循环并可以预防痔疮。

😊 不要跷二郎腿

有肚子的准妈妈最好不要跷二郎腿坐，更不能让腿屈着压迫你的肚子。正确的坐姿是要把后背紧靠在椅子背上，并且要经常变换不同的姿势。

😊 做好准爸爸

一般怀孕以后，行动不便，很多准妈妈会比较喜欢在家中看电视，准妈妈每看一个小时左右，准爸爸要提醒准妈妈站起来活动一下，或在室内走一会儿；和准妈妈说说话，转移一下准妈妈的注意力。

重视准妈妈对美的感受

　　胎教中的美育是通过准妈妈对美的感受来实现的，它包括对胎儿进行音美、色美、形美的信号输入。

　　准妈妈工作之余可欣赏一些具有美的感召力的绘画、书法、雕塑及戏剧、舞蹈、影视文艺等作品，接受美的艺术熏陶，并常去公园及郊外领略大自然的优美风光，把内心感受描述给腹内的宝宝，如蓝色的大海、阵阵涛声、苍翠的山峦、灿烂的晚霞、鸟语花香等。形美是指准妈妈应加强自身修养，言行举止大方，着装应色彩明快、得体、舒适，充分体现和享受孕育美。

　　学习一点美学知识，不仅能提高审美能力，培养审美情趣，而且可以美化人的内心世界。准妈妈学点美学知识，能陶冶情趣，改善情绪，使胎儿能置身于美好的母体内外环境，受到"美"的熏陶。学习的内容，如庭院绿化、家庭布置、宝宝衣服的设计、纺织、烹调技术、美容护肤等，都不乏美学知识。在孕初期就和丈夫一起在庭院里种上西红柿、黄瓜以

及花草；在房间贴上漂亮可爱的宝宝像；自己设计缝制宽松优雅的服装，穿着舒适而高雅；利用家里的旧针织衣物，给宝宝改做背心；利用闲暇，给宝宝织毛衣、毛袜；晚上下班后或周末学习新的烹调菜肴，做上1~2道可口饭菜。这些都是很容易做到的事，对母子的影响都是很深远的。

专家指导　　子宫肌瘤是一种良性肿瘤，但可影响受孕并易造成流产。妊娠期的子宫肌瘤可依据其大小、数量、位置及成长速度来评估其影响性，以保守治疗、积极观察为原则，准妈妈一定要听从医生的建议和决定，按时接受产前检查和随诊。如果肌瘤长在子宫的上部，不影响分娩，妊娠期间亦无任何症状和变化，则可以不进行任何处理，待产后再进一步检查和处理。

胎儿什么时候开始会吞咽

胎儿的吞咽动作促进了消化道的生长发育。

超声观察胎儿吞咽动作最早是妊娠10周以后，明显的吞咽动作会在16～20孕周时出现。吞咽是间断发生的，频率及间歇无一定规律。吞咽时会出现胎儿的吮吸动作，会把手指或手的其他部分放到唇部做吮吸动作，偶尔可观察到胎儿反吐羊膜液动作。他吞咽身体周围的羊膜液，通过尿液再将其排出。有时他吸入的羊膜液太多就会打嗝。胎儿用胸部做呼吸运动，为在子宫外生活而练习。

这时，胎儿已开始学习如何满意地吮吸及吞咽，为出生后吃奶做准备。

做好准爸爸

缺铁性贫血的食疗方：

鸡肝粥

原料：鸡肝100～150克，粳米100克，葱、生姜、黄酒、香油、精盐、味精各适量。

制作方法：鸡肝洗净后，切成小块，备用；葱择洗干净，切成碎末；生姜去皮，洗净，切成碎末；清水适量，加入鸡肝，上火煮，将沸时，撇去浮沫，沸后，加粳米、姜末、黄酒，改文火熬煮，米烂时，再加入精盐、味精、葱末、香油调味，即可服用。

注意事项：如果有口服维生素C的习惯的话，不宜喝此粥。

营养功效：补肝益肾，健脾和胃。

豆芽炒猪肝

原料：豆芽100克，猪肝500克。

制作方法：将豆芽择去须、根，洗净，入沸水中焯一下，捞出，控水。猪肝洗净，切薄片，加适量淀粉、水拌匀。热油锅，倒入猪肝先翻炒几下，滴入几滴醋，盛盘。另起锅，待油烧至七成热时，倒入肝片，迅速炒散，加入酱油、料酒，再倒入焯好的豆芽，翻炒均匀。

注意事项：肝极难熟，豆芽极易熟，混炒之前要分别炒好，类似的蔬菜和肉混合做菜也可以参考。

营养功效：预防贫血。

讲故事——猴子捞月

给胎儿讲一讲猴子捞月的故事。

过去有一个伽师国，国内有一座波罗奈城。在城外的大森林中，生活着一群猴子，它们世世代代在森林里过着平静的生活。一天晚上，这群猴子嬉戏着来到一口井旁。不知是哪只猴子先发现月影在井中一晃一晃，大吃一惊，就大喊："不好了，月亮掉到井里去了！大家快来看啊。"一只小猴子听见了说："这有什么大惊小怪的，月亮有什么用？不管它。"一只年长的猴子一听，赶过来看了看井中的月亮，便急忙对同伴们说："月亮掉到井里，我们应该共同努力把它捞上来，不然每个夜晚全世界都会是黑糊糊的。小猴子不懂事，不要听它的。"可怎么才能捞出月亮呢？所有猴子七嘴八舌，你一句我一句，也没有想出好办法。那只年长的猴子一拍脑壳："有办法了，我攀在树枝上，你们拽住我的尾巴，一个连一个，就可以到水里，把月亮捞出来。"

于是，所有猴子便一个接一个，连成一长串兴致勃勃地到井里捞月亮。可没想到连在一起的猴群太重了，树枝承受不住，在猴子快接近水面时"咔嚓"一声折断了，这群猴子都掉到了井里。

如今，常用这则典故来告诫人们：如果庸人自扰，难免会招致灾祸。

第6个月

DI-LIU GE YUE

胎儿的四肢
活动逐渐活跃

孕期日历 胎儿能够伸手抓脐带了。

胎儿会伸手够东西了

胎儿会够东西，说明胎儿开始把感觉和动作联系到一起了。

随着胎儿身体的发育，骨骼也逐渐变硬。孕6个月，胎儿出现了觅食反射，协调性更好了——能伸手去够、抓和敲打脐带，因而一出生便会握住你的手指。

当我们抱起新生的宝宝，可能没有注意过他怎样使用双手。出于本能，他会抓紧碰到的任何东西。而对妈妈的抓握，宝宝会产生一种被爱和被保护的感觉。就是在这样简单而有力的动作中，宝宝接受信息并与大人交流。

一个简单的够、抓，胎儿要调动起身体全面的感觉系统，大脑会利用视觉、听觉的信息向肌肉发出指令，这是一个反复练习、不断完善的过程。所以刺激胎儿的活动，并与之互动，不仅仅是加强与宝宝的交流，更重要的是在不断地刺激中完善胎儿的认知。

专家指导

应及早矫治准妈妈乳头内陷，大多数可通过挤压、牵拉将乳头翻出来，呈正常状态。

（1）乳头伸展练习：将两拇指平行地放在乳头两侧，慢慢地由乳头向两侧外拉开，牵拉乳晕皮肤及皮下组织，使乳头向外凸出。随后将两拇指分别放在乳头上、下侧，由乳头向上、下纵形拉开。此练习反复多次，做满15分钟，每天2次。

（2）乳头牵拉练习：用一只手托住乳房，另一只手的拇指和中指、食指抓住乳头向外牵拉，重复10~20次，每天2次。

准妈妈一定不要站立太久。

准妈妈不要久站

准妈妈因为身体负担较重，必须有一个正确的站立姿势，既有利于稳定安全，更显得人精神有力。

☺ 保持正确的站姿

准妈妈平常站立时，应保持两腿平行，两脚稍微分开，把重心放在脚心处，膝盖微弯、放松，这样不容易疲劳。如果长时间站立，可采取"稍息"的姿势，一腿置前，一腿在后，重心放在后面的腿上，前面的腿休息；过一段时间，前后腿交换一下，或者重心移向前腿。当由坐位、蹲位起立时，要注意动作缓慢。要视站立时间长短，作适度的休息。

不要耸肩；脊椎保持延伸、拉长状态，抬头挺胸；不要翘臀或将腹部向前推。

☺ 不要站得过久

准妈妈在肚子愈来愈大后，长时间站立，地心引力会使得子宫往下坠，有早产的可能。而且长时间站立，血液到达子宫的量不足，对胎儿发展有不良影响。另外因没有休息或经常走动，刺激子宫收缩，使子宫颈容易张开，有可能早产。

长时间站立的准妈妈，除有早产的可能外，亦会产生前述的水肿、腰酸背痛等症状，对身体危害甚大。如果有这些症状，应请医师诊治。

专家指导

准妈妈走路不要内八字和外八字，否则易对脊椎造成损伤，易导致眩晕、耳鸣、心悸、失眠等。检查的方法很简单：如果内八字、外八字不明显，就看一下你的鞋底，假如后跟厚度磨损情况不一致，那很可能就是，要注意纠正。孕后期，准妈妈的腹部突出，相对会有一些外八字。

胎儿能够尝到羊水的味道了。

胎儿长出味蕾了

怀孕6个月之后，胎儿长出味蕾，能尝到羊水的味道。

羊水的味道与准妈妈所吃的食物息息相关，借由羊水，胎儿能品尝到苦、甜、咸和酸味。

宝宝的味觉在出生以前便受到妈妈饮食习惯的影响，因此要建立宝宝良好的味觉系统，准妈妈就要特别在意吃进肚中的食物，人工调味剂过多地摄入会扭曲宝宝的味觉认知，失去对天然食品味道的喜爱，从而养成只追求人造味道的不良食物取舍习惯。

所以准妈妈养成正确的、健康的饮食习惯，不仅仅能塑造胎儿健康的体魄，更重要的是影响他的饮食偏好，为他完好的饮食喜好的建立打下坚实的基础。

另外，一些味道可能带来某种生理反应，比如，吃过巧克力之后，血糖会升高，短时间内你就会感到精力充沛，胎儿也能感觉这些反应。所以饭后与胎儿嬉戏应该是你们双方最最有精神的时候。而在胎儿休息的时候，准妈妈应避免吃刺激性食物。

专家指导

从孕期即开始预防腰痛，均衡合理地进食；避免体重过重而增大腰部的负担，造成腰肌和韧带的损伤；避免长时间站立、行走；注意充分休息，坐位时可将枕头、坐垫等柔软物垫在后腰上，以减轻腰部的负荷；睡觉时最好取左侧卧位、双腿屈曲，减少腰部的负担；穿轻便柔软的鞋子，注意脚后跟的保暖；不要穿高跟鞋；避免弯腰等腰部活动过大的举动；在医生指导下，适当地做一些预防腰痛的体操。

警惕妊娠高血压综合征

妊娠高血压综合征，简称妊高征，多数发生在妊娠24周后，表现为血压升高、水肿和蛋白尿，如果症状进一步发展，在妊娠中或分娩时会引起子痫，对准妈妈和胎儿造成巨大的危害。

😊 妊高征危害较大

妊高征会引发全身各器官组织因缺血、缺氧而受到损害，严重时脑、心、肝、肾及胎盘等均遭受损害，可出现抽搐、昏迷、脑水肿、脑出血、心衰竭、肾衰竭、肺水肿、肝细胞坏死，及胎盘功能不足、出血、坏死、胎盘早剥，使子宫内的胎儿得不到足够的氧气和营养，出现胎儿发育不良、胎儿窘迫，甚至死胎、死产或新生儿死亡。

😊 妊高征的高危人群

精神过分紧张者；第一次怀孕的年龄小于20岁，或大于40岁的准妈妈；双胎、多胎妊娠，及羊水过多及葡萄胎的准妈妈；有高血压、慢性肾炎、糖尿病病史的；营养不良、贫血的准妈妈；体形矮胖的；子宫张力过高的；家族中有高血压史的等。

😊 冬季更要警惕妊高征

冬季天气寒冷，人体受冻后，全身小动脉痉挛，容易引起血压升高，怀孕的女性如果不注意保暖，受到寒冷空气的刺激就会诱发此病。

😊 预防妊高征

为避免妊高征带来危害，一定要定期到医院接受产前检查，一旦出现头晕、头疼、下肢浮肿、视物不清的症状应及时就诊；另外要注意合理的膳食，多食用清淡、低盐的食物，保持良好的情绪；重视各种诱发因素，治疗原发性疾病。

😊 眼底检查

眼底检查是判断妊高征病情发展和严重程度的一个可靠的客观指标，并且有指导治疗的重要意义。视网膜改变与血压高有联系，准妈妈血压一旦超过150/100毫米汞柱，视网膜即可出现变化。

准妈妈肚子小，是胎儿发育不良吗

准妈妈肚子的大小因个人的具体情况而不同，可以通过测量宫高和腹围来判断胎儿的健康。

😊 影响胎儿大小的因素

胎儿的大小，往往受父母体型的影响；吸烟与饮酒都会对胎儿的正常发育产生抑制，导致低体重儿的出生；准妈妈的饮食也会影响胎儿的健康；胎儿本身发育缺陷、胎儿宫内感染、营养不良、放射线照射等会使胎儿发育迟缓；胎盘异常，子宫胎盘血流减少，脐带过长、过细，都可导致胎儿宫内发育迟缓。

😊 通过宫高和腹围判断胎儿大小

判断准妈妈肚子大小的标准是宫高和腹围，如果这两项指标没有问题，胎儿一般都会比较健康；但是准妈妈肚子过小可能是胎儿发育迟缓的缘故，要及时就医。

子宫底高度和腹围随孕周的增加而增加。测量宫高可以采用软尺；测量前，准妈妈应排空小便，平卧，两腿放平，腹壁放松；软尺的一端放在耻骨联合上缘，一端放在子宫底顶端，测量这一段的弧形长度；软尺要紧贴腹壁皮肤。在孕20～24周，宫底平均每周增长1厘米。到34周以后，增长较慢，平均每周增长0.8厘米。

😊 胎儿发育迟缓怎么办

预防胎儿宫内发育迟缓应从怀孕早期做起，避免感冒等传染病，避免接触毒物和放射性物质；要精神放松，充分休息，睡觉时多取左侧位，以此增加子宫胎盘的血液循环，改善胎儿缺氧状态；同时要注意均衡营养，增加高蛋白高热量饮食，适当补充微量元素锌、铁及维生素等，如有贫血应尽早纠正。有的准妈妈可能需要住院进行静脉点滴补充营养。

专家指导

准妈妈的体重增加对胎儿体重有一定的影响，但假如准妈妈是因为暴饮暴食或运动不足等导致的体重增加，这只是准妈妈自己的皮下脂肪增多而已，与胎儿体重的增加并没有直接的联系。

第146天

胎儿很喜欢听准妈妈讲故事。

胎儿最爱听绘声绘色的精彩故事

准妈妈或家人经常给胎儿讲故事，能给胎儿的大脑新皮质输入最初的语言信号，为宝宝后天的学习打下基础，能促进其出生以后在语言及智力方面的良好发育。

😊 给宝宝讲故事是最好的语言胎教

怀孕20周时，胎儿的听觉功能已经完全建立，准妈妈的说话声不但可以传递给胎儿，而且胸腔的震动对胎儿也有一定影响。因此，准妈妈要特别注意自己说话的音调、语气和用词，以便给胎儿一个良好的刺激印记。语言胎教要求准爸爸准妈妈共同参与，因为男性的低音是比较容易传入子宫内的，久而久之，也不失为一种良性的声波刺激。准爸爸准妈妈要把胎儿当做一个懂事的宝宝，经常和他说话、聊天或唱歌谣给他听。这样，不仅能增加夫妻间的感情，还能把准爸爸准妈妈的爱传递给胎儿，对胎儿的情感发育具有莫大益处。

😊 故事中有胎儿最需要的大量高质量的语言

准妈妈或准爸爸可选一首浅显的古诗词、一首纯真的儿歌、一段动人的故事讲述给胎儿听。如此丰富、生动的语言，对胎儿是十分有益的。

将优雅的文学作品或诙谐有趣的儿童故事等以柔和的语言传达给胎儿，选一则你认为读来非常有意思、能够感到身心愉悦的儿童故事、童话或童诗，将作品中的人、事、物详细清楚地描述出来，让胎儿融入故事描绘的世界中。在念故事前，最好先将故事的内容在脑海中形成影像，以便比较生动地传达给胎儿。

 做好准爸爸

古诗一首：

饮湖上初晴后雨

苏轼

水光潋滟晴方好，山色空蒙雨亦奇。

欲把西湖比西子，淡妆浓抹总相宜。

带胎儿一起感受美好的大自然

准妈妈可以到大自然中欣赏美景，这样可以促进胎儿的脑细胞和神经发育。

接触大自然有利于胎儿健康

准妈妈常去公园或郊外领略大自然的优美风光，把内心感受描述给腹内的宝宝，如蓝色的大海、阵阵涛声、苍翠的山峦、灿烂的晚霞、鸟语花香等。准妈妈将在大自然中感受到的美通过提炼后传输给胎儿，使胎儿也能领会到大自然的瑰丽、伟大和神奇。户外活动是与阳光和新鲜空气为伴，户外活动的场地也更加广阔而富于变化，溪流海滩的美景、四季交替的自然节奏，都可以带给胎儿更丰富的感官刺激。在大自然中，胎儿不仅能呼吸到更多氧气，还能在潜移默化中领略大自然的风光。

准妈妈最好的放松

准妈妈到大自然中去可以多呼吸新鲜空气，有利于胎儿的大脑发育。准妈妈和准爸爸忙碌了一周之后，利用休息时间和胎儿一起投入大自然中，既可以放松心情，又能开阔胸怀、愉悦身心、陶冶情操。

准妈妈和准爸爸到环境优美、空气清新的花园、郊外，甚至是农村的田园小路上去走一走，舒缓一下心情吧。

做好准爸爸

准妈妈旅游时坐船的注意事项：到公园游玩的时候会有游船，准妈妈应注意不要单独乘坐小船；乘坐脚动或手动的小船，由准爸爸或其他人划船，准妈妈不要划船；湖面船只不宜过多；要保持船只的平稳；不可远离管理员的视线；时间不要太长，不要到人少或无人的区域；如果坐大的旅游船，准妈妈不要坐在最前面，以免吹风受凉。

休息充分准妈妈和胎儿都健康

准妈妈比正常人身体负担重，容易疲劳。疲劳对准妈妈自身健康和胎儿生长发育都不利。所以，准妈妈在日常工作、生活中要注意休息。

准妈妈的休息时间应比平时多一些。充足的睡眠对准妈妈尤为重要，因为女性怀孕后身体方面的变化，使其容易疲劳，应当获得足够的睡眠才有利于准妈妈精神和体力的恢复。

准妈妈腹中的宝宝通过胎盘与母体进行气体和物质交换，获得氧气、养料，排出二氧化碳和废物。胎盘血液灌注与否，直接影响胎儿的发育与生存。因此，准妈妈既要保证充足的睡眠，又要采取适于胎儿发育的左侧卧位。

准妈妈睡眠时间最低不得少于8小时，最好每日的睡眠增加1个小时，这更有利于准妈妈的身体健康。这1个小时的睡眠时间可以加到午睡上，也可以每天晚上比平时早睡1小时。

（1）在正常工作中，可能并不感到疲劳，但也要稍稍休息一下，哪怕是休息5分钟、10分钟也好。条件允许的话，要到室外或阳台上去呼吸新鲜空气，活动一下躯体。

（2）做事务工作的准妈妈，如话务员、打字员、计算机操作者，长时间保持同一姿态，难以坚持，容易感到疲劳，要不时地改变一下姿势，伸伸四肢，擦擦脸，搓搓手，都可以解除疲劳。

（3）长时间在椅子上坐着工作的人，要在脚下垫一个小凳子，抬高脚的位置，防止下肢水肿。

（4）准妈妈妊娠早期尿频，总想上厕所，有尿意就去厕所，活动一下也是休息，憋着尿对身体不利。

（5）随着胎儿的成长，母体血液循环加重，因此在活动时，不要突然站起，这样会造成暂时性的脑缺血，容易摔倒。准备站起时，先活动一下，休息一会儿，再起立，动作要慢些。

（6）冬季办公室或卧室暖气过热，空气不新鲜，会使人感到不舒服，要经常打开窗子，走到窗前呼吸新鲜空气，这也是很好的休息方式。

准妈妈要注意水肿

孕期水肿是准妈妈在怀孕中后期出现的正常现象，经过休息或抬高下肢后能自行消退者，不需要特别担心。

😊 控制低盐

为减轻肿胀，准妈妈吃的食物不宜太咸，口味重的准妈妈此时也要注意，多吃清淡食物，保持低盐饮食。控制水分的摄入。

😊 减少久立，适当按摩

不宜走路过多或站立太久，避免长时间站着工作。

准妈妈出现腿部肿胀酸痛，家人要多关心体贴，晚上睡觉前，最好能为准妈妈的腿部进行按摩，可减轻准妈妈酸胀的感觉。

😊 足部抬高

准妈妈睡觉的时候，脚部可稍微垫高一点；上班的时候可在足部垫个小凳子或箱子。

😊 注意饮食

进食足够量的蛋白质；进食足量的蔬菜和水果；不要吃过咸的食物；控制水分的摄入；少吃或不吃难消化和易胀气的食物。

😊 选好鞋子

尽量穿柔软宽大的平跟鞋，松口、舒适的棉袜，以减轻浮肿带来的沉重感。

😊 适当运动

如散步、游泳等都有利于小腿肌肉的收缩，使静脉血顺利地返回心脏，减轻浮肿。

日常家务从某种意义上讲也是运动，选力所能及的家务活做，有利于身体和精神健康。当然要根据妊娠期的不同，适当控制某些不适合的家务活。怀孕后什么家务也不做，对准妈妈和宝宝的健康并不利。

👶 胎教小贴士

异常的孕期腿、脚肿：水肿范围较大，由踝部及小腿延至膝以上，甚至外阴部、腹部、上肢、面部等；一般卧床休息6~8小时后不消退；伴有血压升高或血尿。如果经过一晚休息后，早上醒来后水肿还很明显，而且整天都不见明显消退，或者是妊娠晚期体重每周增长大于500克，就要警惕有发生妊娠性高血压的可能，要及时到医院做全面检查。

孕期日历 准妈妈要远离厨房油烟。

油烟有损胎儿健康

厨房是粉尘、有毒气体密度最大的地方，准妈妈最好少入厨房，如果需要去，一定要尽量减少停留时间。

厨房的气体有害

厨房中煤气或液化气的成分十分复杂，燃烧后在空气中会产生多种对人体有害的气体，尤其是对准妈妈的危害更严重，其中放出的二氧化碳、二氧化硫、二氧化氮、一氧化碳等有害气体，要比室外空气中的浓度高出好多倍；煤燃烧后，释放出大量二氧化硫、二氧化氮、一氧化碳，而且煤烟中还含有强烈致癌物——苯并芘；煎炒食物时也会产生大量油烟，使得厨房被污染得更加严重。当准妈妈将这些有害气体吸入体内后，可通过胎盘屏障进入胎儿的组织和器官内，使胎儿的正常生长发育受到干扰和影响。

准妈妈在厨房的注意事项

（1）准妈妈应少去厨房，或尽可能减少停留时间。

（2）孕早期准妈妈最好不要自己起锅炒菜、炸食品，以免油烟呛人，或者闻油烟味恶心，加重妊娠反应，影响食欲和消化。

（3）在妊娠晚期，准妈妈极易出现下肢浮肿，这时做饭要注意不可让下肢受累，在做准备工作时能坐着操作的尽量坐着，不要长时间弯腰或站立，还应注意不要让锅台等压迫凸起的腹部。

（4）厨房应安装排风扇或抽油烟机，以利于除烟除尘。炒菜、炸食物时，油温不要过高。有条件的可适当选些电炊具，如电饭煲之类。

胎教小贴士

准妈妈可以每天在同一时刻或同等条件(进食、排便、衣着)下，观察自己体重的变化。孕中期，体重每周会增加250~350克；孕后期，体重每周增加500克左右。每个准妈妈的体重情况都有所不同，只要体重逐月有规律地增加，就表明胎儿生长良好。如体重增长过慢、过轻或过快、过重，那就要引起重视，在产科医生的检查和营养师的指导下，合理安排饮食，以免胎儿发育不良或成为巨大儿。

孕期日历 前置胎盘是造成妊娠晚期出血的主要原因。

第2周

第151天

准妈妈要重视前置胎盘的筛查

前置胎盘是引起妊娠晚期出血的主要原因，也是妊娠期严重并发症之一，如果不能及时处理或处理不当，往往威胁准妈妈及胎儿的生命。

☺ 前置胎盘的影响

胎盘附着在子宫壁上，通过脐带和胎儿相连，胎儿可以通过胎盘从准妈妈那里得到发育所必需的营养和氧气，并且通过胎盘排出代谢所产生的废物。

正常情况下，受孕后胎盘便生长发育，附着在子宫体上部的前壁或两侧壁。如果胎盘附着在子宫的下部，将子宫内口全部或部分遮盖住，就叫做前置胎盘。无痛的阴道流血是前置胎盘的唯一症状。

前置胎盘易出现产后出血；出现植入性胎盘；出现产褥感染。前置胎盘出血大多发生于妊娠中晚期，容易引起早产；前置胎盘围产儿的死亡率也高。

☺ 防治前置胎盘

卧床休息，避免引起子宫收缩；选用高蛋白、高热量、高维生素、含铁丰富的食物。

尿频时注意宫缩及阴道出血情况；阴道似破水流液时要注意鉴别是否为出血。

睡觉取左侧卧位，自数胎动，定时听胎心，间断吸氧。

产前检查胎位动作要轻，避免刺激宫缩诱发阴道出血。

如出现胎盘前置，严密观察病情，一旦发现晚期妊娠阴道流血，即应检查；纠正贫血，必要时输血；抗生素预防感染；促进胎肺成熟；尽量维持到妊娠36周，然后由医生选择分娩方式，提前住院分娩。

专家指导

准妈妈使用调味品时，尽可能用新鲜的调味品，如醋、柠檬汁、香菜等，不要用炮制好的，如花椒、大料、胡椒粉等，因为这些炮制好的调味品基本都是热性的，吃了对胎儿不利。辛辣的调味品均不宜多吃，如辣椒、姜、蒜、大葱等，蒜和大葱做熟的话可以适当吃一点。

孕期日历 胎儿是经常活动的，所以胎位会发生改变。

胎位为什么会经常改变

胎位就是胎儿在母体子宫中的位置，由于胎儿浮在羊水中，并经常有胎动，所以胎位会经常发生变化。

检查胎儿在子宫内的位置非常重要，它关系到准妈妈是顺产还是难产。胎位在20周以后就可以检查，但这时候是不固定的，可以通过医生的触诊或B超检查。在怀孕28周以后胎位基本就固定了。及时发现异常胎位，采用一定的辅助手法，尚可加以转位。而妊娠32周以后，胎位相对比较恒定，比较难以转位。

通过胎头确定胎位

胎位是否正常，主要通过检查胎头的位置来确定。胎头呈球状，相对较硬，是胎儿全身最容易摸清的地方，先请医生教会自己检查方法。正常胎位的胎头应在下腹部中央即耻骨联合上方，可摸到圆圆的、较硬、有浮球感的东西就是。

如果在上腹部摸到胎头，在下腹部摸到宽软的东西即为臀位；若是在侧腹部摸到呈横宽走向的东西则为横位，这两种都属不正常胎位。

异常胎位

胎位异常包括臀位、横位、枕后位、颜面位等。以臀位多见，而横位危害母婴最剧。由于胎位异常将给分娩带来程度不同的困难和危险，故早期纠正胎位，对难产的预防有着重要的意义。

要定期去产检，异常胎位可经腹部、阴道、B超检查证实。检查时间、检查方式要多和主诊医生联系。

专家指导

准妈妈要少吃白糖，白糖吃得过多会影响人体对其他营养物质的吸收，结果造成体内营养物质不全、不平衡，引发其他营养缺乏；为了消化摄入体内的过多白糖，需要消耗大量的维生素B_1，结果导致维生素B_1不足，代谢糖需要大量的钙，又可导致体内钙不足。

而这两种营养成分缺乏，就会导致胎儿眼球壁张力减弱，产生近视，胎儿还会出现骨骼发育不良，出生后患脑水肿，呈身子小、脑袋大的不协调状态；患佝偻病，出现说话晚、出牙晚、走路晚以及各种神经及脑损伤症状。

准妈妈要多喝果蔬汁

喝蔬菜汁是在饮食结构中补充植物性营养物质的一种非常方便的方式，与典型的果汁相比，蔬菜汁中含有更少的糖分以及热量。

果蔬汁除了补充营养快捷以外，还含有对我们身体来说比食物更重要的水分；提供身体优质的碳水化合物，避免引发血糖不平衡；含有丰富的生命动力——酶；果蔬汁含有构建我们身体所必需的营养，同时帮助身体有害毒素的排泄；果蔬汁帮助我们保持体内的弱碱性环境，让身体变得洁净轻盈；果蔬汁可以随意搭配，补充各种营养。

😊 果蔬要清洗干净

蔬菜、水果要洗净，对有可能打过农药的水果应削皮后食用。

不能去皮的蔬菜和水果在进行清洗时，可选择以下任意一种方法：把水果或蔬菜放在清水里先浸泡20~30分钟，让农药充分溶解，然后再用清水反复冲洗；把水果或蔬菜放在淘米水里浸泡10分钟，然后倒去浸液，再反复以流动的清水冲洗，其中的生物碱对农药有很好的去除作用；将果蔬浸泡在80℃以上的热水中约2分钟，使农药被快速溶解，再以清水彻底冲净；先把果蔬放入盆内，随后加入足量的清水，再放入小苏打搅拌均匀并浸泡10分钟，最后用清水冲掉。

😊 其他注意事项

选用应季的蔬菜和水果；不要用菜刀削水果，菜刀常接触生肉、鱼、生蔬菜，会把寄生虫或寄生虫卵带到水果上；喝完果蔬汁要漱口，有些水果含有多种发酵糖类物质，对牙齿有较强的腐蚀性；食用不可过量，更不能当主食吃，尽管水果、蔬菜营养丰富，但营养并不全面，尤其是蛋白质及脂肪相对较少，而这两种物质也是胎儿生长发育所不能缺少的；饭后不要立即喝果蔬汁，否则易造成胀气和便秘。

准妈妈怎样喝汤最有效果

在我们所吃的各种食物中，汤是既富于营养，又最易消化的一种，对准妈妈来说，喝汤更有讲究。

各种汤里其实蕴藏着丰富的营养物质：蛋白质、维生素、氨基酸、钙、磷、铁、锌等元素。准妈妈在孕育生命的过程中需求的营养比较全面，所以多喝些汤更能满足胎儿的健康生长发育。但是因为汤汁能在小肠中均匀分散，营养物质很容易被消化、吸收，所以喝汤容易使人发胖，准妈妈要注意喝汤的时间和量，以控制好体重。

选料很重要

煲汤的原料一定要新鲜；用料要丰富，提倡用几种动物或植物性食品混合煮汤，不但可使味道更加丰富，也可使营养更全面，大多数食物如鱼、肉、蔬菜、水果等都能作为汤的原料和配料。

掌握好喝汤时间

饭前喝汤，可以润滑食道；有利食物消化吸收；增加饱腹感，避免营养过剩。

午饭喝汤最好，这时吸收的热量最少。

掌握好火候、时间

原料一般要冷水下锅；煲汤时间以1~1.5小时为宜，时间过久会导致营养的损失；一般大火烧开后转小火慢炖；汤中加蔬菜或水果应随放随吃，以免维生素C被破坏。

喝汤也要吃渣

虽然汤的营养价值很高，但仍有大部分的营养"滞留"在了汤渣里。即使煲汤时间很长，肉类食物的主要营养成分如蛋白质、铁质、骨中的钙质都很难溶解在水中。

煲汤首选压力锅

专家推荐的炖具为压力锅，因为用压力锅熬汤的时间不会太长，而汤中的维生素等营养成分损失不大，骨髓中所含的微量元素也易被人吸收。

专家指导

绿豆汤解暑，但准妈妈在孕期要少喝，特别是对于那些性冷脾弱的人来说不适合常喝。如果准妈妈想在夏天喝绿豆汤解暑，可在煮绿豆的时候，加些红豆、大枣一起煮，以补气养血。

准妈妈要保证营养，防止胎儿体重过低。

胎儿体重过低也不好

低体重儿，是指出生时体重低于2500克的新生婴儿。

一般这类婴儿各器官系统发育不完善，功能也差，与一般婴儿相比，更易患各种各样的疾病。还可能伴有智力发育不全，生长发育障碍等疾病。

低体重儿的出现主要有以下几个原因，准爸爸和准妈妈要注意预防。

早产

正常新生儿孕龄为38～42周，出生时体重为2500～4000克。一般来说，孕龄越短，体重越轻。早产儿多为出生时体重不足2500克的低体重儿。早产儿在宫内生长发育正常，因娩出过早，器官尚未发育成熟，生活能力差，抵抗力低下，易感染。

准妈妈营养不良

在孕期，要注意摄入易消化的高蛋白、高维生素食品，如鱼、蛋、肉、水果、蔬菜等。为预防贫血及缺钙，应多吃动物肝、血等。目前，真正因经济困难所致的营养不良已少见，因择食造成的营养不良却屡见不鲜。

怀孕期的并发症

怀孕期的妊高征、胎盘功能不全和宫内感染常造成胎儿死亡，即使活着，出生后也常为低体重儿。这是因为上述疾病导致子宫血管痉挛，胎盘供血不足，胎盘功能减退，从而使胎儿在宫内发育迟缓。

准妈妈患有某些严重疾病

比如心脏病、糖尿病、肝炎、肾炎，这都可能会发生缺氧，引起子宫收缩，出现早产或胎儿发育迟缓，生下低体重儿。

准妈妈年龄过大或者过小

妊娠的最佳年龄是24～29岁，这段时期女性身心发育完善，腹部肌肉发达，骨盆韧带处于最佳状态。这个时期生育，胎儿发育最好，出现低体重儿的情况最少。如准妈妈年龄超过35岁，或者不到20岁，出现低体重儿的可能较大。

准妈妈不良生活习惯

吸烟、酗酒、滥用药物、接受大量射线等，都可能导致低体重儿的出生。

胎儿发育过大怎么办

如果发现胎儿有过大的趋势，一定要认真治疗，定期检查，控制准妈妈的饮食，适度进行锻炼。

胎儿过大会增加准妈妈的分娩困难，还容易引发难产、手术并发症、出血等危险情况，而且宝宝在成长过程中出现糖尿病、高血压等慢性病的可能性也会大幅提高。不要因爱子心切而过度滋补。一定要控制饮食，让体重合理增长。准妈妈如出现体重增加过快现象，还应该注意监测血糖。

注意营养的摄入

准妈妈应注意孕期营养的合理、适量、科学。孕早期，胎儿还不需要过多的营养，均衡饮食即可；孕中后期，准妈妈在摄取足够营养的同时，应尽量控制过多摄入高脂肪及高热量的饮食，以预防胎儿巨大；要少吃过咸的食物；应适当限制糖、甜食、油炸食品及肥肉的摄入，油脂要适量；应选体积小、营养价值高的食物，如动物性食品，避免吃体积大营养价值低的食物，如土豆、红薯，以防止胃部被增大的子宫顶得有胀满感。

适度锻炼

不做力所能及的体育锻炼和适量劳动，往往使营养吸收与消耗失去平衡，增加了妊娠期肥胖和巨大儿的发生率。对28岁以后生育者要提高警惕，应加强产前检查措施，防患于未然。

定期做产检

易生巨大儿的准妈妈，要做到定期检查，特别是在临产之时，既可做一般检查，也可进行超声波检查。对延期时间过长，无可能顺产者，应及早采取剖宫产等方案，以减少危险系数。

做好准爸爸

准爸爸尽量少出差，做丈夫的，一定要在这个关键的时期多陪陪妻子，非万不得已，不要出差。如果妻子爱倾诉，那么你就该做最忠实的听众；如果妻子默默无语，对怀孕或分娩存在很多担心，你应坦言无论发生什么事你都将与妻子同舟共济，并充满信心地为妻子勾画一个美好的明天。

孕期日历　维生素C和钙有利于牙齿健康。

准妈妈要注意口腔卫生

准妈妈在怀孕期间，由于生理的变化，更应该注意口腔卫生保健。

妊娠6个月时，胎儿成长迅速，准妈妈体内的钙质等养分会被胎儿大量摄取，有些准妈妈会患牙痛病或口腔炎，因此准妈妈要注意口腔卫生，预防各种疾病的发生。

勤刷牙

除了早晚要刷牙，每次进食后都应刷牙。使用软毛牙刷，顺牙缝刷牙，清除食物残渣，尽量不碰伤牙龈。每次孕吐后用20%的苏打水漱口，中和胃酸对牙齿的腐蚀。

多吃富含维生素C和钙的食物

多食含维生素C多的新鲜水果和蔬菜，或适当补充维生素C片剂，以降低毛细血管壁的通透性。补钙有利于牙齿的健康。

食物要软、易于消化

挑选质软、不需多嚼、易于消化、忌辛辣的食物，减轻牙龈负担，避免损伤牙龈。经常叩动上下牙齿，增加口腔唾液的分泌，其中一些物质具有杀菌和洁齿作用。

如有炎症，及时就医

如牙龈继续出血，应及早到正规口腔医院，由专科医生检查诊治。如果有必须拔掉的牙齿，宜在妊娠3～7周进行，由此避免引发流产和早产。切勿滥用抗生素，以免影响胎儿。

胎教小贴士

如果准妈妈在怀孕前就容易晕车，怀孕后晕车可能会更厉害。要避免晕车，最有效的方法是改变出行习惯，不坐车。如果要坐车，有一些窍门可以减轻晕车的症状，准妈妈可以留意：上车后双目注视远处，尽量少看近处物体，尤其在车下坡时，要注意抓紧扶手，减缓惯性对内脏的冲击。密封较严的汽车和汽油味大的车厢要注意通风，如稍感不适，应立即选择车厢前方合适的位置进行休息或睡觉。

胎儿喜欢听准妈妈的声音

4个月的胎儿就有了听觉。6个月时胎儿的听力几乎和成人相等。

6个月时，胎儿大脑的听觉皮质已经形成许多通路，能听到一个复杂范围内的音调和响度。胎儿在有了听觉之后，他就要不停地听，只要落在他的听觉范围内，他便收入耳内产生听觉，传入大脑，留下痕迹，一直到入睡为止。

听觉在人体的智力发育中起着非常重要的作用，听觉不仅能使胎儿辨认周围环境中的多种声音，而且凭此掌握人类的语言。婴儿期是儿童语言发展最迅速的时期，在这个时期，听觉的发展将为宝宝在婴儿期学习语言打下良好的基础。

我们都知道，出生几天的婴儿，哭闹是常有的事。但是如果母亲把婴儿抱在左胸前，婴儿会很快静下来，安然入睡。这是因为胎儿在母亲体内时，就已习惯了母体血流的声音和心脏的搏动。

出生后，婴儿的耳朵贴近母亲的左胸脯，即心脏的位置，这种声音和搏动，把婴儿带回昔日宁静的日子和安全的环境中，这种早已体验过的安全感是任何优美的催眠曲都无法比拟的。

许多外界的声音都可以传到子宫里。但在胎儿听到的声音中，最持久的是母亲的声音。一方面母亲发出的声音通过空气传入胎儿耳内，另一方面母亲说话时产生的震动通过身体传播进入胎儿耳内。

外界的声音，经过厚厚的腹壁、子宫和羊水，大部分声波被反弹回去，或者被衣物和皮肤吸收，而只有母亲的声音是胎儿最能清楚认知的声音。

所以，准妈妈要及时给胎儿做好胎教。

准妈妈能外出旅行吗

孕早期和孕晚期都不宜远程旅游，旅游时间安排在怀孕的第4~6个月最为安全妥当。

在孕期，只要准妈妈妥当处理准备，也是可以享受旅游的。但是妊娠早期和晚期都不宜远程旅行。怀孕前3个月，由于胎儿尚未稳定，旅途疲劳和颠簸可能会造成流产。妊娠晚期不宜长途旅行，以免车船颠簸刺激母体与胎儿，或是因旅途疲劳引起早产。将旅行时间安排在怀孕的第4~6个月最为安全妥当。

征得同意

外出前需去医院检查身体，征询医生对外出的意见，并让医生指导自己的旅行计划。

要有人陪伴

需有人陪伴，出现异常情况，能帮助联系和护送到医院治疗。

时间不宜过长

2~3天的旅行比较适宜，时间不宜过长，事先制订日程计划，留出宽裕的休息时间，免得身体疲劳，精神紧张。

避免路途颠簸

避免路途颠簸，人多拥挤的地方；要选择较为平稳的交通工具；妊娠晚期尤不宜乘飞机，因为飞机升降过程中气压变化可能造成胎膜早破，引起早产。

注意卫生

在外饮食要注意卫生，要做到饭前便后洗手，不吃生冷不洁的食物，不喝生水，尤其不要乱吃车站、码头上那些小商贩的食物，以免造成腹泻等；外出旅行途中，要多吃蔬菜、水果，保证充足的纤维；多喝水，防止出现脱水、便秘以及消化不良等现象；到达目的地之后，一定要选卫生条件好的宾馆住宿。

用品带齐

带好证件和必备行李，再额外准备一个舒适的小枕头，在旅途中可以倚靠，消除疲劳；勤洗、勤换衣物，根据气候变化情况，及时增减衣服，防止着凉感冒；要穿平底防滑的鞋子，以免造成意外伤害。

出现不适及时就医

发生腹痛、阴道出血等现象时，应该中止旅游立即就医。

光照胎教能够促进胎儿的视觉发育。

你了解光照胎教吗

光照胎教可以在准妈妈怀孕6个月以后开始。

光照胎教，是指当胎儿有胎动时，用手电筒的微光一开一关地照射准妈妈腹部，以训练胎儿昼夜节律，即夜间睡眠、白天觉醒，促进胎儿视网膜光感受细胞的功能尽早完善和脑部健康发育。

光照胎教能促进胎儿视觉功能的建立和发育，光能够通过视神经刺激大脑视觉中枢。光照胎教成功的胎儿出生后视觉敏锐、协调，专注力、记忆力也比较好。适当的光照对胎儿的视网膜以及视神经有益无害。光照胎教可选择在每天早晨起床前与每晚8点后进行，以便日后养成宝宝早起床、晚学习的好习惯。

在胎儿的感觉功能中，比起听觉和触觉，视觉功能的发育较晚，在准妈妈怀孕7个月时，胎儿的视网膜才具有感光功能，对光才有反应。因此光照胎教可以在准妈妈怀孕6个月以后开始。

胎教小贴士

如果在胎儿处于觉醒状态时用强光透过准妈妈的腹壁照射胎儿颜面部，可通过B超看到胎儿的眼睑、眼球活动及头部回转做躲避样运动。这样会使胎儿感到不快，甚至使胎心出现明显的变化。如果使用弱光照射，胎儿会十分感兴趣地将头转向光源的位置。

光照胎教刺激胎儿的视觉发育

光照胎教是指通过光源对胎儿进行刺激，以训练胎儿视觉功能的胎教法。

胎儿的视觉在孕13周就已经形成了。胎儿从4个月起对光线就非常敏感，能够感觉到光线的强弱明暗变化。但直到孕27周以后，胎儿的大脑才能感知外界的视觉刺激。因此，从孕24周即怀孕6个月起对胎儿进行适当的光照胎教，能够促进胎儿的视觉发育。

光照胎教的工具

可以拿手电筒作为光照胎教的工具。手电筒紧贴准妈妈的腹壁，光线透入子宫，羊水因此由暗变红。而红色正是胎儿比较偏爱的颜色。用手电筒进行光照胎教正可谓投其所好。

光照胎教的时间

要配合胎儿的作息时间进行光照胎教。不要在胎儿睡觉时进行，以免打乱胎儿的生物钟。光照胎教还是要配合胎儿的作息时间，仍然要在胎动明显时，即胎儿醒着的时候做光照胎教。准妈妈经过这么长时间和胎儿的相处，也应基本知道胎儿的作息规律。当然也有作息不太规律的胎儿，这就需要准妈妈细心体察胎儿的情况了。

光照胎教的具体步骤

准妈妈每天定时用手电筒微光紧贴腹壁反复关闭、开启手电筒，一闪一灭照射胎儿的头部位置，每次持续5分钟。结束时，可以反复关闭、开启手电筒数次。手电筒的光亮度比较合适，不要用强光照射，而且时间也不宜过长。胎教实施中，准妈妈应注意把自身的感受详细地记录下来，如胎动的变化是增加还是减少，是大动还是小动，是肢体动还是躯体动。通过一段时间的训练和记录，准妈妈可以总结一下胎儿对刺激是否建立起特定的反应或规律。

注意，灯光不要太强烈。

不要用强光照射准妈妈的腹部。

光照胎教的注意事项

光照胎教是通过对胎儿进行刺激，训练胎儿视觉功能，帮助胎儿形成昼夜周期节律的胎教法，以促进胎儿视觉功能及脑的健康发育。

（1）应在有胎动的时候进行光照胎教，而不要在胎儿睡眠时进行光照胎教，以免打乱胎儿的生物钟。

（2）应用手电筒（弱光）作为光源，切忌强光照射，同时照射时间也不能过长。

（3）进行光照胎教的时候，准妈妈应注意把自身的感受详细地记录下来，如胎动的变化是增加还是减少，是大动还是小动，是肢体动还是躯体动。通过一段时间的训练和记录，可以总结一下胎儿对刺激是否建立起特定的反应或规律。

光照胎教和音乐胎教、运动胎教一样，都是准妈妈自身磨炼性情、提高修养的过程。准爸爸可以和准妈妈一起进行光照胎教，要坚持下去、有规律地去做，才能使胎儿领会其中的含义，并积极地做出回应。

做好准爸爸

准妈妈水肿的食疗方：

赤小豆粥

原料：赤小豆、粳米各100克，白糖100克。

制作方法：赤小豆洗净浸泡过夜；粳米淘洗干净，一起放入锅内，加水适量，煮沸后，用文火煮至豆和米熟透，加白糖调味即可食用。

黑豆大蒜红糖汤

原料：黑豆100克，大蒜、红枣各30克，红糖适量。

制作方法：放入砂锅内，加适量水，煮至黑豆熟透，再加红糖煮沸后，即可食用。

孕期日历

孕期体操可以改善准妈妈的体质。

准妈妈可以做一些孕期体操

进行孕期体操锻炼可以改善体质，适应分娩时的需求，增加对胎儿的营养和氧气供应，改善准妈妈精神状态，有利于胎儿发育。

孕期体操还可以纠正不良姿势，减少腰痛的发生；可以促使骨盆关节松弛，使骨盆的容积增加，有利于胎儿娩出；可以增加会阴部组织的弹性和扩张性能，使胎儿易于通过软产道，并可减少会阴部组织损伤；结合胎教法，有利于优生。

脚部运动

（1）脚心不离开地面，脚尖尽量往上翘，呼吸一次把脚放平。同样的动作要反复几遍。

（2）坐在椅子上把腿搭起来，将上面腿的脚尖和脚腕慢慢地上下活动，然后换另一条腿。

鼓胸运动

（1）采取坐位，身体松弛，两手放在胸前。

（2）胸部向两侧扩展，慢慢地吸气，轻轻地吐出来。

胸部伸展运动

（1）坐在地板上，两腿轻松交叉。

（2）手放在臀部，使腹部肌肉拉紧，脊柱伸展。

（3）两肘关节向后拽，两肩胛骨向中线靠拢。

盘腿坐运动

（1）盘腿坐，把两手交叉放在膝盖上。

（2）两手轻轻地向大腿根方向推。

（3）呼吸一次，手回到膝盖上。每天早晚各一次，持续2～3分钟，习惯以后，可延长到10分钟。

盆底肌练习

（1）平躺，双膝弯曲，把手放在肚子上，放松腹部。

（2）收缩臀部的肌肉向上提肛（排尿过程中中断排尿的感觉）。

（3）紧闭尿道、阴道及肛门，从一数到五，然后慢慢放松，这样反复5次。

注意事项：着装宜宽松舒适，鞋要合脚轻便；运动中要及时补充水分；注意保暖，以免着凉；绝对不要勉强去做，更不可过度练习，每日应在不累的情况下适当练习；在练习前先要排尿、排便，不可憋尿、憋便练体操。

腌渍食品不要吃。

准妈妈要吃绿色食品

准妈妈尽量选用新鲜天然绿色食品，避免食用含食品添加剂、人工甜味料、色素、防腐剂的食品。各种腌渍食品含致胚胎畸变的亚硝胺，千万不要吃。

最佳补铁食品

菠菜、芹菜、油菜、黄花菜、西红柿等蔬菜；杏、桃、李、葡萄干、红枣、樱桃等水果；核桃、海带、红糖、芝麻酱也含有铁。

煮过的蔬菜能使身体吸收铁元素的能力增强。

最佳饮料

绿茶乃微量元素的"富矿"，对胎儿发育作用突出的锌元素就是其中一种。根据测定，在食谱相同的情况下，常饮绿茶的准妈妈比不饮者每天多摄取锌达14毫克，此外，绿茶含铁元素也较丰富，常饮绿茶可防贫血。

最佳防早产食品

常吃鱼有防止早产的作用。

最佳零食

准妈妈在正餐之外，吃一点零食可拓宽养分的供给渠道，可以吃一些葵花子、西瓜子、南瓜子等。

最佳酸味食品

食用酸味食品要注意选择。山楂的营养较丰富，但可加速子宫收缩，有可能会导致流产，准妈妈最好少吃。而西红柿、杨梅、樱桃、葡萄、柑橘、苹果等是补酸佳品，准妈妈可多吃。

最佳分娩食品

巧克力营养丰富，热量多，如100克巧克力含糖50克，且能在短时间内被人体吸收，并迅速转化成热能。巧克力的消化吸收速度为鸡蛋的5倍，准妈妈临产时吃几块巧克力，可以促进缩短产程，顺利分娩。

做好准爸爸

水果香甜可口，营养丰富，食用方便，适合准妈妈日常食用。但是，水果的粗纤维素含量及其特殊营养成分不如根茎绿叶类蔬菜。因此，在给准妈妈选购食品时，一定要讲究各种水果及蔬菜的搭配，注意荤素及颜色的搭配。

准妈妈一般不需用药膳滋补。

不要盲目进补

妊娠中期，胎儿生长发育加快，这时准妈妈的肠胃功能也处于较佳时期，是进补的好时机。

一般的准妈妈不需要进补，尤其是药膳进补，当准妈妈严重缺乏营养时才能适当进补。

😊 缺什么补什么

对于某些营养物质严重缺乏的准妈妈，当食物不能满足其需求时，则必须通过补品进行针对性补充。准妈妈在选择和服用补品以前，必须充分了解补品的适用范围、不良反应、有效成分和剂量，避免误服和过量服用。

😊 不要擅自进行药膳进补

中国传统的药膳是在中医辨证配膳理论指导下，由药物、食物和调料三者精制而成的一种既有药物功效又有食品美味，用以防病治病、强身益寿的特殊食品，如不具备医药常识而盲目制作或食用药膳进补，难免会产生危害。如桂圆、红参都是温补助阳之品，大量服用对胎儿不利。

😊 不宜常服蜂王浆、人参等补品

补药会增加肝肾负担，蜂王浆内含有雌性激素，可能会引起胎儿的性早熟。

人参有大补元气、补脾益肺、生津安神的作用，体虚的准妈妈可在医生指导下适量服用；但人参药性偏温，若久服或用量过大，易导致出血，扰动胎儿，也容易导致准妈妈血压升高和加重浮肿。

😊 不要吃过多鸡蛋

准妈妈鸡蛋吃得过多，摄入蛋白质过多，在体内可产生大量硫化氢等有害物质，易引起腹胀、食欲减退、头晕、疲倦等现象。同时，高蛋白饮食可导致胆固醇增高，加重肾脏的负担，不利孕期保健。

 胎教小贴士

浓茶不利母子健康，茶中的鞣酸能妨碍肠黏膜对铁质的吸收利用，导致缺铁性贫血，影响胎儿的营养物质供应。茶叶中的茶叶碱还会加剧心跳和排尿，增加准妈妈的心、肾负担，诱发妊高征，危及母子安全。

诗词欣赏——《将进酒》

全诗洋溢着豪迈之情，是李白的代表作。

将进酒

李白

君不见黄河之水天上来，奔流到海不复回。

君不见高堂明镜悲白发，朝如青丝暮成雪。

人生得意须尽欢，莫使金樽空对月。

天生我材必有用，千金散尽还复来。

烹羊宰牛且为乐，会须一饮三百杯。

岑夫子、丹丘生，将进酒，杯莫停。

与君歌一曲，请君为我倾耳听。

钟鼓馔玉不足贵，但愿长醉不复醒。

古来圣贤皆寂寞，唯有饮者留其名。

陈王昔时宴平乐，斗酒十千恣欢谑。

主人何为言少钱，径须沽取对君酌。

五花马，千金裘，呼儿将出换美酒，

与尔同销万古愁。

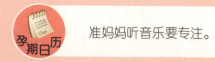
准妈妈听音乐要集中注意力

准妈妈专注地听音乐，才能做好音乐胎教。

不管是欣赏专为准妈妈制作的胎教音乐，还是为胎儿制作的胎教音乐，准妈妈都必须集中注意力。毕竟音乐胎教的效果要通过母体才能作用于胎儿，所以准妈妈在听音乐时要摒除杂念，入情入境，将自己完全沉浸于音乐所表达的意境和节奏中，然后随音乐充分发挥想象，想象带着爱意与宝宝一同徜徉在美丽的大自然中。如果准妈妈心不在焉，胡思乱想或是做一些与音乐胎教无关的事，都不能收到预期效果。

国外专家认为，让胎儿在一段时间内反复多次听同一首曲子很有好处，不仅能使胎儿熟悉音乐，对音乐产生兴趣，而且还能使胎儿记住乐曲，最好在一段时间里放同一旋律的音乐，以免胎儿因旋律变化太大而出现不适应的情况。

专家指导

准妈妈要护理好头发。

多按摩头皮：准妈妈洗头时要多按摩头皮，以促进血液循环。一旦血液循环畅通，头发生长的速度便会增快，发质自然就会变好了。按摩时，以指腹揉、捏、敲、擦头皮。动作要领是：揉时以"画圆"的方式进行；捏时力道不要太重；敲时以发旋为中心，做前后左右式的移动；擦时以拇指由耳后往下按。

勤梳洗头发：勤梳洗自己的头发，可促进头皮的血液供应，保持头发整洁，使头发显得娟秀而有光泽；选择适合自己发质且性质比较温和的洗发水；洗头后，准妈妈可以利用干发帽、干发巾将头发吸干；不要用强风吹干，最好不用卷发器卷发；为了防止头发断裂，可换用适合干性头发的洗发剂和护发剂，这些产品能减少头发的损伤。

准妈妈节假日不要暴饮暴食。

节假日更要注意安全

准妈妈在节假日里也要考虑到胎儿的安全，尤其要注意饮食和休息。

😊 尤其要注意饮食

每到节日亲朋好友一聚会，准妈妈难免也会吃很多东西，但是准妈妈一定要注意，少吃鱼肉、多吃水果；不要暴饮暴食；不要吃太多的主食或甜食；坚决不饮酒；吃火锅最好在自己家里，避免用同一双筷子取生食和熟食，菜一定要煮熟；忌食辛辣食品。

😊 注意睡眠和休息

在假期里，准妈妈可能会访亲会友，也许还会因为娱乐而熬夜，这样会使准妈妈疲劳不堪。所以准妈妈要注意休息，避免长时间站立和行走，保证每天至少8个小时的睡眠时间。

😊 要注意安全

在假期里，大家都会出来购物，但是，准妈妈一定不要去人多拥挤的地方，以免被人群碰撞，如果准妈妈自己开车出门，一定要系好安全带，以保证安全。

😊 要保持室内空气流通

在节假日里，家里如果来了不少客人，也会有男性抽烟，所以在家里准妈妈一定要经常开窗通风，以保持室内空气的新鲜。最好告诉亲友不要在家里吸烟。

😊 要注意运动

准妈妈在节假日里一定要注意适量运动，千万不要长时间地坐在沙发上看电视。不要因为放假而放弃了运动，一定要保持适量运动的好习惯。

😊 注意旅行

尽量避开节假日出门旅游。正值怀孕中期的准妈妈随家人出远门旅游，才比较不会有流产或早产的危险；怀孕初期及后期的准妈妈则只能做轻松的一日游。

如果准妈妈在节假日里突然出现身体不适，或者突然出现腹部疼痛、阴道流血等症状，一定不要拖延，要尽快去医院检查。

第7个月
DI-QI GE YUE

胎儿睁开眼了

给胎儿唱一首充满爱意的歌吧。

准妈妈可以唱歌给胎儿听

准妈妈唱歌给胎儿听，比录音机、CD机的效果更佳。

准妈妈给胎儿唱歌，是任何形式的音乐都无法取代的。有些准妈妈认为自己没有音乐细胞，不能给胎儿唱歌。其实，只要是带着深深的爱意去唱，对胎儿来说，都是悦耳动听的，所以我们更多地提倡准妈妈用哼歌谐振法和教唱法来进行音乐胎教。

哼歌谐振法

准妈妈每天可以哼唱几首歌，要轻轻地哼唱，不必放声大唱。最好选择抒情歌曲，也可唱些"小宝宝，快睡觉"等类似摇篮曲的歌。唱时要心情舒畅，富于感情，如同面对亲爱的宝宝，倾诉一腔爱意。这时，准妈妈可想象胎儿正在静听你的歌声，从而达到爱子心音的谐振。

教唱法

胎儿虽然具有听力，但毕竟只能听不能唱。准妈妈要充分发挥自己的想象，想象腹中的胎儿神奇地张开蓓蕾般的小嘴，跟着你的音乐和谐地"唱"起来，具体做法可先将音乐的发音或简单的乐谱反复轻唱几次，如多、来、咪、发、梭、拉、西、哆，每唱一个音符后等几秒钟，让胎儿跟着"学唱"，然后再依次进行。

专家指导

准妈妈如能每天喝3~5克淡绿茶，对加强心肾功能，促进血液循环，帮助消化，预防妊娠水肿，促进胎儿生长发育有很大好处。绿茶含锌量极为丰富，锌元素对胎儿的正常生长发育起着极其重要的作用，但是绿茶中含有鞣酸，能妨碍铁的吸收，因而也不能多喝，饭后1小时后再饮用比较好。

准妈妈要多散步

散步有利于血液循环和神经调节，可安定准妈妈的神经系统，放松紧张、焦虑的心态，振奋精神。但不宜时间过长，要以身体不感到疲劳为原则。

😊 孕晚期要减少运动量

自怀孕7个月起，准妈妈的子宫已过度膨胀，宫腔内压力已较高，子宫口开始渐渐地变短，准妈妈身体负担逐渐加重。甚至可能出现如浮肿、静脉曲张、心慌、胸闷等情况。孕晚期开始，应适当减少运动量，以休息和散步为主。过于频繁的活动会诱发宫缩，导致早产；后期也不宜有性生活，易发生宫腔感染和胎膜早破。

😊 散步最适合孕晚期

到了妊娠32周后，对于准妈妈来说最适宜的运动就是散步了。因为散步除了可以促进小腿及腿部肌肉的收缩，进而促进血液循环，减轻下肢水肿，也能促进肠肌蠕动而增加食欲，缓解便秘；散步可以锻炼骨盆、增加耐力，而耐力对分娩是很有帮助的；散步到室外，可吸收新鲜空气，有利母子健康；此外，散步还可以帮助胎儿下降入盆，松弛骨盆韧带，从而缩短分娩时间，有助于顺利生出宝宝。

😊 散步时要注意

准妈妈在孕晚期做散步运动不宜时间过长，以身体不感到疲劳为原则，刚开始时最好步子放慢一些；尽量避开有坡度或台阶的地方，特别是在妊娠晚期，以免摔倒；应选择风和日丽的天气，雾、雨、风及天气骤变不宜外出，以免发生感冒；最好选在清晨；散步地点宜选在林荫道、公园等空气新鲜、人少的地方；要避开空气污浊的地方，如闹市区、集市以及交通要道，这些地方空气中的汽车尾气含量很高，过多吸入不利于胎儿的大脑发育。

散步时最好请准爸爸陪同，这样可以增加夫妻间的交流，培养准爸爸对胎儿的感情。散步时，要穿宽松舒适的衣服和鞋。

准妈妈缓解不良情绪小妙招

准妈妈的好情绪、好心情是胎教的根本。

准妈妈情绪良好，是一种极好的自然的胎教，胎儿通过感官得到的是健康的、积极的、乐观的信息，这也是胎教最好的过程。如果准妈妈遇到不良情绪，要注意转移和化解，以免影响到胎儿的健康。

告诫提醒法

明白了消极情绪对人的负面影响，因此在漫长的孕期生活中，要时时告诫自己不要生气，不要着急，不要烦恼，不要悲伤，为了胎儿，为了自己，想开点儿，尽量提高心理承受能力，遇到挫折要有思想准备，从而防患于未然。

摆脱转移法

有时消除烦恼的最好办法就是努力摆脱那些使人烦恼的人和事，离开那种使人不愉快的场合，转移自己的注意力，参加一些平时喜欢的活动，如听音乐、相声，看电视小品，欣赏山水风景画册，出去郊游，上街逛商店、购物等，使不良情绪转移。

宣泄释放法

不良情绪要疏导而不能堵塞，疏导的方法之一就是要让它有个宣泄释放的途径，这是相当有效的调剂方法。准妈妈可向知心好友或日记本倾诉自己的处境和困惑，让烦恼通过宣泄有个出口。

外向社交法

那些内向性格的准妈妈一旦有了不良情绪，常常闭门独居，郁郁寡欢，心中的结久久难解。所以，有了烦恼应当走出去或向亲友倾诉，广交朋友，将自己置身于乐观向上的人群中，充分享受友情的欢乐，从而使情绪得到积极的感染，从中得到满足和快慰。

情绪放松法

每天应抽出不少于30分钟的时间与丈夫到居家附近草木茂盛的宁静小路上散散步，看看街景，逛逛商场，使自己放松一下，心情会变得非常舒畅。尤其是美妙的鸟鸣、清新的空气、悦目的花草树木，更能帮助你消除紧张情绪，使你深受感染而自得其乐。

准妈妈怎么拍写真

现在拍孕期写真的准妈妈越来越多，会化点淡妆，换上各样款式的孕妇装，拍一些时尚的、前卫的照片，有的还特意要求露出圆鼓鼓的肚子或在肚子上画一些彩绘，很温馨、可爱。

孕7月最合适

一般在7个月左右时拍摄比较合适，最好不超过9个月。孕7月肚子已经比较明显，但不算很大，准妈妈的行动会方便一些，发生意外的可能性比较小，超过9个月假性宫缩会越来越明显，行动也很不便。

选择专业的机构

专业的准妈妈摄影机构，摄影师也比较有经验，而且有很多专门的准妈妈服装可以选择，服装也干净，他们会定期对服装消毒。最重要的是，拍摄时的镁光灯不会有辐射，降低危险性。

时间不宜过长

注意拍摄时间不宜太长，也不宜设计"高难动作"，最主要的就是要突出准妈妈幸福的感觉，最好照几张与准爸爸一起的温馨照片。最好不要拍外景，如果拍外景，要注意保暖和防晒。

要化淡妆

在拍摄时尽量不要给准妈妈做指甲美容，最好化淡妆，如果有条件，化妆品可以自己带去。如果有自己平时喜欢的衣服，也可以带上，穿自己的衣服。

彩绘要用绿色、环保的

画在准妈妈肚子上的彩绘很逼真、很可爱，但一定要注意选用无污染的材料。

 胎教小贴士

虽然抚摩胎教是最常见的胎教方式，但是有流产、早产迹象者，不宜进行抚摩、拍打胎教；训练的手法宜轻柔，循序渐进，不可急于求成，每次仰卧的时间不能超过10分钟。

和胎儿做游戏也是很好的胎教

孕7～8月时是胎动最明显的时候，游戏胎教效果最好。

游戏胎教，是一种寓教于乐的方式，通过游戏的亲子互动，可以刺激胎儿脑部的成长。胎儿的成长就如同幼儿发育一样，如果时常以游戏来刺激幼儿手脚的反应，幼儿会在游戏中成长，对脑部发育也有相互回馈的作用。所以，以幼儿的成长来推测胎儿的成长，也是如此。

胎儿发育最重要的是脑部的发育，而且，脑部发育关系到胎儿未来的发展。透过外界的刺激，会对脑部发展有帮助。胎儿在3个月左右，听觉、触感神经已经发展，所以，准妈妈在4个月左右照超声波，可以看见胎儿在子宫中玩耍。通过游戏胎教，可以使胎儿与准爸妈之间的互动增加，增进彼此的感情，有助于胎儿未来的发展；还可以给宝宝带来好心情，并且增加宝宝与父母之间的感情交流。

游戏胎教对胎儿很有好处，和音乐、运动胎教一样，游戏胎教对胎儿有着良好的刺激，可以增加胎儿动作的敏感度；通过游戏胎教，使胎动明显，还可以此来判断胎儿健康与否，如果胎儿不爱动、不活泼，就要特别注意。

专家指导

妊娠期，受胎盘分泌的雌、孕激素的影响，阴道黏膜有充血、水肿现象，阴道皱襞增多，松软而有弹性，表面积增大，此时，阴道黏膜的通透性增高，渗液比非孕时明显增多，同时子宫颈管的腺体分泌增多，因此，妊娠期阴道分泌物比非孕期明显增多，常呈白色糊状，无气味，这是孕期的正常现象，也是身体自我保护的反应，一般不需要特殊的治疗。

胎儿最喜欢准爸爸的声音

胎儿最喜欢准爸爸的中低音，准爸爸抓住时机培养亲子关系吧。

🙂 胎儿喜欢准爸爸的声音

胎儿在子宫内最适宜听中、低频调的声音，而男性的说话声音正是以中、低频调为主。因此，父亲坚持每天对子宫内的宝宝讲话，让胎儿熟悉父亲的声音，这种方法能够唤起胎儿最积极的反应，有益于宝宝出生后的智力及情绪稳定。

🙂 要让胎儿熟悉准爸爸的声音

没有经过胎教的新生儿常常会有这种情况，即使不熟悉的女性逗乐也会因逗乐而微笑，而父亲逗乐则反而会哭。这正是宝宝从胎儿期到出生后的一段时间里，对男性的声音不熟悉所造成的。为了消除宝宝对男性包括对父亲的不信任感，妊娠5个月后父亲应对胎儿讲话。

🙂 和胎儿说话的技巧

首先让孕妻坐在宽大而舒适的椅子上，然后由妻子对胎儿说："乖宝宝，下面我们开始与你的爸爸进行十分愉快的对话！"这时，丈夫应该坐在距离妻子50厘米的位置上，用平静的语调开始对话，随着对话内容的展开再逐渐提高声音，不能一下子发出高音而惊吓胎儿。

父亲在开始和结束对胎儿讲话的时候，都

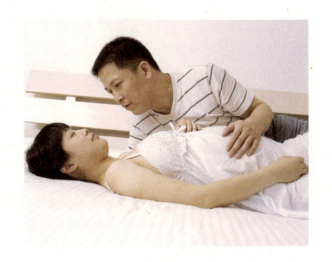

应该常规地用抚慰及能够促使胎儿形成自我意识的语言对胎儿讲话。开场白的语言是："宝贝(或者叫乳名)，我是你的爸爸，我会天天和你讲话，我会告诉你外界一切美好的事情。"父亲应将每天讲授的话题构思好，最好在当天的"胎教日记"中拟定一篇小小的讲话稿，稿子的内容可以是一首纯真的儿歌、一首内容浅显的古诗、一段优美动人的小故事，也可以谈自己的工作及对周围事物的认识，以刻画人间的真、善、美，用诗一般的语言，童话一般的意境。对话结束时，要对胎儿给予鼓励："宝贝学习很认真，你真是一个聪明的宝宝。今天就学习到这儿，再见！"

游戏胎教怎样进行

胎儿情绪好的时候，可以和他做游戏，他一定会很高兴。

准妈妈怀孕7~8个月时是胎动最明显的时候，所以可在此时进行；一般而言胎儿需要8~12小时的睡眠，所以如果在饭后1~2小时陪胎儿玩耍，母亲可以明显地感受到胎动，胎儿的手脚也会随着母亲的动作而产生不同的反应。

游戏胎教最好是在团体中、有音乐的良好环境中进行，以不危险、有趣味性为原则。

（1）用一只手压住腹部的一边，然后再用另一只手压住腹部的另一边，轻轻挤压，感觉胎儿的反应。这样做几次，胎儿可能有规律地把手或脚移向妈妈的手，胎儿感觉到有人触摸他，就会踢脚。

（2）用有节奏性的东西拍打肚子，感觉胎儿的反应，通常重复几次下来，胎儿会有反射动作。

（3）用两三拍的节奏轻拍腹部，如果你轻拍肚子两下，胎儿会在你拍的地方回踢两下；如果轻拍三下，胎儿可能会回踢三下。

专家指导

由于怀孕后新陈代谢加快，胰岛血流量比非孕时增多，故胰岛生理功能非常旺盛，准妈妈血中胰岛素水平偏高，以致准妈妈血糖(尤其是空腹血糖)偏低，从而出现头晕、心悸、乏力、手颤和出冷汗等症状。此外，由于准妈妈怀孕初期血中孕酮增多，导致出现妊娠反应性呕吐，加上这时一般吃得比较少，而身体消耗大，故也可加重头晕等低血糖症状。

妊娠期间低血糖，很容易造成流产、早产、死胎现象的发生，所以在妊娠期间的营养保健是非常重要的，千万不可忽视。

孕晚期警惕营养过剩

孕晚期，准妈妈的孕期反应基本已经消失了，胃口大开，这时候要小心营养过剩，孕期营养过剩有可能使母、胎出现许多并发症。

准妈妈在妊娠期间摄入营养过多，会使脂肪储存增加、细胞代谢异常、胞外间隙增大，出现以水肿、高血压、尿蛋白为主要症状的妊高征。蛋白质的过多摄入会增加母体的肾脏负担；摄入钙过多会导致胎儿骨骼过早钙化，妨碍成长；维生素A、维生素D过多摄入，可造成中毒和胎儿畸形；碘、钙、锌的过多摄入也会导致体内无机盐及微量元素的紊乱；营养过剩还会造成准妈妈血糖过高，这会加重胰脏负担，诱发糖代谢障碍，严重者日后就可能发展为糖尿病患者。有糖尿病的女性极易伴发真菌性阴道炎等生殖或泌尿系统感染。营养过剩的准妈妈所生的宝宝往往过大。

宝宝过大容易发生早破水、胎位不正、自然分娩困难、手术率增加、产后出血、感染、产道损伤、伤口愈合不良等。同时，胎儿宫内缺氧、新生儿产伤如颅脑损伤、肩难产、肢体骨折等发生率也增加，胎儿、婴儿死亡率明显上升。

此外，孕期体重增长过多还会加重准妈妈的心脏、肝脏负担，分娩后体重恢复到孕前水平的时间会延长，产褥期卵巢功能恢复缓慢，产后月经推迟，甚至会出现一系列卵巢功能不良的表现。

所以，女性在妊娠期间不应贪食，应保持均衡营养，多样化地摄取各种食品，以保证自身营养和胎儿发育的需要。

专家指导　准妈妈不宜食用辣椒、生葱、生姜、生蒜以及芥末、咖喱等。这是因为这些辛辣物质会随母体的血液循环进入胎儿体内，给胎儿造成不良刺激，影响正常生长发育。从准妈妈身体来说，怀孕后大多呈现血热阳盛的状态，而这些辛辣食物从性质上来说，都属于辛温，而辛温食品会加重血热阳盛状态，使体内阴津更感不足，会使准妈妈口干舌燥、口疮、心情烦躁等症状加剧，这样不利于胎儿的正常发育。

哪些食物会伤害胎儿的大脑

长期食用过咸、含味精较多以及含铅、含铝的食物，对胎儿大脑的发育都不利。

含铅食物

铅会杀死脑细胞，损伤大脑。爆米花、松花蛋、啤酒等含铅较多，准妈妈最好不要吃这类食物。

含铝食物

准妈妈经常吃含铝量高的食物，会造成胎儿出生后记忆力下降、反应迟钝，甚至导致痴呆。所以，准妈妈最好不要常吃油条、油饼等含铝量高的食物。

含过氧化脂质食物

过氧化脂质会导致大脑早衰或痴呆，直接有损大脑的发育。腊肉、熏鱼等曾在油温200℃以上煎炸或长时间暴晒的食物中含有较多的过氧化脂质，准妈妈应少吃。

过咸食物

经常食用过咸食物会影响脑组织的血液供应，造成脑细胞的缺血缺氧，导致记忆力下降、智力迟钝。日常生活中准妈妈应少吃含盐较多的食物，如咸菜、榨菜、咸肉、豆瓣酱等。

含味精多的食物

准妈妈如果在妊娠后期经常吃味精会引起胎儿缺锌。世界卫生组织提出：成人每天摄入味精量不得超过4克，准妈妈和周岁以内的宝宝禁食味精。即使宝宝大了也尽量少给宝宝吃含味精多的食物。

 胎教小贴士

促进胎儿大脑发育的食物：小米、玉米，是健脑、补脑的有益主食；紫菜、海带等海产品，有利于胎儿大脑的生长、发育；芝麻，特别是黑芝麻，含有丰富的优质蛋白质、钙、磷、铁；核桃，富含脂肪、蛋白质，特别对大脑神经细胞有益；大枣，是所有食用水果中维生素C含量最高的一种；黑木耳，含有丰富的铁，并且其他营养含量也很丰富；花生，富含极易被人体吸收利用的优质蛋白，还含有各种维生素、核黄素、钙、磷、糖、卵磷脂、氨基酸等。

准妈妈要吃鱼肝油吗

准妈妈吃鱼肝油和含钙食品对胎儿有很大的帮助，但是准妈妈不宜摄入过多鱼肝油和含钙食品。

因为怀孕期间母体中的营养成分将随脐带血输入胎儿体中以供发育需要，这时不仅母体，包括胎儿都需要大量营养供给，以维持机体运行。因此，准妈妈可以适当补充一些鱼肝油。

😊 鱼肝油有利于健康

鱼肝油的主要成分是维生素A和维生素D。维生素A的主要功能是维持机体正常生长，生殖、视觉、上皮组织健全及抗感染免疫功能。维生素D的主要功能是促进小肠黏膜对钙、磷的吸收；促进肾小管对钙、磷的重吸收。所以适当吃些鱼肝油，有利于胎儿发育，也能防止准妈妈缺钙抽筋。

😊 不可服用过量鱼肝油

但如果鱼肝油用量太大，服用时间太长，就会刺激胎儿骨细胞，引起严重的骨畸形。还可引起胎儿血钙过高，造成大动脉发育障碍及智力发育迟缓。

鱼肝油中所含的维生素D，积蓄过多则会引起胎儿主动脉硬化，影响其智力发育；还会使胎儿的牙滤泡在宫内过早钙化而萌出；而且准妈妈长期大量食用鱼肝油，会引起食欲减退、烦躁、多汗、头痛、呕吐、嗜睡、关节痛、肌

痛等症状。

😊 需补钙可采取其他方式

胎儿在母体内长到5个月时，牙齿开始钙化，骨骼迅速发育，这时为补充钙质可以多吃些肉类、蛋类、骨头汤等富含矿物质的食物。此外，准妈妈还应常到户外活动，接触阳光，这样在紫外线的照射下，可以自身制造出维生素D，不必长期服用鱼肝油，也可保证胎儿正常发育。如果因治病需要，应按医嘱服用。

讲故事——狐假虎威

给胎儿讲讲老虎的威武和狐狸的狡猾吧。

很久以前，一只深山里的大老虎因为肚子饿了，便跑到外面寻觅食物。当它走到一片茂密的森林时，忽然看到前面有只狐狸正在散步。老虎觉得这是个千载难逢的好机会，于是猛然扑过去，毫不费力地把狐狸捉住了。

可是当老虎得意洋洋地张开嘴巴，准备享用眼前的美味时，狡猾的狐狸挺起胸膛，神气十足地指着老虎的鼻子说："等一下！你这个不知天高地厚的家伙，不要以为自己是百兽之王，就敢张牙舞爪地想吃我，真是大胆！你听清了，我可是天帝委派的万兽之王，要是你冒犯了我，就等于触怒了天帝，到那时你后悔可就来不及了。你如果不相信的话，就跟在我后面到外边走一圈看看，怎么样？"老虎听了虽然有些半信半疑，但它心想：反正你也跑不掉，倒要看看你要什么花样。

于是，老虎跟在狐狸后面走进森林。一路上，果然如狐狸所说，其他动物发现它们后，都大惊失色，四散奔逃。老虎目睹这种情形，吓得魂不附体，连忙转身溜掉了。但这只可怜的老虎并不知道其他动物怕的是自己，还以为它们真是怕狐狸呢！

准妈妈得了阴道炎，胎儿怎么办

阴道炎，是准妈妈的常见状况，不仅准妈妈自己遭罪，胎儿也会受影响。

怀孕期间阴道分泌物明显增加，阴道的酸碱度被破坏，加上天热出汗多，准妈妈很容易得阴道炎，其中以霉菌性阴道炎最为常见。准妈妈得阴道炎后不仅自己遭受痛苦，胎儿也会受到影响。因为该病菌会使患病准妈妈在妊娠期发生胎膜早破、早产及产褥感染等。如果不及时治疗，胎儿被感染后，皮肤上会出现红斑疹，脐带上出现黄色针尖样斑，若胎儿从阴道分娩，则有2/3的新生儿发病，出现鹅口疮和臀红。

准妈妈确诊阴道炎后，一定要在医生指导下积极治疗：

（1）妊娠12周以内，可用 2% ~ 3%苏打水、阴部清洗剂等清洗外阴及阴道，同时每天换内裤，并将之与毛巾和盆一起洗烫。

（2）妊娠12周以后，在按上述方法清洗后，轻轻擦干外阴并在阴道深部放置制霉菌素栓剂、咪康唑或克霉唑栓剂，每晚睡前使用；有外阴炎时，可用达克宁霜涂于外阴。一般 10~14天为1个疗程，停药 7天后复查，症状消失2周后第3次复查霉菌，痊愈后方可结束治疗。

（3）妊娠35周以后，为避免宫内感染，不宜进行阴道内操作。

准妈妈阴道炎用药治疗时一定要彻底，绝不能因症状减轻就自行停药，如果治疗不彻底，寄生在产道的霉菌还会在分娩时感染胎儿。

专家指导　妊娠7个月时，准妈妈的肚子越来越突出，身体越来越笨重，这时一定要防止早产的发生，所以平时要注意避免过度激烈的运动，上下楼梯次数要尽量减少，拿重东西、向高处伸手、突然站起等动作都是应避免的。腿抽筋和静脉曲张的准妈妈，不要长时间站立，下半身不要系带子。为了防止曲张的静脉破裂出血，可以在静脉曲张处用短袜或紧身衣加以保护，睡觉时把脚稍微垫高一些，有助于静脉血的回流。

做完乙肝免疫阻断，是不是胎儿就安全了

如果准妈妈患有乙肝，做完乙肝免疫阻断后，也要密切关注胎儿的感染情况。

尽管孕期注射乙肝免疫球蛋白对阻断乙肝病毒母婴传播有效，可以避免一部分宝宝患上乙肝，但是乙肝病毒母婴之间的传播途径有3种，分别为宫内感染、产程感染和产后感染。接种疫苗可以很好地做到预防产后感染，但是并不能阻断宫内感染的可能性，这也就是为什么有些注射了疫苗的宝宝仍然会患上乙肝的原因。

母体内HBV–DNA的浓度高到一定程度时，将大大削减药物的免疫作用，乙肝病毒仍会通过胎盘感染胎儿。"大三阳"的准妈妈最好在孕期进行乙肝病毒DNA水平监测。如母体内有高浓度HBV–DNA，在孕晚期注射免疫球蛋白的同时，还要采用一些高效、安全的抗乙肝病毒的药物，可以大大抑制病毒的复制。

在进行了阻断之后，大三阳准妈妈的阻断成功率约90%，小三阳DNA阴性的准妈妈的阻断率接近100%，所以总计平均是95%~97%的阻断率。

一般进行了母婴阻断1年左右，婴儿就要查乙肝两对半，检查表面抗原是不是阴性，特别要看产生不产生表面抗体，而且表面抗体是不是在10%以上，如果是就可以，不是就要再加强。以后还是要动态监测，1岁、2岁、3岁，一般到了3岁以上问题就不大了。1岁的时候就可以看出效果。

 胎教小贴士

读书不仅可以使准妈妈本身得以充实、丰富，同时可以熏陶腹中的宝宝，让他也感受这诗一般的语言、童话一样美的仙境，而且还会刺激胎儿快速地生长，使其大脑的发育优于其他胎儿。准妈妈可以选择一些使人精神振奋、情绪良好的书。例如，名人的传记，名言；优美的抒情散文，著名的诗歌、游记；有趣的童话故事；艺术价值高的美术作品；以及有关胎教、家教、育婴知识等方面的书报杂志。阅读这类书籍对于准妈妈及胎儿双方的身心健康都大有裨益。

准妈妈要预防早产

根据世界卫生组织制定的定义，在怀孕29~37周发生的分娩为早产。

😊 预防早产

（1）预防早产关键是加强孕期保健，从妊娠早期开始，定期做好产前检查，以便尽早发现问题，进行恰当的处理。

（2）要积极预防和治疗急慢性疾病，如糖尿病、贫血、高血压及各种异常妊娠。

（3）注意改善生活环境，减轻劳动强度，增加休息时间。

（4）保持心境平和，消除紧张情绪，避免不良刺激。

（5）要摄取合理的充分的营养。

（6）孕晚期要绝对禁止性生活，因为精液中的前列腺素经阴道吸收后会促进子宫收缩。

（7）一旦出现早产迹象应马上卧床休息，并且取左侧位以增加子宫胎盘供血量；有条件的应住院保胎。

😊 早产的处理

（1）选择适合的医院生产，前往有新生儿加护中心的医院生产，以减少早产儿转送时造成的体温降低、呼吸窘迫等并发症。

（2）随时注意早产征象。每天固定3次以手触摸下腹，注意每小时子宫收缩（变硬）次数，如在30周前每小时多于3次，30周以后每小时多于4次，即应卧床休息，补充水分，若仍不能改善，则需立刻就医。

（3）如有不正常出血、破水、妊娠并发症等，则需立即寻求医师协助，不能在家中自己观察。

😊 做好准爸爸

进入妊娠晚期，准妈妈的身心负担加重，不仅由于胎儿的发育而导致生理负担加重，而且由于日益迫近的分娩更是导致准妈妈心情紧张，这时候准妈妈更需要准爸爸的关心。准爸爸要理解妻子此时的心理状态，解除妻子的思想压力，对妻子的烦躁不安和过分挑剔应加以宽容、谅解。

准爸爸是胎儿最好的游戏伙伴

胎儿很喜欢和准爸爸一起玩耍，准爸爸要多和他玩耍。

准妈妈只有一种方式触摸到腹部，准爸爸则可以通过多种方式接触胎儿，可以用耳朵贴近胎儿，用嘴唇亲吻胎儿，用整个怀抱拥抚胎儿，所以准爸爸要多和胎儿游戏，既促进胎儿的健康成长，又丰富自己和准妈妈的孕期生活。

☺ 准爸爸可以这样做

（1）经常把手放在妻子的腹部，呼唤胎儿。当胎儿有反应时，要及时主动迎接并加大抚摩的力度。像是在跟胎儿做一问一答的游戏。

（2）妻子仰卧时，在腹部最松弛状态下，双手轻轻捧起胎儿，可以慢慢水平移动，然后松手放下。反复几次，让胎儿感觉到运动，像荡秋千一样。

（3）可以稍微用力一点地拍打胎儿，强迫胎儿改变一下肢体体位，让胎儿做出比较明显的举动。当然不可过频，之后，还要轻轻抚摩胎儿。

准爸爸要一边和胎儿玩，一边和他说话，让他在游戏的同时，感受到准爸爸充满磁性的语言。

专家指导

从医学的角度来看，笑是一种刺激。它可以激活人体的呼吸系统、循环系统、神经系统，兴奋大脑和肌肉，使内分泌系统包括脑垂体都能活动增强，分泌儿茶酚胺、肾上腺素、去甲肾上腺素，对调节人体各种功能有益。笑对心脏十分有益，它能够起到强心的作用。因为笑能使动脉的平滑肌放松，血管内径增大，动脉压力相应减少，对高血压和心脏病有益。笑使胸廓得到全面运动，增加肺活量，有利于残存气体排出。因此，准妈妈要多笑。

胎位不正的自我矫正

在孕28周前，胎儿还小，羊水相对较多，即使胎位不正大多也能自行转正，但若在孕30周后仍胎位不正，就要在医生指导下进行自我矫正。

☺ 胸膝卧位法

适用于30孕周后胎位仍为臀位或横位者，7天为1个疗程。具体操作为准妈妈于饭前、进食后2小时或早晨起床及晚上睡前，先去排空尿液，然后放开腰带，双膝稍分开（与肩同宽），跪在床上，胸肩贴在床上，头歪向一侧，大腿与小腿成90°直角，双手下垂于床两旁或者放在头两侧，形成臀高头低位，以使胎头顶到母体的横膈处，借重心的改变来使胎儿由臀位或横位转变为头位。每天做2~3次，每次10~15分钟，一周后进行胎位复查。

☺ 桥式卧位矫正法

准妈妈仰卧床上，腰部垫高30~35厘米（2~3个枕头），小腿拱起。每天只做1次，每次10~15分钟，持续1周。

☺ 侧卧位矫正法

适宜于横位和枕后位，具体做法为侧卧时，可同时向侧卧方向轻轻抚摩腹壁，每天做2次，每次10~15分钟。

☺ 艾灸穴位法

可帮助矫正胎位，可配合胸膝卧位法一同做。具体做法为准妈妈采取坐位，脚踩在小凳

上，松开腰带，用点燃的艾卷熏至阴穴（双侧小脚趾外缘）。这样，可兴奋大脑的内分泌系统，使雌激素和前列腺素分泌增多，促进子宫活动，从而使胎儿转位。每天1次，每次15~20分钟，一周后进行胎位复查。

经过以上方法矫正仍不能转为头位，需由医生采取外倒转术。若至临产前还不能纠正就难以自然分娩，要提前住院，由医生选择恰当的分娩方式。

准妈妈听听儿歌吧

听朗朗上口的儿歌，不仅能让胎儿感到愉快，也能让准妈妈的生活更可爱、更开心。

我是一个粉刷匠

我是一个粉刷匠，
粉刷本领强。
我要把那新房子
刷得更漂亮。
刷了房顶又刷墙，
刷子飞舞忙。
哎呀我的小鼻子，
变呀变了样。

我有一头小毛驴

我有一头小毛驴，
我从来也不骑。
有一天我心血来潮骑它去赶集，
我手里拿着小皮鞭我心里正得意，
不知怎么哗啦啦啦摔我一身泥。

蜗牛和黄鹂鸟

阿门阿前一棵葡萄树，
阿嫩阿嫩绿地刚发芽。
蜗牛背着那重重的壳呀，
一步一步地往上爬。
阿树阿上两只黄鹂鸟，
阿嘻阿嘻哈哈在笑它。
葡萄成熟还早得很哪，
现在上来干什么？
阿黄阿黄鹂儿不要笑，
等我爬上它就成熟了。

胎儿的外语启蒙

胎儿的听觉器官在26孕周时发育成熟，从怀孕后7个月开始，可以给胎儿做一些外语启蒙，尤其是英语。

😊 从简单的字母开始

如果准妈妈和准爸爸想发掘宝宝的外语天赋，也可教宝宝26个英语字母，先教大写，然后是简单的单词。如教A这个英语字母时，一边反复地发好这个音，一边用手指写它的笔画。这时最重要的是能通过视觉将"A"的形状和颜色深深地印在脑海里。因为这样一来你发出的"A"这一字母信息，就会以最佳状态传递给胎儿，从而有利胎儿用大脑去理解并记住它。

😊 可以借助音像制品

如果准妈妈觉得自己的英文能力有限、发音不够标准，或者觉得在"非英语为母语"的环境中实行英语胎教有一定困难，那么就不要勉强进行英语胎教，可以选择一些句型简单、内容健康、重复性高的英文音像制品，借助它

有趣的内容、清晰的发音、活泼的气氛，同样可以起到很好的效果。

在进行外语胎教时，准妈妈要用真挚的感情和耐心，切忌急躁、敷衍了事。另外，在胎儿出生之后，仍要持续与宝宝进行英文沟通，不然，宝宝对英文的熟悉程度便会日久生疏。

😊 做好准爸爸

学一些简单的英语句子教胎儿：

It's a nice day.

Let's go to the park.

I am your Dad and I love you so much!

You are my lovely baby and I will try to give anything that you like!

准妈妈多看漂亮宝宝的照片

准妈妈多看漂亮宝宝的照片，并不是因为多看漂亮的宝宝，自己的宝宝就漂亮，而是可以放松心情。

很多准妈妈为了生一个漂亮的宝宝，怀孕时满屋子贴的都是各式各样可爱宝宝的照片，每天一睁眼，就能看到这些可爱的宝宝。因为听人说，想生一个怎么样的宝宝，最好天天看着这个宝宝的照片，如果你眼睛小，就找一张大眼睛宝宝的照片天天看，生出来的宝宝就会是大眼睛。但看照片只是一种心理作用，其实在怀孕期间看可爱宝宝的照片便能生出一个可爱宝宝，也只是一种心理作用，没有科学依据。

在房间里挂漂亮宝宝的照片，是舒缓准妈妈心情的一种方式，准妈妈天天看着这些可爱的宝宝，心情会变好。

在孕育漂亮宝宝这个问题上，往往不能遂人心愿。因为客观上说，在一定程度上胎儿的长相会遗传父母的某些遗传因子，人的长相也会受到营养状况、成长环境等后天因素的影响。

专家指导

孕期的用药原则：

（1）任何药物（包括中草药、中成药）的使用必须得到医生的同意并在医生指导下使用。

（2）能少用的药物则少用，可用可不用的，则不用。

（3）必须用药时，应尽可能选择对胎儿无损害或影响最小的药物，如因病情和治疗需要必须长期应用某种药物，而该药物又会导致胎儿畸形时，则应果断终止妊娠。

（4）切忌自己滥用药物或听信所谓"秘方""偏方"，以防发生意外。

（5）避免应用不了解的新药。

（6）根据治疗效果，注意随时减药和停药。

（7）在遵循上述各用药原则的基础上，应把药物应用剂量、种类、次数等减到最少。

胎儿的作息随准妈妈

宝宝的生活习惯早在胎儿时期就已逐渐形成和发展，准妈妈有良好的作息习惯，对自己和胎儿及出生后的宝宝都有益。

在胎儿出生前，胎儿和母亲就形成了相似的生活习惯，因此可以说准妈妈的生活习惯是胎儿生活习惯的基础。医学研究表明，早起型母亲所生的宝宝，一生下来就有早起的习惯，而晚睡型母亲所生的宝宝，一生出来就有晚睡的习惯。因此，准妈妈养成规律、科学的生活作息，对以后宝宝的生活作息至关重要。

😊 早睡早起

准妈妈的睡眠时间不要少于8个小时，晚上最好10点左右睡觉，早晨6点多起床，一定要吃早饭。

😊 三餐定时、定量

最理想的吃饭时间为早餐7~8点、午餐12点、晚餐6~7点，三餐之间最好安排两次加餐，进食一些点心（饼干、坚果）、饮料（奶、酸奶、鲜榨果汁等）和蔬菜水果，可以适当补充能量。

用餐时不宜狼吞虎咽，且分量要足够，把热量摄取与营养均衡平分在各餐之中。

😊 运动锻炼

注意运动锻炼，如晨练、瑜伽、游泳等运动形式都是不错的选择，即便是每天慢跑和散步也有利于改善体质。

😊 休闲

每天晚上就把手机关掉，或读书或听听音乐，然后早点睡觉。周末少参加聚会，多和家人或两三个朋友相约外出，划划船、钓钓鱼、逛逛公园等。

😊 做好准爸爸

准爸爸督促妻子进行产前检查。妊娠期间，多陪妻子到围产保健医院定期复查，特别是有妊高征、贫血、心脏病、双胎、前置胎盘等产科并发症的，要遵照医嘱增加检查次数。

哪些原因会导致胎儿缺氧

胎儿宫内窘迫可发生在临产过程，也可以发生在孕期，要引起准妈妈足够的重视。

胎儿缺氧现象又称为"胎儿宫内窘迫"，引起胎儿宫内缺氧的原因很多：

（1）胎儿缺氧最常见的原因是脐带绕住了身体的某一部位，如颈、手、足等。

（2）因为胎盘的功能减退可能造成胎儿缺氧。

（3）母亲出现贫血，血红蛋白数量不足而造成足月胎儿的脑组织对缺氧十分敏感，一旦发生缺氧容易引起脑组织水肿、缺血，严重者甚至可发生脑组织坏死等后果。

宝宝缺氧一般通过下面三点来判断，准妈妈一旦捕捉到以下信号，应及时去医院就诊。

（1）胎动改变：如果胎动低于12次/12小时或超过40次/12小时，则提示有可能胎儿宫内缺氧。

（2）胎心异常：胎动减少前，出现胎心过频，若超过160次/分，为胎儿早期缺氧的信号；胎动减少或停止，胎心少于120次/分，则为胎儿缺氧晚期。

（3）生长停止：缺氧后胎儿的生长也会迟缓。如果子宫底的高度（耻骨联合上方到子宫底最高处距离）持续2周不增长，则应做进一步检查。

随着准妈妈体重的增加，有时候会出现呼吸困难、胸闷气喘的情况。这个时期，准妈妈稍微有些呼吸困难也是正常的现象，如果情况严重的话就应去医院检查一下，作心电图和血常规检查，排除心脏病、贫血等疾病。

专家指导

女性在妊娠中，前叶的促肾上腺皮质激素分泌亢进，肾上腺分泌的雄性激素增加，其结果使头发的生长期延长，并使大多数准妈妈早期均发生了不同程度的多毛现象。这是正常的生理现象，不要过于担心，也不要随意刮除或用除毛药品等，分娩结束后，激素会逐渐回归正常，这个现象自然就会消失。

准妈妈可以多交一些有孕育经验的朋友

准妈妈可以找几个准妈妈或妈妈做朋友，既能学习她们的经验，又能在她们那里得到共鸣，有助于准妈妈舒缓情绪。

多种方式结交朋友

如果准妈妈身边就有这样的准妈妈或妈妈最好，一般女性都很乐意和怀孕的女性多交流，如自己所住的小区的邻居、同事等；可以加入孕育类的论坛，看看大家都会遇到什么样的问题、怎么解决的，或许通过论坛还能结交到好朋友；定期的准妈妈课堂也是交流和结交朋友的好地方。

多聊天缓解心理压力

和有孕育经验的朋友聊聊天，可以很好地缓解内心的压力。朋友的安慰和鼓舞，也可以让准妈妈保持愉快的心情。

可以学到不少的实际知识

孕期会遇到很多不适和小问题，有些书上或相关知识并没有提到，从一些有经验的妈妈哪里可以学到书本上没有的知识，可以解决准妈妈的一部分疑问，也能增加准妈妈的信心。

倾诉是发泄心中郁闷和不良情绪的方法之一，即便是没有孕育经验的朋友，准妈妈也可以多联络，一起吃吃饭、逛逛街、聊聊天，把一些与准爸爸都不能说的情况，和亲密的朋友细细说来，一起去寻求解决的办法。

专家指导

如果准妈妈患了急性阑尾炎，应及时采取措施，对早期急性阑尾炎可以应用大量抗生素治疗或中西医结合药物治疗。如观察期间炎症有加重趋势，应积极采取手术治疗，切不可三心二意，贻误时机，否则，会使炎症扩散，甚至发生阑尾穿孔，形成弥漫性腹膜炎。用药要讲究选择，避免使胎儿致畸；手术治疗时应尽量避免刺激子宫。药物治疗、手术治疗都有可能引起流产。准妈妈在治疗期间应配以保胎药物，并注意休息。具体如何处理，请听从你的主治医生安排。

讲故事——守株待兔

寓言故事蕴涵着各种人生道理，挑选一些经典的寓言故事讲给胎儿听。

战国时，有一个宋国的农夫，他每天都到田里辛苦地工作，借以维持生活。

有一天，农夫又像往常一样来到田里，刚举起锄头，突然看见一只兔子从草丛中窜出来，径直撞死在田边的大树上。

"老天呀，怎么有这种事？我真是幸运。要是天天有兔子送上门来的话，不是比耕田的收获更多吗？而且田里的工作忙也忙不完，哪有在树下捡兔子来得轻松啊？"农夫心中想着，就捡起兔子回家去了。

从此以后，那个农夫不再耕田，每天就坐在田边的大树下，等候兔子来撞树自杀。日子一天一天地过去，可是一只兔子也没等到，农夫仍然不死心，还是每天坐在树下等待。"哼！我就不相信！今天等不到，明天总会等到吧！"好几个月过去后，他不仅没捡到兔子，就连自己的那几块地，也因为太久没有耕种而荒芜了。后来，人们就用"守株待兔"比喻那些不知变通，或妄想不经努力而企图得到成功的人。

准妈妈要加餐吗

准妈妈最理想的吃饭时间为早餐7~8点、午餐12点、晚餐6~7点，三餐之间最好安排两次加餐，进食一些饼干、坚果、牛奶、酸奶、鲜榨果汁和蔬菜水果等。

☺ 加餐在正餐2个小时以后

加餐可以适当补充能量，使下一餐用餐前不致太饿，也有利于营养均衡。而且，增加进食次数，少量多餐可以减少血糖变化的幅度，有利于身体健康。

☺ 加餐的量不要过多

把热量摄取与营养的均衡平分在各餐之中，量不要过大，以免影响正餐的正常进行并导致营养的过剩。

☺ 加餐要丰富

谷类食物：如全麦面包或者燕麦片等，这是加餐的基础。

牛奶或酸奶：准妈妈每天可以饮用500毫升牛奶，建议分两次喝完。早上喝一杯，临睡之前喝一杯。

新鲜水果：准妈妈每天可食用的水果量以不超过500克为宜，并且应尽量少吃含糖量丰富的水果，以免导致肥胖。

坚果：坚果是准妈妈补充微量元素的良好食物。但不论哪种坚果，每天的进食量也不宜过多，建议一天吃上3次，每次一小把即可。

建议准妈妈不要选择市售含添加剂的饮料、膨化食品、腌渍食品如薯片、火腿香肠等作为加餐食物，这些食物中大部分含有添加剂和防腐剂，对胎儿不利。

👨 做好准爸爸

和准妈妈出门时，很多准爸爸会像往常一样，走在妻子的身后，很有"君子风度"。然而，大腹便便的妻子在人多的场合需要准爸爸的保护，走在来来往往的人群中时，准爸爸更多的时候应比妻子走得靠前一些，在前面侧身保护妻子不被迎面走来的人碰到。

准妈妈可以一边做家务一边和胎儿说话。

语言胎教与家务活要巧妙结合

给胎儿讲家务事、制订家务活动计划，不失为语言胎教的一种好方法。

😊 边干家务边给胎儿讲

胎儿对什么都很新鲜，准妈妈在干家务时，可以把自己做的每一件事情、做事情的每一个步骤、使用的工具、做这件事情的目的、做事情的心情等，都一一描述给胎儿听，他不仅能记住，而且等他出生了，认识这些物品以后，能很快地掌握使用方法。

😊 告诉胎儿家务活的计划

合理地安排家务，既能融语言胎教于家务活中，又能使夫妻的生活规律舒适；既能留出一段安静的时间进行语言胎教，又能节省时间去郊外观光野营。例如： 安排星期一和星期四购物，外出采购注意改变线路，花一定的时间观察并向胎儿讲解生活中的各种现象，有意识地去幼儿园或学校观察学生上课以及在操场上玩耍的情景。星期二打扫起居室、卧室、家具，给胎儿讲述这个温馨的家。星期三擦拭窗户和门框，冲洗厕所和浴室，教胎儿爱劳动、讲卫生的科学知识。星期五打扫和整理厨房，安排星期六和星期日的食谱，给胎儿讲述各种营养素的作用，告诉胎儿自己怎样安排每天的膳食以保证孕期的营养需要。星期六和星期日这两天主要是在家里休息或者去植物园、动物园、花园、田野、沙滩等地方，除了享受日光浴外，还要向胎儿传授自然界的知识。

专家指导　　胎位异常包括臀位、横位、枕后位、颜面位等。以臀位多见，而横位危害母婴最剧。由于胎位异常将给分娩带来程度不同的困难和危险，故早期纠正胎位，对难产的预防有着重要的意义。

不爱吃肉的准妈妈怎么补充营养

不爱吃肉的准妈妈容易缺蛋白质、B族维生素，因此在日常饮食中尤其要注意补充这类易缺营养素。

☺ 多种肉类适合准妈妈

平时我们说的肉是猪肉和牛肉，如果准妈妈不爱吃，其他的一些肉类味道也不错，可以尝试吃一下。

鱼肉不仅含有优质蛋白质，适量的脂肪，丰富的维生素、无机盐，还含有多不饱和脂肪酸。海鱼最适合准妈妈，每周最好能够吃2~3次鱼；兔肉的蛋白质含量高，而脂肪含量极低，非常适合怀孕前就比较胖或者体重超标的准妈妈；鸡肉比较嫩，脂肪分布均匀，容易消化和吸收，蛋白质含量高而且脂肪含量较低，准妈妈可多吃鸡肉；牛肉中不仅含有丰富的蛋白质、铁和铜，而且B族维生素含量也很高，脂肪含量相对较低，适合准妈妈。

☺ 改变烹饪方式

如果准妈妈不喜欢吃肉，可以采取熬汤、喝汤、不吃肉的方式，或做成馅的方式，也补充肉类。

☺ 可多补充其他食品

多摄取奶制品，可以每天喝3杯牛奶，或每天250毫升牛奶、1杯酸奶，也可以每天吃2~3块奶酪；多选用豆制品，豆类富含植物蛋白，并且其必需的氨基酸组成与动物性蛋白相近似，比较容易被人体吸收利用，可以常吃豆腐、豆芽、豌豆、扁豆，平常多榨点豆浆喝；选择全谷物粮食、鸡蛋和坚果，全麦面包和麦片都是全谷物粮食，可在早餐时适当增加，每天适当地吃几粒坚果和2个鸡蛋。

名画欣赏——《向日葵》

《向日葵》是印象派画家凡·高的代表作，包含着强烈的个性和形式上的独特追求。

凡·高认为黄色代表太阳的颜色，阳光又象征爱情，因此具有特殊意义。他以《向日葵》中的各种花姿来表达自我，有时甚至将自己比拟为向日葵。

哪种食用油更适合准妈妈吃

准妈妈应选择富含维生素和矿物质的食用油，来为自己和胎儿提供所需的营养。每种油所含营养成分不一样，准妈妈可在怀孕期间搭配食用多种食用油，以保证营养的均衡摄取。

😊 适合准妈妈的食用油

准妈妈宜食用富含多不饱和脂肪酸的食用油。

油茶子油，含有丰富的维生素E，并且能够促进钙的吸收，对胎儿的大脑发育和健康起着非常重要的作用。

亚麻子油，富含Ω-3不饱和脂肪酸，可以在人体中转化为DHA，对胎儿和婴儿的大脑神经系统发育有较好的作用。

核桃油，含丰富的维生素E、人体需要的多种微量元素，以及含量高达92.1%的亚油酸、亚麻酸等不饱和脂肪酸，核桃油不但能促进人体机能健康平衡，有效抵抗外界疾病，还能改善记忆，帮助胎儿脑部健康发育。

其他常见食用油有大豆调和油、花生油、橄榄油、葵花子油、玉米油、芝麻油等，可经常交换食用。

😊 注意用油方法

准妈妈们的营养配餐在烹调过程中，一定要注意油温不宜过高，因为不饱和脂肪酸会由于高温而变成饱和脂肪酸，从而丧失其营养价值；还要注意食用油不能反复使用；注意食用油的储藏和保质期。

😊 用油小妙招

在怀孕期间，准妈妈们比较容易出现皮肤瘙痒和干裂现象，用油茶子油经常涂抹，可预防缓解这种情况；涂在肚子上，还能够减轻妊娠纹的症状；每天清晨空腹生食1匙油茶子油，可以轻轻松松帮助准妈妈解决便秘问题。此外，油茶子油还可以用于婴儿尿疹、湿疹，直接涂在宝宝的皮肤上，安全有效。

第8个月
DI-BA GE YUE

胎儿能听到
外界的声音了

准爸爸给准妈妈做个按摩

准爸爸给准妈妈按摩，不仅能让准妈妈肌肉放松、缓解各种不适，还能增进感情，让准妈妈轻松、对宝宝的到来更有信心。

😊 按摩前的准备

准爸爸彻底清洁双手，去掉手表，并搓暖双手；准妈妈穿上宽松合适的服装；应避开刚吃饱或饥饿的时候，以免影响消化器官；选择温度适宜、灯光柔和、安静的地点，例如卧室的床上就是不错的地方；可播放一些轻松的音乐来放松心情。

😊 帮准妈妈按摩时的注意事项

（1）在帮准妈妈按摩前，要先征询中医师的意见，力道的控制要稳定适宜，针对酸痛的地方进行轻压即可。

（2）孕早期不适宜按摩，孕中后期可针对准妈妈几个紧张或酸痛的地方，轻柔地进行肌肉放松式的按摩。有流产史、流产迹象的准妈妈不要做按摩。准妈妈的合谷、三阴交、肩井穴位是不能承受强刺激的，按摩这些穴位易引起流产。

（3）准妈妈侧躺最好，不要压到肚子，也不要使用精油，可使用一些润肤油。

😊 按摩方法

头部按摩：用双手轻轻按摩头和脑后，3～5次；用手掌轻按太阳穴，3～5次。可缓解头痛，松弛神经。

肩部按摩：双手按压在准妈妈肩上，并慢慢下滑至肩膀处；再用手掌之力将肩胛骨附近肌肉轻轻往上推，重复数次。帮助气血循环，达到舒缓、放松经络的目的。

胸部按摩：从腋下以乳晕为中心聚拢胸部，然后向中央聚拢胸部，反复6次以上。可促进乳腺分泌，预防产后乳疮。

腿部按摩：把双手放在大腿的内外侧，一边按压一边从臀部向脚踝处进行按摩，将手掌紧贴在小腿上，从跟腱起沿着小腿后侧按摩，直到膝盖以上10厘米处，反复多次，可消除浮肿，预防小腿抽筋。

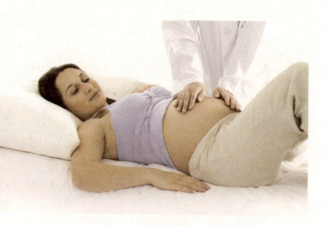

孕晚期的饮食

孕晚期的饮食原则是食物品种多样，营养更为丰富。

孕晚期饮食应以蛋白质和碳水化合物为主。此阶段准妈妈对各种营养物质的需求量更大。这个时期除摄入主食米、面和含蛋白质丰富的奶类、蛋、肉、鱼类等食物外，还要注意多食用动物肝脏、猪血、海产品、骨头汤、豆制品、新鲜蔬菜、胡萝卜、水果等含钙、铁、磷等微量元素及维生素丰富的食物。在妊娠的最后两个月，胎儿对铁质的需求量相对较多。在此时若准妈妈进食较少，则容易出现贫血现象。

应警惕准妈妈营养上的几种危险信号：妊娠4个月后，每月体重增加大大低于1000克；体重猛增，每月超过3000克；牙齿缺损或脱落；严重缺铁性贫血等。对这些均要引起高度重视，并及时就诊和接受营养指导。

孕晚期，逐渐增大的胎儿给准妈妈带来负担，准妈妈很容易发生便秘。由于便秘，又可发生内外痔。为了缓解便秘带来的痛苦，准妈妈应该注意摄取足量的膳食纤维，以促进肠道蠕动。全麦面包、芹菜、胡萝卜、白薯、土豆、豆芽、菜花等各种新鲜蔬菜水果中都含有丰富的膳食纤维。准妈妈还应该适当进行户外运动，并养成每日定时排便的习惯。

 胎教小贴士

孕晚期（7~9个月），胎儿的体重迅速上升，胎动频繁，是胎儿各部位(尤其是脑部)发育的重要时期。怀孕最后2个月的维生素及矿物质的补充不足对胎儿脑部发育的影响极大，需特别注意补充营养素。此期除了应摄取足量的钙质供胎儿的成长所需外，且应注意矿物质及维生素足量的补充，如铁、铜、锌及维生素B_6、维生素B_{12}，可帮助胎儿健康发育。

孕期日历 准妈妈也可以给胎儿读几首宋词。

宋词欣赏

词，是诗歌的一种，宋词是中国古代文学皇冠上光辉夺目的一颗巨钻。

渔家傲

黄庭坚

三十年来无孔窍，几回得眼还迷照。

一见桃花参学了。

呈法要，无弦琴上单于调。

摘叶寻枝虚半老，看花特地重年少。

今后水云人欲晓。

非玄妙，灵云合被桃花笑。

卜算子

陆游

驿外断桥边，寂寞开无主。

已是黄昏独自愁，更著风和雨。

无意苦争春，一任群芳妒。

零落成泥碾作尘，只有香如故。

水调歌头

苏轼

明月几时有，把酒问青天。

不知天上宫阙，今夕是何年？

我欲乘风归去，又恐琼楼玉宇，

高处不胜寒。

起舞弄清影，何似在人间！

转朱阁，低绮户，照无眠。

不应有恨，何事长向别时圆？

人有悲欢离合，月有阴晴圆缺，

此事古难全。

但愿人长久，千里共婵娟。

孕晚期也要坚持运动。

孕晚期要坚持运动

孕晚期，适量的运动有利于准妈妈顺利分娩，缩短产程。

孕晚期运动适宜适量好处多

（1）运动强健肌肉、增强耐力、增加血液循环，帮助准妈妈应付身体承受的额外负担，使身体逐渐适应妊娠和分娩的需要。

（2）运动不仅锻炼了肌肉、关节和韧带，可以缓解身体的疲劳和不适，由于准妈妈肌肉和骨盆关节等得到了锻炼，可以促使骨盆关节松弛，使骨盆的容积增加，有利于胎儿娩出。孕期体操可以增加会阴部组织的弹性和扩张性能，使胎儿易于通过软产道，并可减少会阴部组织损伤。

（3）适当且合理的运动能促进准妈妈消化、吸收功能，不仅可以给腹中的宝宝提供充足的营养，而且也为准妈妈补充了体力，以利分娩。

（4）运动可以控制孕期体重，不至于使体重增加过多。孕期保持合适的体重，会使分娩更容易、更轻松，产后也可在短期内恢复正常体形。

（5）适当运动能减少妊娠水肿和高血压的发生；使胎儿及与分娩直接有关的骨盆关节和肌肉受到锻炼，为日后的顺利分娩创造有利的条件。

运动要适量

自怀孕7个月起，子宫已过度膨胀，宫腔内压力已较高，子宫口开始渐渐地变短，准妈妈身体负担逐渐加重，应适当减少运动量，以休息和散步为主，散步的时间不能太长，以不感到疲劳为宜。过于频繁的活动会诱发宫缩，导致早产。

出现不适要停止运动

在运动过程中一旦出现头晕、气短；宫缩频率增加；某个部位疼痛；阴道突然有血丝或大量流血等情况，要立即停止运动，向专家咨询情况是否正常，是否适合再继续做运动。

准妈妈不要着急上火

准妈妈受到各种激素、营养物质分配及血液循环变化等的不同影响，容易上火，常表现为脸上长痘、口臭、口腔溃疡、脾气大、莫名的烦躁及孕晚期的便秘等。

多吃苦味食物

上火的准妈妈可以多吃一些苦味食物，因苦味食物中含有生物碱类等苦味物质，具有解热祛暑、消除疲劳的作用。

最佳的苦味食物首推苦瓜，不管是凉拌、炒还是煲汤，都能达到去火的目的。除了苦瓜，准妈妈还可以吃一些杏仁、苦菜、芥蓝等。

多吃新鲜蔬菜和水果

甘蓝、花椰菜、芹菜、西红柿和西瓜、草莓、火龙果、梨、苹果、葡萄等富含矿物质，特别是钙、镁、硅的含量高，有宁神、降火的神奇功效，因此准妈妈应多吃和常吃这些食品。

不要吃凉性过大的食物

准妈妈由于血旺，一般上火都是实热，切记不能用凉性大的食物食疗，多喝凉性蔬菜汤、绿豆汤也可以。

放松心情，不要进补过量

心情不要紧张，越紧张越容易上火。进补要适度，热燥的补品要少吃，如人参、桂圆等。平时多喝水。

做好准爸爸

准爸爸不要太在意宝宝的性别，不管是真的特别在意宝宝的性别，还是只是出于好奇，准爸爸都不应该经常和妻子谈论这方面的话题。如果准妈妈知道丈夫特别希望自己肚子里的宝贝是男孩或者女孩时，肯定是一个无形的压力。如果妻子主动试探准爸爸："你希望咱们的宝贝是男孩还是女孩呀？"模范准爸爸的回答应该是："只要是个健康的宝贝就好。"

判断宝宝的血型

正常情况下人的血型按ABO系统可分为A型、B型、O型和AB型四种。根据准妈妈和准爸爸的血型可以推断出胎儿的血型。

婴儿通过染色体上的基因，遗传得到了父母的特征。人的体细胞中的46条染色体，其中也有血型基因。人类血型分类有很多种，常见的为ABO血型系统。

含有血型基因的那一对染色体，一条上有父亲的血型基因，另一条上有来自母亲的血型基因。这样，婴儿由A、B、O三种血型，形成OO、OA、AA、OB、BB、AB六种血型。A型和B型血型基因是显性基因，O型血型是隐性基因。O型血型基因在与其他血型基因并存时，只显对方，不显自己。OA表现为A型，OB表现为B型，OO表现为O型，BB表现为B型，AA表现为A型，AB就是AB型。

☺ 血型的遗传关系

父母血型	子女可能血型	子女不可能血型
A & A	A, O	B, AB
A & O	A, O	B, AB
A & B	A, B, AB, O	
A & AB	A, B, AB	O
B & B	B, O	A, AB
B & O	B, O	A, AB
B & AB	A, B, AB	O
AB & O	A, B	AB, O
AB & AB	A, B, AB	O
O & O	O	A, B, AB

产前要注意检查母胎血型是否一致，如果不一致胎内就会发生抗原抗体反应，胎儿出生后就表现为"新生儿溶血症"，主要症状即是"新生儿黄疸"。

准妈妈要小心维生素K的缺乏

人体自身不能制造维生素K，只有靠食补或肠道菌群合成。它储量不多，短期内就能消耗完。

维生素K是参与血液凝固的一种重要物质，如果人体缺乏维生素K，就等于缺乏凝血因子，容易出血或出血难止。因此，维生素K有"止血功臣"的美称。它是经肠道吸收，生产出凝血酶原及一些凝血因子，而起凝血作用的。若维生素K吸收不足，血液中凝血酶原减少，易引起凝血障碍，发生出血，例如子宫出血、胃肠道出血，甚至颅内出血。妊娠期如果缺乏维生素K，其流产率增加，即使存活，由于其体内凝血酶低下，易出血，或者引起胎儿先天性失明和智力发育迟缓及死胎。

准妈妈应注意摄食富含维生素K的食物，以预防产后新生儿因维生素K缺乏引起颅内出血、消化道出血等。准妈妈从32～36周起，尤其要注意每天多摄食富含维生素K的食物，如菜花、

白菜、菠菜、莴苣、苜蓿、西红柿及鱼类等，必要时可每天口服适量的维生素K，直至分娩。准妈妈分娩前1～4小时肌注或静脉滴注维生素K，同时，新生儿也要补充维生素K。

专家指导　孕晚期准妈妈要注意少弯腰，保护好腹部。如果准妈妈需要从地面捡拾起什么东西，腹部会妨碍背部做弯曲动作，不要直接弯腰，那样会压迫腹部，对胎儿不好。正确姿势是俯身动作不仅要慢慢轻轻向前，还要首先屈膝并把全身的重量分配到膝盖上，然后落腰下蹲，将东西捡起放在膝上，再起立将东西拾起。放东西也是一样，先屈膝，然后落腰下蹲，放下东西后，双手扶腿慢慢起立。准妈妈铺床、铺沙发、清洗浴室都可以参照这个姿势。

胎动减少要及时找到原因

妊娠周数越多，胎动越活跃，但至孕晚期胎动会逐渐减少。

正常情况下胎动次数减少有以下几种原因：

（1）当胎儿安静或睡眠时胎动较少。准妈妈最好在每天固定的时间里数胎动，以便保证计数的准确。有时轻轻拍拍腹部或吃一些东西，胎儿就会醒来，这时再数胎动，才比较准。

（2）服用镇静药的准妈妈胎动会有所减少，停药后能恢复。

（3）当子宫胎盘血流量减少，胎儿有慢性缺氧时，胎动会减少，缺氧严重时胎动消失。就像人有病不愿多活动一样。

（4）建议准妈妈平时严密观察，如果胎动连续3个小时少于3次，就考虑有宫内窘迫的可能，及时去正规医院妇产科进行详细的检查。

准妈妈的体温如果持续过高，超过38℃，身体周边血流量就会增加，从而使胎盘、子宫的血流量减少，胎儿因为轻微的缺氧，致使胎动减少。如果是一般性的感冒而引起的发烧，对胎儿不会有太大的影响。但如果是感染性的疾病或是流感，尤其对于接近预产期的准妈妈来说，对胎儿的影响就比较大了。所以，为胎儿健康着想，准妈妈需要尽快去医院，请医生帮助。

做好准爸爸

准妈妈的肚子在妊娠8个月前后迅速变大，这时往往腰酸背痛、身体懒得动弹，这个时期应绝对禁止性生活。在妊娠晚期，子宫容易收缩，因此要避免给予机械性的强烈刺激。

胎儿臀位危害大

臀位就是以胎儿臀部为先露部，最先进入骨盆入口，胎儿的头朝上在子宫底部，臀位是较常见的异常胎位，占分娩总数的2%～4%。

😊 臀位对胎儿危害较大

脐带脱垂： 破水后，如果是头先露，胎头头围大，塞满子宫口，而臀位可能是膝先露或是足先露，脐带容易从空隙脱出，挤在子宫口，使脐带受挤压，氧气供应中断，此时胎头还在子宫里，一时不能娩出，结果造成胎儿缺氧死亡。

胎头嵌顿： 臀部娩出以后，胎头应在8分钟内娩出，否则容易造成胎儿缺氧。但由于胎头直径比臀部直径大，常常出现胎儿身体娩出，胎头卡在宫口不能娩出的情况。

😊 臀位是否需剖宫产

臀位采用剖宫产率较高，但并非都需要剖宫产，要根据准妈妈的年龄、胎次、骨盆大小、胎儿大小及臀先露的类型、有无并发症等情况综合分析来判断。如果产力好、骨盆大小正常、胎儿不大、单臀位，又无其他并发症，可考虑经阴道分娩。

😊 臀位自行矫正法

是一种简便有效的纠正胎位的方法，其有效率可达92%。

准妈妈平卧床上，腰部垫高20厘米（1～2个枕头），小腿自然下垂在床沿。每日早晚各做一次，每次10～15分钟，3天为1个疗程。

矫正方法安排在妊娠30～34周效果最好；矫正宜在饭前进行，矫正时要平静呼吸，肌肉放松；垫子应柔软、舒适、高度适中；如出现阴道流水、流血或胎儿心音突然改变，应停止此法。

😊 臀位出现早破膜

常是难产的信号，更易发生脐带脱垂，属于紧急并发症。

破水后，应抬高臀位，采用头低足高位，防止脐带脱垂；勤听胎心音，发现胎心音有变，要注意脐带脱垂。一旦脐带脱垂，可采用脐带回纳术，尽快结束妊娠，抢救胎儿生命。

讲故事——凿壁借光

这个故事赞扬了匡衡在艰苦的条件下，勤奋读书的精神。

匡衡在少年时就非常勤奋好学。可是由于家里很穷，所以他白天必须干许多活，挣钱糊口。只有在晚上，他才能坐下来安心读书。不过，他又买不起灯油，天一黑，就无法看书了。匡衡心疼这浪费的时间，内心非常痛苦。

匡衡的邻居家里很富有，一到晚上好几间屋子都点起油灯，把屋子照得通亮。匡衡有一天鼓起勇气，对邻居说："我晚上想读书，可买不起灯油，能否借用你们家的一寸之地呢？"邻居一向瞧不起比他们家穷的人，就恶毒地挖苦说："既然穷得买不起灯油，还读什么书呢！"匡衡听后非常气愤，不过他更下定决心，一定要把书读好。

匡衡回到家中，悄悄地在墙上凿了个小洞，邻居家的灯光就从洞中透过来了。他借着这微弱的光线，如饥似渴地读起书来，渐渐地把家中的书全都读完了。

匡衡读完这些书，非但不满足，反而深感自己所掌握的知识远远不够，他想继续多看一些书的愿望更加迫切了。

匡衡听说附近有个大户人家，有很多藏书，都是平常人难得一见的珍籍善本。匡衡求知若渴，非常心仪这家的藏书。于是，他卷着铺盖出现在大户人家门前。他对主人说："请您收留我，我给您家里白干活不要报酬。只是让我阅读您家的全部书籍就可以了。"主人被他的精神所感动，答应了他借书的要求。

匡衡就是这样勤奋学习的，通览古今典籍，变得无所不晓。有志者，事竟成，匡衡终于成了西汉时期有名的学者。

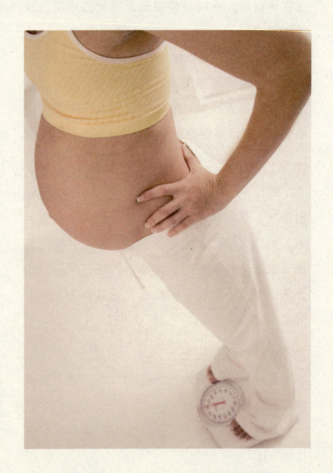

为胎儿准备好用品

准妈妈为胎儿精心准备用品，他是能感受到的，宝宝出生以后，不仅能感受到舒适，还能感受到妈妈的温暖。

😊 卧室条件

新生儿卧室最好保持比较稳定的温度与湿度。条件允许的话，最好把室温调节在21℃～24℃，湿度为60%～65%。新生儿卧室最好有充足的阳光，并且通风、清洁。

😊 婴儿床

床的大小，以足够供婴儿睡到五六岁为好；床铺四周栏杆的高度，以婴儿站起来不会掉落为准，不要有棱角；栏杆与栏杆之间的距离要小，避免婴儿的头部通过；栏杆的起落要方便。

😊 婴儿尿布

尿布要柔软、易吸水；尿布要浅色的，方便观察大小便的颜色；可用旧床单或旧的棉布衬衣、衬裤，但必须洗净，用开水烫后在太阳下暴晒以消毒；尺寸为50厘米长，50厘米宽，呈方形；应当准备40块左右；还应再制作一些棉尿垫，棉尿垫放在尿布和褥子之间，以减少褥子被大小便弄脏弄湿的次数；棉尿垫的尺寸为30厘米×40厘米，外用棉布做套，内用腈纶棉或涤纶棉做絮，要准备6块左右；也可购买一次性尿布或者尿裤。

😊 衣服

衬衣：一定要用柔软、手感好、透气性好和保暖性好、易于吸水的棉织品，颜色宜浅淡；最好做成斜大襟式样，和尚领；衣服要宽大一些；准备3件以上。

棉衣：可采用衬衣式样，要用棉布制作里子和面子，用新棉花做絮，但不要太厚，以保证柔软；棉裤做成平脚裤式，也可将鞋与棉裤做成连体。

鞋子：婴儿出生3个月内不用穿鞋。如果为了保护脚不受凉，可用毛线织软鞋，也可用棉线钩成软鞋，鞋的长度可在8厘米左右。

帽子、袜子、手套、围嘴：冬天要给婴儿准备一顶帽子，可用细毛线织成；袜子和手套要棉质和毛线的，准备一两双即可；围嘴多准备几个。

😊 其他用具、药品

奶瓶、奶锅、包被、毯子、小褥子、小枕头、澡盆、脸盆、浴巾、毛巾、婴儿皂等。

其他用品如温度计、体温表、热水袋、便盆、手纸等。

孕期日历　妈妈的阅读兴趣会影响到宝宝。

妈妈爱阅读，宝宝更聪明

怀孕第8个月直到生产前，是施行阅读胎教的最佳时机。

阅读胎教，就是将优美的文学作品或诙谐有趣的儿童故事等以柔和的语言传达给胎儿，以促进胎儿情感、语言和智力的发育。

一般人都认为准妈妈的求知欲会直接影响胎儿。因此，准妈妈们最好每天多读一些书，并把书上的事情讲给胎儿听。定时念故事给腹中的胎儿听，可以让胎儿有一种安全与温暖的感觉，准妈妈若一直反复念同一则故事给胎儿听，会令其神经系统变得对语言更加敏锐。

比如读诗文，诗文能启迪人的心智，特别是我国从古代流传下来的不少让人赞不绝口的精美诗篇，那是前人的智慧宝藏和才华结晶，拥有深邃的内涵、多变的形式，以及丰富的情感。准妈妈如果每天有一段时间能沉浸在唐诗宋词或现代诗文那璀璨的文化与优美的意境里，诗的蕴藉幽远、词的瑰丽典雅会使准妈妈产生深挚的情感，这些传到胎儿的大脑里，会成为最深刻的内涵，在潜移默化中改变着胎儿

的气质，可能宝宝生来就酷爱读书，并且慢慢形成儒雅的气质。可见准妈妈如能每天"一卷在手"，胎儿会受益匪浅。

怀孕第8个月直到生产前，是施行阅读胎教的最佳时机。因为胎儿的意识萌芽发生在怀孕第7~8个月的时候，此时胎儿的脑神经已经发育到几乎与新生儿相当的水平，一旦捕捉到外界的信息，就会通过神经管将之传达到胎儿身体的各个部位。此时，胎儿脑外层的脑皮质也很发达，因此可以推测胎儿具有思考、感受和记忆事物的可能性。

准妈妈要阅读一些轻松的书籍

孕晚期，准妈妈的行动越来越不方便，你可以通过阅读一些轻松的书籍来丰富生活。

😊 读轻松一点的杂志

准妈妈可以阅读一些时尚类的杂志，虽然身形发生了变化，但也不要忘记准妈妈也能做一个时尚的准妈妈，而且时尚杂志漂亮的图片、新鲜的资讯，也能帮助准妈妈放松心情；也可以读一些育儿类的杂志，杂志短小精悍的小问题，可以帮助准妈妈解决自己遇到的各种问题，也可以储备一些知识，有助于今后的育儿，尤其是有孕育经验的妈妈的经验分享，更能让准妈妈摆脱怀孕后被孤立的感觉。

😊 读一些轻松的美文

小散文集和诗歌集很适合准妈妈阅读，清新淡然的美文和诗歌，如潺潺的流水，让准妈妈感到宁静的同时，还能体会到自然的温馨。

如徐志摩的诗歌、林清玄的美文等，都流露出淡雅的美丽。

专家指导

孕中晚期，准妈妈常会出现眩晕。怀孕期间如果需要变换姿势或位置时，如从躺位、蹲位和坐位转为站立位的过程，要缓慢，应尽量放慢速度，以免造成大脑突然供血不足；头晕发生时多喝开水，以增加血容量；锻炼时应避免出汗，淋浴时应避免水温过高，以防血管扩张，血压下降；不要站到高台上，以免头晕眼花导致意外发生；最好不要长时间站立，建议每隔30分钟就坐下休息；头晕发作时应立即坐下或侧卧休息；必要时到医院请医生给予处理。

准妈妈要注意少量多餐

孕晚期，准妈妈不宜吃得过饱，但为了保证摄入充足的营养，每天要多吃两顿。

很多准妈妈都有这样的疑惑：孕晚期，一方面要保证宝宝的营养，还要为分娩储备体力；另一方面，又要防止营养过量，造成肥胖或宝宝过大，引起流产。

其实，这个度确实是比较难把握的，我们可以通过一些小方法来轻松搞定。

（1）避免高糖、高脂肪食物，这些食物很难控制好，一不小心就热量过剩，所以要少吃。饮食上肉类以禽肉为主，多吃鱼，畜肉要少吃。

（2）吃饭只吃八分饱。吃饭要细嚼慢咽，这样就不会过饱，最好是饭前能喝一碗汤，这样可以轻松控制热量过度。

（3）要少量多餐，孕晚期一次不要吃太多，可以吃一些加餐，不仅保证营养，还能降低肠胃的压力，一天5餐或6餐都可以。

专家指导

准妈妈在冬季，不仅要注意保暖，还要注意保持卧室温度，防止受寒。但是要开窗通风，保持室内空气清新、氧气充足，可在天暖的中午或早晨多开窗子，换入新鲜空气。准妈妈居室的温度保持在20℃～22℃为宜，温度不宜过高，冬天取暖温度过高（如25℃以上）会使人感到精神不振，头昏脑涨，全身不适。

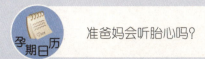
要做好胎心监护

胎心是胎儿存活的重要证据，也是胎儿安危状态的最好反映，尤其产前要注意胎心是否正常。

听胎心即听胎儿心脏跳动的声音，是产前检查的重要内容之一。胎心与胎动一样，是胎儿存活的客观标志，产前检查听胎心，可了解胎儿在宫内的安危情况。

😊 正常的胎心音

在孕28周后应每日听1次，每次1分钟，以便监测胎儿的健康状况。准妈妈及其准爸爸在

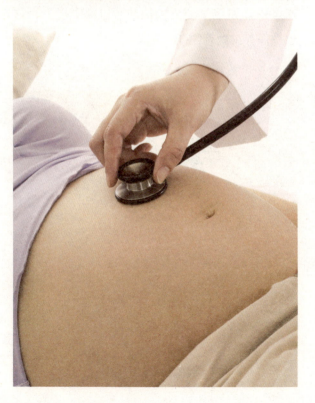

家中能够测听胎心音，没有听筒也可由准爸爸将耳朵贴在准妈妈的腹壁上数胎心音，听胎心音要注意跟准妈妈的心跳声和肠鸣声等区分。

正常胎心音犹如手表的滴答声，具有一定的规律，一般情况下，在怀孕20周时便可测听到胎心音了，正常的胎心率比较快且强而有力，每分钟120~160次。

😊 自测胎心音

听胎心音时，妻子取仰卧位，两腿伸直，丈夫可以直接用耳朵贴在准妈妈腹壁上听胎心音，或者用专听胎心音的木听筒听胎心音，其声响是滴答、滴答的跳动，一般每分钟为120~160次。过快、过慢或不规则，均属异常现象。超过160次应当警惕胎儿缺氧；低于120次更危险，因为如果胎儿缺氧，先是心跳加快，后慢慢变慢。

😊 胎心音的位置

怀孕20~24周就可听到胎心音。24周前听胎心音的位置在脐与耻骨联合之间，24周以后胎心随胎位而不同。怀孕24周后胎位正常时，听胎心音的正确位置是脐下正中部，或脐部的左右两旁。

维生素C能减少出血，有助创口愈合。

准妈妈别忘了补充维生素C

为了胎儿发育和母体健康，准妈妈需要增加维生素C的摄入量，准妈妈每日膳食中维生素C供给量应为80毫克。

维生素C有利分娩和健康

准妈妈服用维生素C有利于保持白细胞中储存的营养，从而有利于防止羊膜早破。

维生素C可促进创口愈合，无论是正常产或做会阴切开或剖宫产，胎儿娩出后子宫内的创面，都需要有足够的维生素C促进愈合。

维生素C还有增强机体免疫力、抗感染的功能。如果在准妈妈的饮食中加强维生素C的补给，能够防止白细胞中的维生素C含量下降。所以，准妈妈补充维生素C对分娩也很有利。

注意补充维生素C

在怀孕期间，由于胎儿发育占用了不少营养，所以准妈妈体内的维生素C及血浆中的很多营养物质都会下降；并且水溶性维生素C在人体内存留的时间不长，未被吸收的维生素C会很快被排出体外。所以准妈妈要注意补充维生素C。

富含维生素C的食物

准妈妈不仅要在医生指导下，服用维生素C药丸，同时还应当多吃一些含丰富维生素C的水果和蔬菜。

含维生素C丰富的食物有油菜、白菜、菠菜、茄子、青蒜、雪里蕻、辣椒、花菜等，水果中的鲜枣、山楂、橘子、橙子、柠檬、猕猴桃等。

维生素C在高温下易被破坏，所以一般瓶装橘子汁中维生素含量并不高；生吃西红柿、小胡萝卜、水萝卜等比西瓜、苹果、梨的维生素C含量还高；柿子椒、小白菜等含维生素C较高，烹调中如果用热油急火快炒可以减少损失，这也是保存维生素C的好方法。

孕晚期要警惕异常情况

到了妊娠晚期，因接近分娩，会出现很多新的情况，准妈妈应有所准备，并恰当处理。

🙂 见红

阴道流出血性黏液，称为"见红"或"血先露"。这是由于子宫颈发生变化，子宫颈内口附近的胎膜与子宫壁分离，毛细血管破裂而出血的结果。此为分娩先兆，通常分娩将在24～48小时发动。准妈妈应注意保持外阴部清洁，及早到医院检查处理，确认是否分娩先兆。

🙂 宫缩

出现规律性、阵发性的子宫收缩，至少10分钟1次，每次持续30秒钟。此时不论是否临近预产期，都有分娩的可能。

🙂 胎膜早破

阴道突然有大量液体流出，似尿液，持续不断，时多时少，这可能是胎膜早破。胎膜破裂后，上行感染机会增多，脐带脱垂危险增大。准妈妈这时应平卧，用担架或救护车及时送入医院。为防止感染，局部应使用消毒会阴垫。

🙂 胎盘异常

胎盘位置异常，会引发头痛、眼花、血压突然升高；阴道流血，无腹痛。准妈妈如果伴有腹痛，可能是胎盘早期剥离，须立即入院就医。

🙂 胎心律过快或过慢

每分钟160次以上或120次以下，不规则或胎心减弱，说明胎儿有危急情况，立即入医院处理。

🙂 胎动次数逐渐减少

通常胎动不可少于12次/12小时。如果胎动次数减少，或12小时未感觉到胎动，这是胎儿宫内缺氧的表现，准妈妈应立即入院处理。

 做好准爸爸

在孕期，丈夫应提醒妻子注意劳逸结合，适当做些家务和必要活动，但切不可偏激而过度保护，否则弊多于利。

脐带绕颈怎么办

脐带绕颈后，只要不过分拉扯脐带，就不会影响脐带的血流，绝大多数胎儿不表现任何异常，所以脐带绕颈不必惊慌。

😊 脐带绕颈的原因

一般认为脐带绕颈的原因是脐带较长和胎动过频。胎儿在妈妈的子宫内活动、游戏，动动胳膊、伸伸腿，或者转个圈，这时就可能会发生脐带缠绕。

胎儿被脐带绕颈是怀孕时常见的一种现象，在产前很少会造成胎死腹中或神经系统损伤的情形，只要胎儿的活动正常，并不需要特别紧张。但当脐带缠绕过紧时可影响脐带血流，出现胎心率改变，严重者可导致胎儿宫内窘迫，甚至胎儿死亡。

😊 脐带绕颈要注意

如果在妊娠晚期发现胎儿有脐带绕颈现象，准妈妈应当关注胎动，发现胎动过多或过少时，应及时去医院检查；脐带绕颈伴有羊水过多或过少、胎位不正的要做好产前检查；通过胎心监测和超声检查等间接方法，判断脐带的情况；减少活动，保持睡眠左侧位。

😊 脐带绕颈对分娩的影响

（1）引起胎先露下降受阻。由于脐带缠绕使脐带相对变短，影响胎先露部入盆，并可使产程延长或停滞。

（2）引起胎儿宫内缺氧。当脐带缠绕周数过多、过紧时或宫缩时，脐带受到牵拉，可使胎儿血循环受阻，导致胎儿宫内缺氧。

😊 自然分娩最好

生产方式以自然分娩为好，除非遇到胎儿心搏监测出现窘迫现象而无法矫正时，才会采取剖宫生产的方法。没有人会单纯因脐带绕颈而直接剖宫产，只要医生能随时处理，宝宝的健康一般不会受到影响。如果胎儿被脐带绕颈3周以上，则建议进行剖宫分娩。

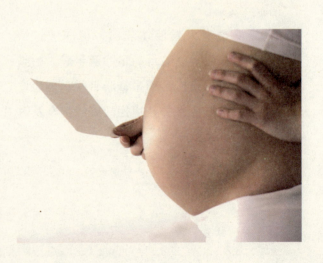

名画欣赏——《清明上河图》

这是一幅充分体现民风、民俗的图画长卷，蕴涵了丰富的生活内容。

作者是北宋画家张择端，这是他仅存于世的一幅精品，作品以长卷形式，采用散点透视的构图法，生动地记录了中国12世纪城市生活的面貌。那栩栩如生的人物、市集、茅舍、草桥、流水、老树、扁舟，描述了最普通、最简单的人类活动，体现出的是生活的温馨。

准妈妈分娩前要检查骨盆。

准妈妈要做骨盆测量

每个准妈妈在确定妊娠后，就应该定期做好产前检查，事先测量好骨盆的数值，做到心中有数，如果骨盆过小，就要事先做好手术分娩的思想准备。

分娩前要检查骨盆

分娩前要检查骨盆，因为胎儿从母体娩出时，必须通过骨盆。除了由子宫、子宫颈、阴道和外阴构成的软产道外，骨盆是产道的最重要的组成部分。分娩的快慢和顺利与否，都和骨盆的大小与形态是否异常有密切的关系。

胎儿能不能通过骨盆而顺利地分娩，既与骨盆的大小、形态有关，也和胎儿的大小有关。如果骨盆大小正常，而胎儿过大，胎儿与骨盆不相称时，也会发生难产。

骨盆小的准妈妈要注意

骨盆不够大的准妈妈，怀孕期间要合理摄取营养，注意不要过食，避免胎儿长得太大；

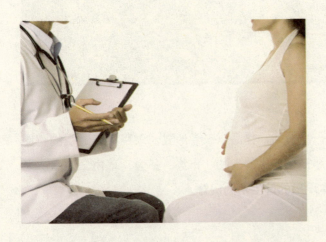

适当进行体操锻炼，以改善体质，适应分娩时的需求，并可以促使骨盆关节松弛，使骨盆的容积增加，有利于胎儿娩出；发现胎位异常，需在医生指导下进行矫正，直至临产前转为正常胎位；孕期注意认真接受分娩健康教育，了解分娩过程；选择一个自己接受的分娩方式，以充分放松内心，能积极与医生配合，以便顺利分娩。

骨盆狭窄

如果准妈妈有骨盆结构上的异常，如小儿麻痹病患、有过骨盆骨折病史、身材过于娇小，甚至是侏儒症患者，由于骨盆的出口预期无法让胎儿顺利通过，这时应以剖宫生产为宜。

骨盆疼痛

有些准妈妈在怀孕后期，骨盆前方（耻骨联合）与后方（骶尾骨部位）会出现疼痛，有撕裂样感觉，行走、坐或卧床转身时疼痛加重，甚至行动困难。这是由于怀孕后期，卵巢黄体及胎盘分泌的"松弛素"的作用。这种变化有利于胎儿的娩出，但同时也使准妈妈感到骨盆疼痛。

练习拉梅兹呼吸法

一般情况下，建议准妈妈从怀孕7个月开始进行拉梅兹呼吸法的训练。

😊 拉梅兹呼吸法

拉梅兹呼吸法主要通过对神经肌肉控制、产前体操及呼吸技巧训练的学习过程，有效地让产妇在分娩时将注意力集中在对自己的呼吸控制上，从而转移疼痛，适度放松肌肉，能够充满信心地在分娩过程发生产痛时保持镇定，以达到缩短产程并让胎儿顺利出生的目的。

要想在分娩时更好地运用拉梅兹呼吸法，平时应当认真努力练习，这样才能在分娩时熟练应用。不要等到临盆前才匆匆忙忙去上课。这样的话，一旦上了产床，会因方法运用不够熟练使效果大打折扣。

😊 具体方法

吸气时身体紧张，呼气时身体放松。吸气时用鼻子，呼气时用嘴巴（在所有呼吸方法中都如此）。

具体步骤：

（1）闭眼，吸气，同时收紧头皮，然后呼气，同时放松头皮；

（2）吸气，同时皱眉，然后呼气，同时舒展眉头；

（3）吸气，同时耸肩，然后呼气，同时放松肩膀；

（4）吸气，同时握拳，然后呼气，同时放松手掌；

（5）吸气，同时提肛，然后呼气，同时放松肛门；

（6）吸气，同时绷紧脚跟（也可以绷紧脚尖），然后呼气，同时放松脚掌。

拉梅兹呼吸法最好每天都要进行练习。

采用拉梅兹呼吸法时，最重要的是需要准妈妈充分了解分娩过程中自身的身体变化及胎儿的状态，这样才能使拉梅兹呼吸法发挥最大作用。

准妈妈最好及早参加医院提供的准妈妈学校的学习，早日认识生育过程和相关知识，尤其是及时学习拉梅兹呼吸法，并能够熟练掌握，以便在分娩中合理利用。准爸爸如果能陪准妈妈一起练习拉梅兹呼吸法的话，效果将会更好。

音乐欣赏——《月光奏鸣曲》

这个曲子就像月光一样，洒在我们的身上，是那么的皎洁，缓缓流淌。

准妈妈一边听，一边用心感受这轻轻划过心底的音符。

第一乐章，情感的表现极其丰富，有冥想的柔情。

第二乐章，比较短小，节奏轻快，好像是瞬间留下的温存的微笑。

第三乐章，感情起伏不平，内心的激动表现得更为强烈。在尾声中，沸腾的热情达到顶点时，突然沉寂下来，但汹涌澎湃的心情并没有就此平静。

准妈妈要克服孕晚期的焦虑

调查显示，有98%的准妈妈在妊娠晚期会产生焦虑心理，准妈妈要善于调节自己，家人也要多关心准妈妈。

孕晚期子宫已经极度胀大，各器官、系统的负担也接近高峰，加之由于临近预产期，准妈妈对分娩的恐惧、焦虑或不安会加重，极容易导致情绪不稳定、精神压抑等心理问题。

😊 克服分娩恐惧

最好的办法是，准妈妈应和丈夫一起学习有关医学知识，了解分娩全过程以及可能出现的情况，了解分娩时怎样配合，进行分娩前有关训练。这对减轻准妈妈的心理压力，解除心理负担大有帮助。

😊 做好分娩准备

积极去做孕晚期检查，特别是临近预产期时，丈夫应留在家中，使准妈妈心中有所依托。要让准妈妈感到家人及医生为自己做了大量的工作，并对意外情况也有所考虑，就会心中有底了。对分娩隐约产生恐惧时，去学习一些分娩知识，并和家人一起为未出世的宝宝准备一些必需品。这样，会使准妈妈心情好转，对分娩从恐惧逐渐变为急切的盼望。

😊 转移注意力

根据兴趣做一些转移注意力的事，如编织一件小毛衣、让丈夫帮助布置居室、和丈夫一起去钓鱼、听优美的轻音乐；或漫步于环境优美的大自然中看夺目的彩霞、如洗的晴空、郁郁葱葱的树木以及五彩绚丽的花朵。这些方法都可稳定准妈妈的情绪。

😊 经常去散步

这时，最适宜的运动莫过于散步。散步有利于血液循环和神经调节，可安定准妈妈的神经，放松紧张与焦虑的心态，振奋精神。

😊 增强做母亲的感觉

准妈妈可常把准爸爸的手放到自己的腹部，同他分享幸福；或与别的准妈妈交谈，翻阅书籍；或为胎儿出生做准备。

准妈妈不妨了解一下各种分娩方式。

分娩方式有几种

分娩方式有自然分娩、无痛分娩、人工辅助分娩以及剖宫分娩等几种方式，准妈妈在妊娠后期了解相关知识，可以使分娩过程更加顺利。

总的来说，分娩方式有两种：经阴道分娩和剖宫分娩。阴道分娩中包括自然分娩和仪器助产分娩。仪器助产分娩又分为产钳助产术、胎头吸引术两种。

自然分娩

也叫顺产，是指靠准妈妈子宫阵发的有力节律收缩将胎儿由阴道推出体外的分娩方式。一般提倡和鼓励准妈妈自然分娩，准妈妈可以参看第221天的介绍。

产钳助产术

采用产钳助产术时，先在骨盆底区注射局部麻醉药，然后做外阴切开术，在产钳帮助下娩出胎儿。正确使用产钳助产，母体创伤较少，对胎儿也无害。

胎头吸引术

医生通过吸引器牵拉胎头，帮助胎儿娩出。由于负压的作用，婴儿娩出后头部常有血肿。血肿一般不需要特殊处理，经数周后会完全吸收。但应防止对血肿揉擦，以免造成血肿的扩大，表皮若有破损，应给予局部处理，防止感染。

会阴切开术

在分娩时为避免阴道或肛门严重损伤，可能会实施会阴切开术，有利于胎头的娩出。如果需要行产钳助产术和胎头吸引术，则必须行会阴切开术。会阴切开术后要注意护理。

剖宫产

就是剖开腹壁及子宫，取出胎儿。剖宫产有严格的适应症，准妈妈及家人不能随便选择剖宫产。具体的适应症参看第221天的介绍。

水中分娩

就是准妈妈坐进盛满温水，水温约30℃，盐水浓度与羊水相同的消毒溶液的浴缸中待产。是我国比较少见的分娩方式。

无痛分娩

通常所说的"无痛分娩"，在医学上其实叫"分娩镇痛"，是用各种方法使分娩时的疼痛减轻，甚至使之消失。应该咨询医生，然后再决定可否进行无痛分娩。

自然分娩好

　　分娩方式常见的有经阴道自然分娩和剖宫分娩。各项指征正常的准妈妈，医生会鼓励自然分娩，有特殊指征的准妈妈才会进行剖宫产。

😊 自然分娩好

　　一个健康的准妈妈，如果骨盆大小正常、胎位正常、胎儿大小适中，准妈妈也无各种不适宜自然分娩的并发症，及无医疗上剖宫产的手术指征，医生会鼓励准妈妈自然分娩。

　　自然分娩，临产时有节律的子宫收缩、舒张，使胎儿的胸腔也发生有节律的舒缩，从而使胎儿的肺得到锻炼，为婴儿出生以后的自动呼吸创造有利条件；胎儿经母亲产道，在挤压作用下可将在子宫内吸进的羊水及黏液挤压出来，能减少新生儿并发症；经阴道自然分娩时，胎儿头部受盆底挤压易激起呼吸而高声啼哭；阴道自然分娩可使产门扩张得很大，有利于准妈妈产后恶露的排泄引流，产后子宫恢复得快；不会出现手术生产时器械损伤新生儿的危险。

😊 哪些准妈妈需要剖宫产

　　剖宫产对母婴健康存在潜在危害，不能将其当做分娩"捷径"，准妈妈不要盲目，应遵循适应症选择剖宫产。

　　准妈妈骨盆狭小或畸形；子宫、宫颈、阴道肿瘤；宫缩乏力，经过处理无效者；胎位不正；前置胎盘、胎盘早剥；先兆子宫破裂；巨大胎儿；高龄初产准妈妈，年龄在35岁以上者；重度妊高征或有其他严重并发症，如心脏病等；胎儿宫内缺氧等。

😊 剖宫产危险多

　　对母体的精神上和肉体上都是个创伤；手术时麻醉意外虽然极少发生，但有可能发生；手术时可能发生大出血及副损伤，损伤腹内其他器官，术后也可能发生泌尿、心血管、呼吸等系统的并发症；术后有可能发生子宫切口愈合不良、产后流血、子宫内膜异位症等；术后子宫及全身的恢复都比自然分娩慢；影响再次妊娠和分娩；剖宫产的新生儿有可能发生呼吸窘迫综合征。

孕晚期要注意补钙

孕中期，准妈妈每天需补充1000毫克钙，孕晚期需增加至1200毫克。

☺ 孕晚期要加大补钙

胎儿20颗乳牙和第一颗恒牙均在孕8个月时钙化，并且胎儿体内的钙一半以上是在怀孕的最后两个月储存的，因此孕晚期钙的摄入对胎儿骨骼和牙齿的发育十分重要。我国营养学会建议孕晚期每日钙摄入量为1200毫克。

但是补钙也要适量，摄入过量的钙可能产生不良反应，增加患肾结石的危险性，还会造成胎儿娩出困难。

☺ 怎么补钙

最好采用食补，食物中钙的最丰富来源是牛奶和奶制品，不仅含量丰富，而且吸收率高，发酵的酸奶更有利于钙的吸收，是准妈妈最理想的钙源；虾皮、鱼类含钙丰富，在烹调鱼时应加些醋，使鱼骨变酥，可连骨一起食用，虾皮含钙量也很高，经常食用有利健康；豆制品和芝麻酱也是必不可少的补钙食品；蔬菜含钙量虽较多，但吸收较差。

补钙的同时要有适量的维生素D，以利钙的吸收利用。

☺ 钙片如何选择

符合膳食营养素参考摄取量最好，钙片中钙的含量是根据与钙结合化合物的重量而定，如碳酸钙约含40％的钙、葡萄糖酸钙约含9％的钙；市售钙片分为天然钙片与合成钙片，准妈妈可根据需要综合选择；一些由骨粉、牡蛎壳等所构成的天然钙片补充剂，如果来源不良，有重金属污染的可能，要避免服用。

怀孕40周时，胎儿体内的钙已增至30克左右，大约只有母体所需量的2.5％，只要准妈妈多注意一下饮食，就可以既满足胎儿的需求，又能满足自身需求。

准爸爸也要学点分娩知识

准爸爸学习分娩知识，可以帮助准妈妈应付分娩前的各种问题和突发事件，有利于消除准妈妈的紧张情绪。

在妊娠晚期，准妈妈的身心负担加重，不仅由于胎儿的发育而导致生理负担加重，而且由于日益迫近的分娩更是心情紧张，此期准妈妈更需要准爸爸的关心。这时由于情绪上的多变和心理上的紧张、焦虑，准妈妈通常一个人无法安心看书、学习孕产知识。准爸爸就要多学一点孕产知识，既能帮助准妈妈解决遇到的问题，也能对突发事件有个提前准备。除此之外，准爸爸要更加关心准妈妈，担负起准爸爸的责任。

（1）理解妻子此时的心理状态，解除妻子的思想压力；对妻子的烦躁不安和过分挑剔应加以宽容、谅解；坦率陈述自己对孩子性别的态度，表明生男生女都是一样喜爱的思想。

（2）帮助妻子消除对分娩的恐惧心理；和妻子在一起学习有关分娩的知识，帮助妻子练习分娩的辅助动作和呼吸技巧。

（3）为妻子分娩做好经济上、物质上、环境上的准备，也为迎接新生命的来到做好准备；留出足够的时间，和妻子一起学习哺育、抚养婴儿的知识；检查宝宝出生后的用品是否准备齐全，不够的要主动补齐。

（4）保证妻子的营养和休息，为分娩积蓄能量；准爸爸要主动承担家务，并注意保护妻子的安全，避免妻子遭受伤害；准爸爸还要帮助妻子做好胎教工作，做好家庭自我监护，以防妻子早产。

做好准爸爸

发怒是由强烈的刺激引起的一种紧张情绪。丈夫要尽量避免让妻子受到这种强烈刺激，多创造缓解准妈妈紧张情绪的外环境，引导妻子学会自我放松和自我平衡。同时，丈夫要多开动脑筋，丰富妻子的业余生活，提高妻子的处世能力。

讲故事——望梅止渴

望梅止渴，原意是梅子酸，人想吃梅子就会流涎，因而止渴。后比喻愿望无法实现，用空想安慰自己。

东汉末年的一个夏天，曹操率领大军去讨伐张绣。

这天，骄阳似火，军队在一个大荒原里行走，士兵们一个个累得满脸通红，浑身流汗，嗓子眼里像要冒火似的。可是，提前准备的水，早已喝光了。曹操看行军的速度越来越慢，担心贻误战机，心里很是着急。

可是，眼下几万人马连水都喝不上，又怎么能加快行军速度、击败敌人呢？他急忙叫来向导，询问他："这附近可有水源？"向导摇摇头说："泉水在荒原的另一边，要绕道过去，还有很远的路程。"

曹操心里十分焦急，他想：一定得想个办法走出这里才行！忽然，他望见前面远远的地方，有一片郁郁葱葱的梅林，心里有了主意。

曹操高兴地对士兵们说："有水啦！有水啦！"士兵们一听，就争先恐后地问："在哪儿？在哪儿？"曹操指着前面的树林说："你们看，前面那片梅林，结的梅子又多又大又酸，不是比水还强吗！"说完，还咽了一下口水，好像酸梅已经吃到了嘴里似的。士兵们一听说有酸梅，不觉都从舌根底下流出口水来。嘴里有了口水，立刻就觉得不怎么渴了。行军的步伐也加快了许多。不久，他们终于走出荒原，找到了水源。

第9个月
DI-JIU GE YUE

宝宝已经
发育完全了

胎儿喜欢色彩鲜艳的卡片。

给胎儿"看"一些鲜艳的卡片

准妈妈要拿着卡片，讲给胎儿听，告诉他卡片的内容、颜色等。

各种图片和照片是教宝宝认识事物比较好的工具，图片的内容更加广泛，可以让胎儿认识更多的事物。

准妈妈要选择那些形象逼真、准确、色彩鲜艳、图画单一清晰的识图卡片或书教胎儿学习。

准妈妈在教胎儿认识卡片时要加入想象和描述，帮助胎儿学习，比如，教宝宝认识"人"。一边正确发音，一边用手指临摹字形，并将注意力集中在字的色彩上加深印象。重要的是准妈妈要保持平静的心情和集中注意力，在学习前，就要把呼吸调整得均匀而平静，然后闭上眼，用头脑把"人"的形状反复描绘出来。

专家指导

准妈妈出现鼻塞时，未经医生的许可，千万不要自作主张到药房购买抗过敏药自行服用，也不要随便使用鼻塞喷剂，这些药物很可能会对胎儿的健康造成危害。准妈妈可以使用脸部蒸汽机，利用热蒸汽的原理来舒缓鼻腔的充血、堵塞；到药房购买鼻子专用的清洗器，利用生理盐水清洗鼻子，借以消炎消肿，以达到疏通鼻子的目的；如果流鼻血的话，多半量很少，而且在使用湿卫生纸塞住鼻子之后，一般在几分钟之内就可以控制住。

出现早产征兆怎么办

早产的征兆一般是出现较强烈宫缩，下腹胀痛，有下坠感，甚至有出血症状。

😊 早产的征兆

早产常有胎膜早破、羊水外流、阵阵腹痛、阴道少量流血等主要征象。

😊 分清宫缩

如果宫缩每5～10分钟内就有一次，每次持续30秒以上，同时伴有阴道血性分泌物排出，并在观察过程中子宫颈口有进行性的扩张，并且宫口已开至2厘米以上者，应属于临产；如果子宫有规律性收缩，子宫颈口扩张至4厘米以上，或胎膜已破裂，则是早产。

😊 早产怎么办

容易发生早产的准妈妈应该尝试学习以手去感觉下腹部子宫的收缩，如果每小时子宫收缩超过4～5次，表示子宫收缩的次数增加，子宫变得不稳定，有发生早产的可能性，需要卧床休息或进一步处理。若卧床休息无法改善，应尽速与医护人员联络或到医院就诊。

除了子宫收缩频率增加之外，如果准妈妈感觉下腹胀痛，有下坠感，出现胀痛或痉挛腰酸；或者阴道分泌物增加，甚至出血的症状时，也要怀疑早产的可能性，应立即就医。

专家指导

孕晚期准妈妈每天的食物摄入量：米、面400～500克，豆类及豆制品50～100克，蛋类50～100克，牛奶500克，畜、禽、鱼肉类150～200克，动物肝脏50克（每周1～2次），蔬菜（绿叶蔬菜）500～700克，水果200克。

准爸爸和准妈妈要做好心理调试

在迎接宝宝出生之前，准爸爸和准妈妈要做好心理调试。

（1）在喜悦的同时要更多地想到艰辛。宝宝一出世，会直接影响这个刚刚组建不久的小家庭的全部节奏。在头三年，父母必须花费许多时间和精力来照顾他的吃、喝、拉、撒、玩，甚至生病。

（2）树立起自己能教育好宝宝的信心。其实，年轻父母只要肯学习，阅读育儿的书刊，参加家长学校，接受科学育儿指导，并乐于实践、善于总结，是一定能够教育好宝宝的。

（3）认真思考应该怎样爱宝宝。必须记住，要克制自己过分的感情，绝不答应不合理的要求。有了这样的心理准备是大有好处的。

（4）在得到一个身体不太健壮，或长得不太标致，或与自己期望的性别不一致的宝宝时要冷静，要有思想准备去善待他们，因为他们同样是你们两人的结晶，他们更需要爱。无数事例证明，只要教育观念正确，养育得法，这些"不合期望"的宝宝同样可以成才，同样会成为你们喜爱的宝宝。绝对不能有歧视他们，甚至虐待他们的心理和做法。

专家指导

耻骨联合分离所造成的骨盆腔不舒服是妊娠末期相当大一部分准妈妈都在忍受的痛苦，是正常的生理现象，以下几种方法可以在某种程度上减轻不适：睡觉时放置枕头于两腿间；在床上移动脚和臀部时，尽量平行、缓慢地行动；游泳有助于减轻关节的压力；站立时两腿要对称性地站着；避免跨坐；尽量坐着穿衣；放置冰袋于耻骨区；使用骨盆腹带；坐着时背后放置腰枕；接受下背按摩；避免提重物。

准妈妈练字能够静心。

准妈妈可以练练字

虽然胎儿还不识字，但是准妈妈练习书法，可以陶冶胎儿的情操。

汉字有其本身的艺术造型，通过点画线条的强弱、浓淡、粗细等丰富变化，以书写的内容和思想感情的起伏变化，以字形、字距和行间的分布，构成优美的章法布局，有的似玉龙琢雕，有的似奇峰突起，有的俊秀俏丽，有的气势豪放，这些都可使书写文字带上强烈的艺术色彩。

中国书法是一门古老的艺术，从甲骨文、金文演变而为大篆、小篆、隶书，至定型于东汉、魏、晋的草书、楷书、行书诸体，书法一直散发着艺术的魅力。

学习书法，对文学、哲学、美学、天文、地理、历史等知识都将有所触及。不管是准妈妈练字还是欣赏书法，都能让心静下来，在文字艺术中，对胎儿产生潜移默化的影响。

专家指导

孕晚期，准妈妈如果仰卧时间太久，就会出现突然性的出汗和发冷，引起心跳加剧，气喘厉害，甚至呼吸困难，造成神志不清，这就是仰卧位低血压综合征。

一旦仰卧位低血压综合征发生，应立即侧卧，或侧卧后缓缓平坐，以减轻子宫压迫心脏和下腔静脉，恢复大脑血液供应。如果发病严重而且频繁发病，可以服用阿托品预防。使用剂量应根据血压降低的程度决定，遵照医生的意见。如果在产前确诊为本病，一定要到医院分娩，以免发生危险，即使症状减轻，也不可麻痹大意。

准妈妈认识了分娩，就不会担心了

准妈妈应该认识到，分娩是自然的生理过程，不是疾病，住院分娩后即可平安出院，并做好分娩前的准备。

分娩，是指胎儿脱离母体作为独自存在的个体的这段时期和过程。分娩的全过程共分为3个产程。第一产程，即宫口扩张期；第二产程，即胎儿娩出期；第三产程，胎盘娩出期，指胎儿娩出到胎盘排出的过程。

😊 临产的征兆

怀孕足月的准妈妈要随时注意临产的先兆，如出现其中之一，应及时到检查医院等待分娩。

宫缩：子宫出现不规则收缩，准妈妈会感到肚子隔一定时间就紧一次，而且越来越勤，这是开始临产的一个重要现象。

见红：子宫开始有规则收缩前后，阴道会流出一些混有血的黏液，这就是见红，医学上叫做产兆。

破水：绝大多数准妈妈是在子宫口开全前后破水，少数准妈妈可在开始临产前破水，孕足月时阴道若是流出羊水，表示已经破膜，要开始临产了。

子宫底降低：在正式分娩前两周左右，准妈妈会出现子宫底下降、腹部向前下部凸出现象，此时胎动较前减少，对初准妈妈来说，预示胎头已入盆固定；对生育过的准妈妈来说，预示着胎头已经入盆或接近入盆。

😊 分娩疼痛

由子宫收缩引起的疼痛，将会贯穿整个分娩过程，分娩疼痛是生理性疼痛，一般人都可以忍受。要对分娩的疼痛有充分的思想准备，否则在分娩过程中大喊大叫，会延长产程，对产妇和胎儿都不利。

在分娩期间可以采用一些方法减轻分娩疼痛，如宫缩间歇期间保持活动；宫缩期间采取舒服的姿势休息；尽可能保持直立；尽量不去想宫缩，把注意力集中到自己的呼吸上；两次宫缩的间隙要放松，以节省体能到需要时使用；借助呻吟、叹息等来减轻疼痛；要经常排空小便，以使膀胱不致因胀满而占据应属于胎儿的空间。

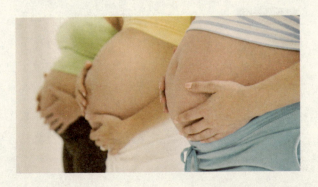

孕晚期，准妈妈要怎么吃

妊娠后期的饮食原则是食物品种多样，营养更为丰富。

😊 应以蛋白质和糖类为主

这个时期除摄入主食米、面和含蛋白质丰富的奶类、蛋、肉、鱼类等食物外，还要注意多摄入动物肝脏、猪血、海产品、骨头汤、豆制品、新鲜蔬菜、胡萝卜、水果等含钙、铁、磷等微量元素及维生素丰富的食物。在妊娠的最后两个月，胎儿对铁质的需求量相对较多。在此时若准妈妈进食较少，则易出现贫血现象。

😊 每天食物的摄入量

每天吃的各类食物的量可以根据各种食物的营养素含量来计算，当然这也要根据准妈妈的具体情况，因人而异。

粮食：大米、面粉、小米、玉米面、杂粮等370~420克；

动物类食品：禽类（鸡、鸭等）、肉、鱼虾等150克；

蛋类：鸡蛋、鸭蛋、松花蛋、鹌鹑蛋、鹅蛋50克；

烹调用油：豆油、花生油、香油等20克；

牛奶：500克；

豆制品：60克；

蔬菜：500克；

水果：100克。

😊 注意饮食方式

妊娠晚期由于子宫更大，升至上腹，并向上顶压迫胃和膈肌，一次不能饱餐，进餐次数每日可增至5餐以上，每次以少量为原则，以免胃部胀满、横膈上升、使心脏移位。应选择体积小、营养价值高的食物，如动物性食品等；减少营养价值低而体积大的食物，如土豆、红薯等。对于一些含能量高的食物，如白糖、蜂蜜等甜食，宜少吃或不吃，以防降低食欲，影响其他营养素的摄入量。有水肿的准妈妈，食盐量每日应限制在5克以下。同时，还应避免辛辣等刺激性强的食物。

带胎儿一起认识大自然吧。

带胎儿去公园

胎儿也要接触一下大自然，认识一下花、草、虫、鱼。

现在胎儿的小世界越来精彩了，他的各个器官都发育成熟了，各种感官也发育成熟了，可以带他到公园，既让他接触一下大自然，又能发展他的各种感官能力的发展。

让胎儿闻一闻花香，刺激他的嗅觉发育。准妈妈散步的时候，供给胎儿的氧气量要比坐着时高出2~3倍，散步还能让准妈妈的心情变得愉悦和放松。

让胎儿听听鸟叫，鸟的叫声对胎儿来说很新奇，会让他增加一种听的感受。

在散步的同时，最好有准爸爸或家人陪同，一路走可以和胎儿聊聊鲜花的味道、颜色、叶子的形状，也可以把这些变成相应的胎教故事讲给胎儿听。

胎儿已经能感知冷和热了，在带胎儿散步，感受大自然的美好的时候，念一些关于四季的童谣给他听，让他对四季有个初步的印象。

 胎教小贴士

四季童谣

春天，
仿佛是个温柔的小姐姐，
静静地走来，
带走了结冰的小河，
带来了美丽的花朵，
带走了厚厚的棉袄，
带来了和暖的微风。
夏天，
仿佛是个欢快的小弟弟，
快乐地跑来，

带走了人们的毛衣，
带来了深绿的树叶，
带走了清爽的微风，
带来了火辣的太阳。

秋天，
仿佛是一位和蔼的母亲，
缓缓地走来，
带走了火辣的太阳，
带来了湛蓝的天空，
带走了娇艳的鲜花，

带来了丰收的喜悦。

冬天，
仿佛一位严肃的叔叔，
渐渐地走来，
带走了火红的枫叶，
带来了满天的雪花，
带走了耕种的辛苦，
带来了新春的祝福。

给准妈妈带来好心情的食物

准妈妈适当吃一些大豆、香蕉、菠菜、南瓜等食物，能使心情变好。

不好的情绪和心理无论对准妈妈还是胎儿都会产生不良的影响，所以准妈妈要学会自我调节与放松。以下食物可以帮助准妈妈赶走坏情绪：

豆类食品

大豆中富含有人脑所需的优质蛋白和8种必需氨基酸，这些物质都有助于增强脑血管的机能。身体运行畅通了，准妈妈心情自然就舒畅了。

香蕉

香蕉可向大脑提供重要的物质酪氨酸，使人精力充沛、注意力集中，并能提高人的创造能力。此外，香蕉中还含有可使神经"坚强"的色氨酸，还能形成一种叫做"满足激素"的血清素，它能使人感受到幸福、开朗，预防抑郁症的发生。

菠菜

菠菜除含有大量铁质外，更有人体所需的叶酸。

南瓜

南瓜富含维生素B_6和铁，这两种营养素能帮助身体所储存的血糖转变成葡萄糖，葡萄糖正是脑部唯一的燃料。

樱桃

长期面对电脑的准妈妈会有头痛、肌肉酸痛等毛病，可吃樱桃改善状况。

专家指导　　准妈妈吃豆制品要适量，如果食用过多，人体正常铁元素的吸收功能会受到抑制，从而导致准妈妈出现不同程度的疲倦、嗜睡、贫血、身体无力等症状。豆制品含有丰富的蛋氨酸，准妈妈如果长期吃过多豆制品，蛋氨酸在酶的作用下，可转变为同型半胱氨酸，从而损伤动脉管壁内皮细胞，促使胆固醇和甘油三酯沉积于动脉壁中，极易造成动脉硬化。

准妈妈跟胎儿玩一玩脑筋急转弯吧。

准妈妈玩玩脑筋急转弯

准妈妈脑筋急转弯可以让大脑得到锻炼，活跃气氛，同时促进胎儿的大脑发育。

什么车子寸步难行？

——答案：风车

早晨醒来，每个人都要做的第一件事是什么？

——答案：睁开眼睛

太平洋的中间是什么？

——答案：是平字

用什么可以解开所有的谜？

——答案：答案

做什么事要从头来。

——答案：剃头

什么东西掉进水里不会湿？

——答案：影子

什么东西越剪越大？

——答案：洞

一双鞋卖16元，一只鞋卖多少钱？

——答案：不卖

张飞的母亲姓什么？

——答案：姓吴（解：无事生非）

什么时候时钟会响13下？

——答案：坏的时候

什么花不能摸？

——答案：火花

孕期日历　数独可以锻炼头脑，对准妈妈和胎儿都好。

玩玩数独小游戏

虽然玩法简单，但数字排列方式却千变万化，是训练头脑的好方法。

😊 简单数独

2		1	6	3	4
	4	6	2	5	
1	2	5		6	3
4	6	3	5		2
	1	4		2	6
6	3	2	1		5

😊 中级数独

3	1	2		9	5		7	6
5		9	1		7		8	2
4		7	2	6	3	5		
9			7			2	4	
	2	8		1			9	3
	3		9	8	2		5	7
	4	5	6				3	1
1	7		3	5	8	9		4
8		3	4	2		7		5

3				2		4	1	
4		1	9				2	6
		4			9			
	3				5	1	8	
	5	9			2	6		
2	1	4				9		
	7			8				
1	8			9	4		7	
9	6		7			1		

练习拉梅兹呼吸法和分娩的配合

分娩过程中使用拉梅兹呼吸法，可以减轻分娩的疼痛，分娩前就要进行练习。

😊 分娩第一产程第二阶段（子宫颈扩张至3~8厘米）

此时还是使用腹部深呼吸法，但是要随着宫缩的力度和节奏使用不同的呼吸频率，而且注意每次吸入和呼出的量要一致。具体呼吸的节奏要根据宫缩的情况自行调节。宫缩的同时还可以用双手在腹部由内向外轻轻按摩，按摩的节奏也要与呼吸的节奏一致。该呼吸法需要每天练习。

😊 分娩第一产程第三阶段（子宫颈扩张至8~10厘米）

先用腹部深呼吸法吸气呼气3次，第四次吸气时，屏住呼吸，用4~5分力气（不要用全力）像解大便一样往下用力，3~4秒钟后吐气。两次宫缩间仍要做进行式放松。该呼吸法到37周后才开始练习。

😊 分娩第二产程第一阶段（宫口全开至胎头娩出）

宫口全开后，助产士会指导准妈妈用力：两手抓紧产床旁边的扶手像举哑铃一样，两脚掌蹬在产床的脚蹬上使劲往下蹬，同时大口吸气，然后屏住呼吸用全力像解大便一样往下推，直到屏不住时才换气，换气时要快，以免

肌肉完全放松，胎头回缩太多，然后再屏气，用力，换气…… 每次宫缩有3次用力的机会，如果用力得当，可以大大加速胎儿娩出的速度。该呼吸方法不必在产前练习。

😊 分娩第二产程第二阶段（胎头娩出至胎儿完全娩出）

胎头出来后，为了防止胎儿身体娩出过快导致准妈妈会阴的剧烈撕裂，助产士要求准妈妈"不要用力"或"缓慢、减轻用力"，此时准妈妈就可根据指示做哈气运动（如同喘息方式的急速呼吸）或是用4~5分力轻轻往下推。该呼吸方法不必在产前练习。

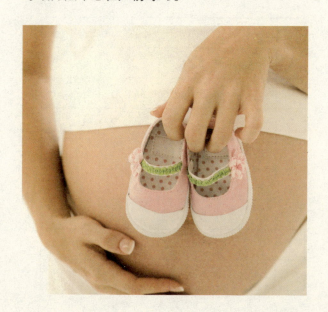

听一些经典动画片的音乐

有些经典动画片甚至是陪伴着准爸爸和准妈妈一起长大的，重温这些音乐，不仅会给准妈妈温暖的感觉，还能让胎儿也快乐无比。

黑猫警长

你好!眼睛瞪得像铜铃

射出闪电般的机灵

耳朵竖得像天线

听着一切可疑的声音

你磨快了尖利的爪到处巡行

你给我们带来了生活安宁

啊哈啊啊哈啊黑猫警长

啊哈啊啊哈啊黑猫警长

森林公民向你致敬，向你致敬

脚步迈得多轻捷

露出侦探家的精明

虎视眈眈察敌情

留下威武矫健的身影

你磨快了尖利的爪到处巡行

你给我们带来了生活安宁

啊哈啊啊哈啊黑猫警长

啊哈啊啊哈啊黑猫警长

森林公民向你致敬，向你致敬

啊哈啊啊哈啊黑猫警长

啊哈啊啊哈啊黑猫警长

森林公民向你致敬，向你致敬，向你致敬

蓝精灵

在那山的那边海的那边

有一群蓝精灵

他们活泼又聪明他们调皮又伶俐

他们自由自在生活在那绿色的大森林

他们善良勇敢相互都关心

哦!可爱的蓝精灵

哦!可爱的蓝精灵

他们齐心合力开动脑筋斗败了格格巫

他们唱歌跳舞快乐多欢心

在那山的那边海的那边

有一群蓝精灵

他们活泼又聪明他们调皮又伶俐

他们自由自在生活在那绿色的大森林

他们善良勇敢相互都关心

哦!可爱的蓝精灵

哦!可爱的蓝精灵

他们齐心合力开动脑筋斗败了格格巫

他们唱歌跳舞快乐多欢心

要警惕胎盘早期剥离

胎盘早剥危害很大，准妈妈要定期产检，做好预防。

😊 影响胎盘早剥的因素

准妈妈患有妊高征、慢性肾病等疾病，都可导致破裂出血；准妈妈腹部受到撞击等外伤，可引起底蜕膜血管的破裂、出血，导致胎盘早剥；胎膜早破，羊水流淌速度过快、过多，宫腔容积突然缩小，引起子宫壁与胎盘之间错位、引起出血；子宫静脉压升高，如有仰卧位综合征。

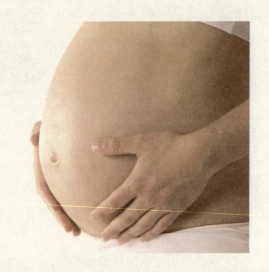

😊 胎盘早剥的预防

（1）定期进行产前检查，做好孕期保健，及时发现和治疗妊高征等妊娠并发症。

（2）妊娠晚期禁忌性生活，避免腹部招致碰撞等外伤，导致胎盘早剥。

（3）妊娠期，特别是妊娠晚期应避免长时间仰卧，采取侧卧位休息。

（4）妊娠中、晚期，出现腹痛和阴道出血时，应及时就诊，有高危因素胎盘早剥者更应及时就诊，千万别贻误就诊时间，以免酿成严重后果。

😊 胎盘早剥的处理

一旦发生胎盘早剥，原则上应争分夺秒地让胎儿产出，切忌拖拖拉拉，延误急救时机。只有在胎儿产出，胎盘跟着排出后，控制准妈妈出血，子宫才能迅速收缩而止血。

专家指导

正常情况胎盘是在第三产程，即胎儿娩出后才从子宫壁剥离而排出的。胎盘附着于子宫壁的位置正常，而在妊娠后期胎儿尚未娩出时，胎盘部分或全部自子宫壁剥离就是胎盘早期剥离。这种症状发生在妊娠后期，对准妈妈和胎儿有很大危险。

胎儿的性格取决于准爸爸和准妈妈

人的性格差异早在胎儿时期就表露出来了，这既和先天神经类型有关，也和怀孕时胎儿所处的内外环境有关。

😊 为胎儿提供良好的内外环境，有利于宝宝良好性格的形成

准妈妈的子宫是胎儿所接触的第一个环境，小生命在这个环境里的感受将直接影响到胎儿日后性格的形成和发展。准妈妈的精神状态、情感、行为、意识可以引起体内激素分泌异常，影响到胎儿的性格形成。如果准妈妈怀孕期间充满和谐、温暖、慈爱的气氛，那么胎儿幼小的心灵将受到同化，可逐步形成热爱生活、果断自信、活泼外向等优良性格的基础。反之，倘若夫妻生活不和谐，不美满，经常吵架、打骂；或者准妈妈不欢迎宝宝，从心理上排斥、厌恶，那么胎儿就会痛苦地体验到周围的这种冷漠、仇视的氛围，随之形成孤寂、自卑、多疑、怯弱、内向等性格。

😊 准妈妈心态要平稳、积极

胎儿接受母亲的影响是自然而然的。特别在胎儿6个月以后，能把感觉转换为情绪，这时胎儿的情感与准妈妈息息相通。因此，准妈妈要时刻注意当好胎儿的老师，塑造胎儿美好的性格。如准妈妈有忧郁心情、缺乏活力，胎儿出生后会长时间啼哭，长大后易感情脆弱、郁闷；如果准妈妈积极、坚强地面对孕期，这种坚强的意志会影响到胎儿，为胎儿出生后自尊自强、勇于和困难做斗争的好性格打下基础。

😊 准爸爸也很重要

准爸爸要有意识地对准妈妈进行精神方面的刺激，逗准妈妈开心，让这种情绪影响胎儿；尽力体贴、关心准妈妈，为胎儿创造一个充满温暖、慈爱、宽松、积极的生活环境，使胎儿拥有一个健康、美好的精神世界，为胎儿的良好性格的形成打下好基础。

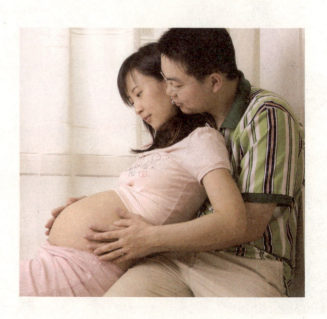

在可能的情况下，准妈妈尽量不要过早请假待产。

准妈妈坚持工作好处多

准妈妈在工作时，易疲劳、心不在焉等，要注意多休息，但是如果身体没有异常，最好坚持工作，不要过早请假待产。

😊 便于交流，保持良好心态

上班期间可以多接触人，增加了准妈妈交流的机会，避免准妈妈情绪低落，尤其是和女同事交流一下自己的感受的话，会得到大家最好的鼓励和帮助。众人态度的友善，将对准妈妈保持乐观情绪十分有益。

😊 缓解各种不适

上班族准妈妈因为有良好的工作生活习惯，妊娠不适也会有所减轻，而集中精力工作是缓解妊娠不适的一种有效办法。

😊 可以减少不必要的担心

由于妊娠反应和体质的变化，准妈妈在兴奋之余，也许会感到心情焦躁，会有一些担心，不知宝宝是否健康、自己的不适反应是不是正常等，而这种担心在一个人独处时会明显加重，而忙碌会冲淡这种担忧。

😊 得到适当的锻炼

准妈妈因为生理原因，胃肠蠕动减弱，如果没有外出工作的动力，人会变懒、活动减少，则更易出现消化机能降低，将导致体重激增和便秘发生，同样也不利于胎儿发育和分娩。

😊 有利分娩，易于产后恢复

孕期坚持上班，有助于拓展女性的骨盆、增强腹部与腿部的韧劲，易于保持体重和体形。另外，职场生活的艰辛使职场准妈妈可以更加坦然地面对分娩时肉体上的疼痛与心理上的巨大压力，利于分娩，而且经常活动的准妈妈其产后恢复也相对较快。

远离产前抑郁症

调查显示，有98％的准妈妈在产前会出现抑郁现象，准妈妈和家人都要警惕。

😊 易患产前抑郁症的原因

城市女性大多是初孕准妈妈，缺乏对生产的直接体验，尤其分娩在即，心中不免焦虑；怕生个不健康的宝宝；患有妊高征、妊娠合并心脏病等产前并发症的准妈妈，由于自身健康存在问题，同时也怕殃及胎儿，因此也易焦虑；由于到孕晚期各种不适症状加重，如出现皮肤瘙痒、腹壁皮肤紧绷、水肿等不适，使心中烦躁，易焦虑；孕晚期行动不便，整日闭门在家，注意力集中到种种消极因素上，加重焦虑；担心宝宝出生后，不会照顾宝宝、影响自己的职业、加重家庭经济压力而产生焦虑。

😊 缓解产前抑郁

（1）可以利用产检时间，当面与医生沟通，解决心中的疑虑，准妈妈就会感觉比较踏实。

（2）与家中的长辈或过来人用聊天的方式作沟通，充分了解生产各方面的资讯，来应付未来和如何做个好妈妈。尽量减少独处，多和人交流。

（3）通过适度的活动来减轻压力，如散步、画画、唱歌、柔软体操、手工制作。

（4）有产前并发症的准妈妈应积极治疗并发症，要和医生保持密切关系，有问题时及时请教，保持良好情绪。

（5）产前可以多去熟悉准备分娩医院的环境，多与医生交流，选择最适合自己的分娩方式，并根据情况让医生指导分娩应该做的准备，如进行呼吸法练习等。

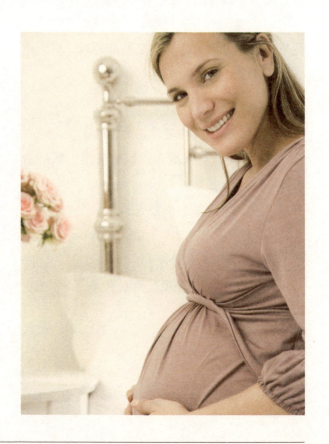

准妈妈要保证充足的睡眠

充足的睡眠和休息，对保证胎儿的发育、准妈妈的健康具有重要的意义。

妊娠7个月后，还要根据情况，尽量减少一些家务活动和所担负的工作，适当增加休息时间。准妈妈在怀孕晚期，由于身体各方面所起的一系列变化以及孕育胎儿的重负，容易感到疲劳。睡眠能使身体得到完全的休息，更是消除疲劳的主要措施。

孕晚期，准妈妈的睡眠要适当增加1个小时，尤其应该保证午睡，但时间要控制在2小时之内，以免影响夜间的睡眠。有妊高征或有先兆早产、胎儿宫内生长迟缓的准妈妈，更应适当增加睡眠时间。

😊 睡好觉的小技巧

（1）临睡前不要喝过多的水或汤。

（2）睡前可以泡泡澡，看看书，听听音乐。

（3）睡前不要做剧烈运动。

（4）为自己制定一个睡眠时间表，每天都在相同的时刻入睡和醒来。

（5）左侧卧位是最佳睡眠姿势，偶尔变换姿势选择右侧卧位，但不要仰睡。

（6）借助靠枕睡得更舒服。准妈妈在睡觉时恰当利用靠枕，也可减轻睡眠不适。如腹部稍有隆起时，身边放一个长形抱枕，以方便倚靠，将抱枕夹在两腿之间会更舒服。腿部水肿时，侧卧后在脚下放一个松软的枕头，稍微抬高双脚，可以改善脚部的血液循环。

 胎教小贴士

准妈妈不要开灯睡觉，白天在各种灯光下工作的准妈妈，要注意去室外晒太阳。因为光源污染与早孕的胚胎致畸有显著的相关性。

准妈妈提前做好工作交接

对上班族准妈妈来说，首先要面对的是处理产假与工作的关系，因为只有事先做好职场上的准备，才能放心休产假。

😊 列出正在进行的工作单

所从事工作的不可替代性越高，交接准备工作就越复杂。准妈妈先将每一项与自己相关的工作细节仔细记录下来，之后列出工作明细表，例如工作的进度、涉及的人员、注意事项等，便于其他工作人员接手。

😊 确认工作代理人

在列出工作明细表后，与主管领导沟通，及早确定工作代理人。由于职务和职位的不同，你的工作代理人可能是一个人，也可能是分给不同的人负责不同的工作项目，注意交接好。

😊 交接工作

在产假前，让工作代理人了解你工作的脉络与流程，并提前进入工作状态，万一出现早产症状，可轻松离开。同时，让工作代理人同与工作有密切联系的同事熟悉，并告知同事，工作代理人将在产假期间接替你的工作。

产假期间与单位保持联系。在产假期间可以与工作代理人通电话，看工作上有什么问题没有，如果有可以配合解决。

😊 假期结束前的准备工作

产假结束前，可以与同事，尤其是工作代理人聊聊工作的进展、每件工作的最新状况，这样你一回到公司就可以迅速找回原来的感觉。

孕晚期补蛋白质，产后奶水多

孕晚期，准妈妈储备一定量的蛋白质，可供产后的乳汁分泌。

😊 孕期蛋白质需求量增加

一般女性平均每天需蛋白质约60克，但准妈妈在怀孕期，蛋白质的需要量增加，以满足胎儿生长的需要。通常，机体对蛋白质的需求是随着妊娠期的增加而增加的，在怀孕的早、中、晚期，准妈妈每天应分别额外增加蛋白质5克、15克和20克。

😊 增加优质蛋白质的摄入

不同的蛋白质食物含有不同的必需氨基酸，如果其所含各氨基酸配比合理，能完全为身体所利用，则生理价值高，称为优质蛋白质。必须增加优质蛋白质的摄入量，即多食鱼、蛋、奶及豆类制品。相比较而言，动物蛋白质在人体内吸收利用率较高，而豆和豆制品等植物蛋白质吸收利用率较差。孕晚期准妈妈需要储备一定量的蛋白质，以供产后的乳汁分泌。

😊 蛋白质缺乏的影响

如果蛋白质的摄入不足，会导致准妈妈体力下降，胎儿生长变慢，而且准妈妈产后身体常出现恢复不良，乳汁稀少，对母子身体都不利。因此，准妈妈应根据不同时期的需要，合理摄入蛋白质。

😊 含蛋白质食品的选择

每日摄入量控制在80~85克，即鸡蛋1个，鱼肉100克，畜肉、禽肉各50克，牛奶1杯，即可满足身体需求。

植物蛋白质：稻米、面粉、豆类、豆制品。

动物蛋白质：瘦肉类食品、鱼虾类、软体动物类食品、奶类、蛋类。

准爸爸要帮助准妈妈放松

从妊娠后期开始，准爸爸可以坚持每天给妻子按摩，使她感到放松，帮助她更好地适应分娩。

😊 背部按摩

准妈妈跪在床上或地板上，枕头垫高，头和胸部舒适地轻贴在枕头上。小腿和臀部之间垫上枕头，以防影响血液循环。

准爸爸一手平放妻子背部，另一手沿脊柱一侧按压，缓慢下至臀部。要随时询问妻子压力的大小和位置是否合适。

用两拇指在妻子脊柱两侧沟内做旋转按压，一个一个椎骨缓慢进行按压。

😊 足部按压

准妈妈坐在椅子上，伸出一条腿，放在有软垫的凳子上。

准爸爸屈膝蹲在妻子前方，一只手轻托妻子脚后跟，另一只手从脚踝到脚趾依次按压。反复进行3~5分钟。

用手指按压准妈妈脚趾间。

使准妈妈脚趾向上弯曲，再用拇指在脚掌进行旋转按压。

😊 脊柱按摩

准妈妈侧躺，准爸爸用两手在她背部沿着脊柱由上而下地滑动。注意力道应适中，太强的力道会使准妈妈肌肉紧张，太弱又会使她感到酥痒。

😊 腹部按摩

准妈妈盘腿坐在地上或是垫子上，准爸爸坐在她身后，将手放在她的腹部，轻轻地绕着腹部画圆，用手指做腹部按摩。

😊 大腿内侧按摩

准妈妈放松平躺，准爸爸用手指在她的大腿内侧画圆。此按摩可放松会阴，避免腿部痉挛。

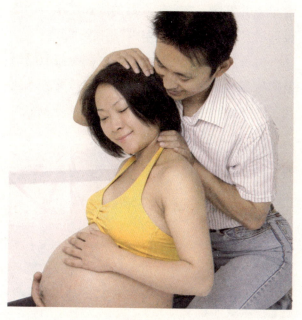

不要挑选宝宝的出生日期

择日择时剖宫产并不科学，为了选择好的"生辰八字"而剖宫产更不对，这对准妈妈和新生儿的健康都有害无益。

分娩是一个很自然的生理过程，正常妊娠为280天左右（40周），到了预产期前后就会"瓜熟蒂落"自然分娩，应该尽量减少择日分娩的发生，减少对准妈妈的创伤。

😃 剖宫产危害大

实际上，择日剖宫产于大人和宝宝都很不利，剖宫产中也可能遇到麻醉意外、脏器损伤、产后出血等，术后发生血栓、切口愈合不良等。特别是对新生儿，提前剖宫产会使其发生硬肿症、呼吸窘迫综合征及缺氧缺血性脑病等早产并发症。在宝宝今后的成长过程中，还会形成多动症和精神不集中等不良习惯。

每一次剖宫产手术前，医生都会与准妈妈及其家属谈话，详细告知手术的利与弊。单纯为了选择宝宝生日而做的剖宫产，弊大于利。

😃 要遵循自然规律

如果一定要择日择时剖宫产，也要遵循一定自然规律，不是你想什么时候剖，就能什么时候剖。一般来说，总要在预产期前后几天。

专家指导　不宜选择水中分娩的准妈妈：有流产征兆的准妈妈；骨盆过小、患有高血压、有过尿道炎等感染经历的准妈妈；胎儿发育过慢、臀位、胎盘前置、胎儿过大的准妈妈；患有妊高征的准妈妈；携带肝炎、梅毒或艾滋病毒的准妈妈。

词曲欣赏——《春江花月夜》

作者张若虚，这首诗描绘了春天夜晚江畔的景色，准妈妈可以一边听曲子，一边欣赏诗句。

春江花月夜

张若虚

春江潮水连海平，海上明月共潮生。

滟滟随波千万里，何处春江无月明。

江流宛转绕芳甸，月照花林皆似霰。

空里流霜不觉飞，汀上白沙看不见。

江天一色无纤尘，皎皎空中孤月轮。

江畔何人初见月？江月何年初照人？

人生代代无穷已，江月年年望相似。

不知江月待何人，但见长江送流水。

白云一片去悠悠，青枫浦上不胜愁。

谁家今夜扁舟子？何处相思明月楼？

可怜楼上月裴回，应照离人妆镜台。

玉户帘中卷不去，捣衣砧上拂还来。

此时相望不相闻，愿逐月华流照君。

鸿雁长飞光不度，鱼龙潜跃水成文。

昨夜闲潭梦落花，可怜春半不还家。

江水流春去欲尽，江潭落月复西斜。

斜月沉沉藏海雾，碣石潇湘无限路。

不知乘月几人归，落月摇情满江树。

准妈妈根据自身情况选一家合适的医院吧。

准妈妈选好生产的医院

除了考虑医院的资质、名气和规模以外，还要考虑离家的远近、方便程度等，对于接生这样的"常规任务"，其实一般大医院的产科都能胜任。

医院的选择

最好在孕期产检的医院进行生产；医院的服务态度和口碑要好；住院方便，如人不太拥挤、离家近等。

什么时候入院

如果是初产准妈妈，一般产程有10多个小时，可以根据去医院的路途远近及交通条件，把握入院时机。

没必要去那么早，对于没有妊娠并发症的准妈妈来说，在预产期前后1～2天入院是比较适合的。

过早入院待产，在医院中会吃住不习惯，特别是睡眠不充足，会精神紧张，心情烦躁，也容易疲劳，反而会给待产的准妈妈带来负面影响。相反，准妈妈如果因没有产兆出现而迟迟不入院，则可能会发生过期妊娠（妊娠超过预产期二周）。

如有异常及时入院

如有胎膜早破或阴道流血，不管是否临产，应随时入院；如有胎儿生长迟缓、妊高征、胎位不正、妊娠合并肝炎、心脏病、肾炎、糖尿病等并发症的准妈妈应根据医生意见决定入院时间；有剖宫产史的准妈妈须于预产期前2周左右入院待产；如有胎动消失、胎心异常均应及时住院作进一步监护。

如发现已经"破水"，都应立即到医院看急诊。去医院的途中，还要注意一定保持头低脚高的平卧体位，以免羊水流出太多影响婴儿顺利产出。

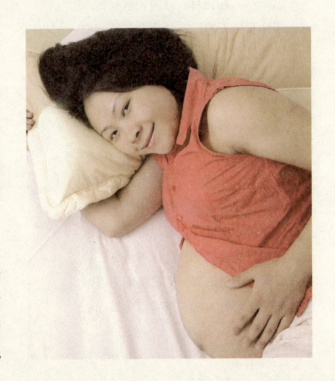

感受做母亲的温暖

这首诗流露出了对母亲绵长的思念，感受一下做母亲的温暖吧。

纸船——寄母亲

冰心

我从不肯妄弃了一张纸，
总是留着，留着，
叠成一只一只很小的船儿，
从舟上抛下在海里。
有的被天风吹卷到舟中的窗里，
有的被海浪打湿，沾在船头上。

我仍是不灰心地每天叠着，
总希望有一只能流到我要它到的地方去。
母亲，倘若你梦中看见一只很小的白船儿，
不要惊讶它无端入梦。
这是你至爱的女儿含着泪叠的，
万水千山，求它载着她的爱和悲哀归去。

国学启蒙——《三字经》选读

《三字经》短小精悍、朗朗上口，其涵盖了历史、天文、地理、道德以及一些民间传说，内容极其丰富。

人之初，性本善。性相近，习相远。
苟不教，性乃迁。教之道，贵以专。
昔孟母，择邻处。子不学，断机杼。
窦燕山，有义方。教五子，名俱扬。
养不教，父之过。教不严，师之惰。
子不学，非所宜。幼不学，老何为。
玉不琢，不成器。人不学，不知义。
为人子，方少时。亲师友，习礼仪。
香九龄，能温席。孝于亲，所当执。
融四岁，能让梨。弟于长，宜先知。
首孝悌，次见闻。知某数，识某文。
一而十，十而百。百而千，千而万。
三才者，天地人。三光者，日月星。
三纲者，君臣义。父子亲，夫妇顺。
曰春夏，曰秋冬。此四时，运不穷。
曰南北，曰西东。此四方，应乎中。
曰水火，木金土。此五行，本乎数。
十干者，甲至癸。十二支，子至亥。
曰黄道，日所躔。曰赤道，当中权。
……

提前找个好月嫂或好保姆

分娩之后，新妈妈很可能没有充足的体力和经验照顾宝宝，所以分娩后回家立即能得到帮助就显得尤为重要。

😊 月嫂是月子里的不错选择

月嫂是经过培训的护理产妇与新生儿的专业人员，具有专业知识。

😊 针对新生儿

生活护理：指导正确哺乳、喂养、呵护、洗澡、穿衣、换洗尿布、物品消毒。

专业护理：婴儿洗澡、抚触、按摩，体温测量、大小便观察，口腔、黄疸、脐部护理，臀红、尿布疹、发热、腹泻、便秘、啼哭的观察及护理。

潜能开发：早期智力开发，婴儿被动操，建立良好的生活习惯。

😊 针对新妈妈

生活护理：营养膳食搭配、协助新妈妈全身擦浴。

专业护理：产褥期观察、护理，产后心理指导，协助母乳喂养、乳房保健护理。

健康指导：协助新妈妈做产褥操，帮助新妈妈恢复健康。

日常服务：新妈妈营养餐制作，为新妈妈及婴儿清洗衣物，打扫房间卫生等。

正规的月嫂都经过正规的培训，具有相关

的专业知识，在月子里请位月嫂，可以帮助新妈妈解决很多问题，是个不错的选择，但是月嫂的费用相对保姆要贵很多。

😊 如何找到称心的月嫂或保姆

（1）去有资质的口碑好的家政公司找

多年经营、有资质的家政公司管理好、服务好，一般都可以经过试用，挑选自己满意的保姆。

（2）听熟人介绍

这是一个特别有效的路子，如果熟人，特别是同样雇月嫂或保姆的熟人，介绍用过的月嫂和保姆，会比较可靠。

（3）注意事项

不要贪图便宜；注意查看上岗资格证和体检证，并注意体检证是否过期；要先预订月嫂或保姆，再签订合同；对服务不太满意的月嫂或保姆，可以向公司提出更换要求；及时与月嫂或保姆沟通，新妈妈可以直接告诉月嫂或保姆你的喜好和建议；不要私下与月嫂或保姆签订协议，否则如果月嫂或保姆出了什么事故，就得不到保障。

提前进行缩肛练习

为了顺利分娩，准妈妈可做一些促进肛门局部血液循环的运动：自行收缩肛门1分钟，放松后再收缩，连续3次，每日3~7次。

😊 缩肛练习的好处

（1）孕前：缩肛练习让女性更"性福"

收缩肛门可以锻炼耻骨尾骨肌，这是参与性生活的主要肌肉。通过这种运动，可以增强女性对性生活的感受，使其更容易获得性高潮。

（2）孕期：缩肛练习有助分娩

医学实践表明，女性在怀孕期间如果保持适度运动，将可以使她们的分娩时间缩短3小时。缩肛运动可以促进阴道的收缩，提高阴道的伸张力，帮助准妈妈更顺利地产出胎儿。

（3）孕后：缩肛练习治便秘

缩肛治疗便秘，主要是通过肛门的节律性收缩运动，刺激肠壁感觉神经末梢，使直肠运动加强。长期坚持缩肛运动，能调节不正常的排便习惯，使之有意识地刺激直肠运动，产生便意，达到有效的治疗目的。

😊 怎么做缩肛练习

取任何体位均可，先吸气，同时收缩肛门肌肉，然后屏气数秒钟，直至不能忍受，然后呼气，同时放松肛门肌肉。每日早晚各做20~30次。而且还可以通过做缩肛运动，锻炼骨盆底肌肉的张力来缓解尿频、尿急的症状。

专家指导

分娩的顺利是在产力、产道和胎儿均正常的状况下完成的。其中产力包括腹肌收缩力、子宫收缩力和提肛肌的收缩力。这些肌肉收缩力的强弱与日常活动和锻炼有关。如果准妈妈平时身体不动，经常卧床，很可能在分娩时发生滞产。

准备好待产的用品

一般准妈妈和准爸爸在入院准备上没什么经验，不妨请教有经验的亲朋好友，早做准备才能有条不紊。

☺ 现金、证件

办住院手续时需要用的钱款。准爸爸和准妈妈的身份证、户口簿，准妈妈的保健手册、病历本等。

☺ 准备好换洗的衣物

两件前开襟的女式睡衣；

短袖汗衫和护腿套裤（用于替换女式睡衣时用）；

一次性纸内裤1包；

晨衣和拖鞋；

舒适的短袜；

若干套舒适的长衬裤或者一次性连裤袜；

两副喂奶胸罩；

乳头吸湿垫片（胸垫）；

出院回家时要穿的衣服；

几个盛放换洗衣服的塑料袋；

准备好分娩当天的食品，如巧克力、果汁、鸡蛋、面条、红糖等，其中红糖要预先蒸煮一下。

☺ 入院分娩的必需用品

2~3包产妇卫生巾；一小包洗衣粉；湿纸巾多准备几包；牙刷、牙膏、漱口液、洗发液、香皂、护肤液、药棉、乳头霜等；一条新的擦脸巾，一条备用的手巾，一条洗下身的毛巾；脸盆至少2个，洗脸、擦身各一个；热水瓶、杯子、保温桶、面纸、发夹和发带、柔性饮用吸管、透明硬糖或葡萄糖、带有秒针的手表或闹钟、一只小录音机或CD播放机、书报杂志等轻松消遣性读物、照相机、笔记本、笔。

☺ 宝宝用品

如吸奶器、奶瓶、奶粉、包被、尿布、毯子、小褥子、小枕头等，还要根据季节为宝宝准备好衣服。婴儿服要求用棉布料裁制，最好做成斜大襟式样，和尚领，不用纽扣用带子，尿布最好用旧棉布裁制，要求柔软、吸水。

第10个月

DI-SHI GE YUE

宝宝要出生了

儒家经典《论语》选读

作为一部优秀的语录体散文集，它以言简意赅、含蓄隽永的语言，记述了孔子的言论。

子曰："学而时习之，不亦乐乎？有朋自远方来，不亦乐乎？人不知而不愠，不亦君子乎？"

孔子说："在学习时时常地复习学过的知识，不也愉快吗？有志同道合的人从远方而来，不也愉快吗？别人不了解我，我却不生气，不也是一个道德上有修养的人吗？"

子曰："不患人之不己知，患不知人也。"

孔子说："不忧虑别人不了解自己，但要忧虑自己不了解别人。"

子曰："吾十有五而志于学，三十而立，四十而不惑，五十而知天命，六十而耳顺，七十而从心所欲，不逾矩。"

孔子说："我十五岁时立志于学习；三十岁时做事符合礼仪；四十岁时掌握了各种知识，不受迷惑；五十岁时了解自然的规律；六十岁时一听别人言语，不用多想，便能明白；到了七十岁时便随心所欲，任何念头都不会逾越规矩。"

子曰："由，诲汝知之乎？知之为知之，不知为不知，是知也。"

孔子说："仲由，教导你的道理都知道了吗？知道的就是知道的，不知道的就是不知道的，这才是真智慧啊！"

子曰："君子喻于义，小人喻于利。"

孔子说："君子通晓道义，小人通晓私利。"

子曰："敏而好学，不耻下问，是以谓之'文'也。"

孔子说："勤勉好学，不把向地位比自己低、学识比自己浅的人请教，看做是耻辱，所以称他为'文'。"

准妈妈要注意急产情况

待产的准妈妈对于在生产过程中可能发生的紧急情况都要有所了解。

胎盘早剥

胎盘早剥是妊娠晚期严重的并发症，起病急，进展快，如果不及时治疗可危及母儿生命。准妈妈要有高度的警觉意识，加强产前检查，积极治疗高血压、慢性肾炎。另外，注意孕期保健，妊娠晚期避免长时间仰卧，避免腹部受伤、不服用成瘾性药物等。

脐带脱垂

脐带脱垂会造成胎儿较高的死亡率，一旦发现脐带脱垂，如果胎心尚存在，应在数分钟内娩出胎儿。

胎儿窘迫

胎儿在宫内有缺氧征象危及胎儿健康和生命者，称胎儿窘迫，常表现为胎心音变慢、下降。

应尽快行剖宫产，术前做好新生儿窒息的抢救准备。

难产

常见的是肩难产，头位难产则较少见。由于难产发生时，医生已无法为产妇进行剖宫生产，因此，医生会利用各种助产方法使胎儿娩出。

准妈妈产前体重的增加必须控制在正常范围之内，避免胎儿过大。

羊水栓塞

羊水栓塞是严重而危险的产科并发症，也是产妇死亡的主要原因之一。出现羊水栓塞，医生会积极处理。

妊娠高血压综合征

轻度妊高征的准妈妈可适当减轻工作，保证充分睡眠；休息及睡眠时尽量采取左侧卧位；注意摄入足够的蛋白质、蔬菜，补充铁剂和钙剂。重度妊高征治疗原则为镇静降压，适当扩容及利尿，适时终止妊娠。

产中及产后出血

在整个生产过程中，出血量若超过500毫升时，就可认为是产中及产后大出血。医生会及时处理大出血。

子宫破裂

子宫破裂为产科最严重的并发症之一，常引起母儿死亡。准妈妈要加强产前检查；随时注意自身的体重、血压变化；有剖宫产史或子宫切开手术史者，应提前住院待产；避免滥用催产素、前列腺素等子宫收缩剂。

准妈妈可以吃些助产食品

准妈妈多吃些助产食品，也会对分娩有辅助作用。

多吃富含蛋白质、糖类等能量较高的食品，从现在开始储存分娩时需要消耗的能量。

海带：对放射性物质有特别的亲和力，其胶质能促使体内的放射性物质随大便排出，从而减少积累和减少诱发人体机能异常的物质。

畜禽血：如猪、鸭、鸡、鹅等动物血液中的蛋白质被胃液和消化酶分解后，会产生一种具有解毒和润肠作用的物质，可与侵入人体的粉尘、有害金属元素发生化学反应，变为不易被人体吸收的废物而排出体外。

海鱼：含多种不饱和酸，能阻断人体对香烟的反应，并能增强身体的免疫力。海鱼更是补脑佳品。

豆芽：贵在"发芽"，无论黄豆、绿豆，豆芽中所含多种维生素能够消除身体内的致畸物质，并且能促进性激素的生成。

鲜果、鲜菜汁：能帮助排出体内堆积的毒素和废物，把积累在细胞中的毒素溶解并由排泄系统排出体外。

😊 分娩时，要准备巧克力

准妈妈在临产前要多补充些热量，以保证有足够的力量促使子宫口尽快开大，顺利分娩，巧克力就是最好的辅助食品。巧克力营养丰富，含有大量的优质糖类，而且能在很短时间内被人体消化吸收和利用，产生出大量的热能，供人体消耗，而且巧克力体积小、发热多，吃起来也很方便。

孕期日历　准妈妈给胎儿读一些有关小动物的儿歌吧。

读儿歌认识小动物

儿歌朗朗上口，一边读儿歌，一边教胎儿认识小动物。

小白兔，白又白，
两只耳朵竖起来，
爱吃萝卜和青菜，
蹦蹦跳跳真可爱。

公鸡公鸡真美丽，
大红冠子花外衣，
油亮的脖子红红的爪，
人人见了人人夸。

小鸡小鸡叽叽叽，
爱吃小虫和小米。

小鸭小鸭嘎嘎嘎，
扁扁嘴，大脚丫。

小青蛙，呱呱叫，
专吃害虫护庄稼。

小肥猪，胖嘟嘟。
吃饱饭，睡呼呼。

小松鼠，尾巴大，
轻轻跳上又跳下，
我帮你，你帮他，
采到松果送回家。

小孔雀，真美丽，
身穿一件花衣裳，
衣服干净又整齐，
我们大家喜欢你。

准妈妈产前要坚持锻炼

产前训练是为分娩做准备，是为准妈妈设计的一整套临产前和分娩时配合助产动作的训练方法。

孕晚期的产前训练，主要是为顺利分娩做准备，练习一些有利于分娩的辅助动作，以缓和分娩时宫缩的疼痛，减轻分娩时发生的肌肉疲劳和疼痛。还可使准妈妈放松，减少能量消耗。也包括练习分娩时使劲地动作，以防止产时不会使劲。

一般，辅助练习在妊娠32周时开始，过早做有早产危险。练习要有毅力，每天坚持，但有早产征兆的准妈妈最好不要练习。

😊 腰部运动

以双手扶椅背慢慢吸气，同时手臂用力，脚尖立起，使身体向上，腰部挺直，使下腹部紧靠椅背，然后慢慢呼气，手臂放松，脚还原，早晚各做5~6次。这样做可以在生产时加强腹压及会阴部弹性，使宝宝顺利产出。

😊 腿部运动

以双手扶椅背，右腿固定，左腿做360°转动，做完还原，换腿继续做，早晚各做5~6次。这样做可加强骨盆附近肌肉及会阴部弹性。

😊 腹式呼吸运动

平卧在柔软的地垫或床上，腿稍屈，闭口，用鼻吸长气，使腹部凸起，肺部不动，吸气越慢越好，然后慢慢吐出，使腹部渐平。每天早晚各做10~15次即可。如此做在生产前阵痛时可以松弛腹部肌肉，减轻痛苦。

😊 闭气运动

平躺深吸两口大气，立即闭口，努力把横膈膜向下压如解大便状（平时在家练习时勿真的用力），每天早晚各做5~6次。这个动作平时可练习，实际用上是在生产时子宫口全开之后做，可加强腹压、帮助宝宝较快娩出。

准妈妈多看看可爱宝宝的照片吧。

漂亮宝宝照片欣赏

孕期看漂亮宝宝照片是舒缓准妈妈心情的一种方式，如果多看看这些可爱的宝宝，心情会变好很多。

儿歌欣赏——《找妈妈》

准妈妈在儿歌吟唱中，优美的旋律、和谐的节奏、真挚的情感可以给胎儿以美的享受和情感熏陶。

小蝌蚪，直摇头，要找妈妈真发愁！

两条腿，大脑袋，多个尾巴我是谁？

别着急，别流泪，尾巴慢慢变没了！

长出细细四条腿，大大眼睛绿衣服。

原来我是小青蛙！呱呱呱！呱呱呱！

找到妈妈笑哈哈。

高龄准妈妈产前的压力更大，要注意观察身体的不适变化。

高龄准妈妈更要注意危险

高龄准妈妈更应该注意自身状况，预防危险发生。

😊 最好停止工作

高龄准妈妈自妊娠32周以后就不宜再工作。这个时候，准妈妈的心脏、肺脏及其他重要器官会更辛苦地工作，且对脊柱、关节和肌肉形成沉重的负担。此时，应尽可能让身体休息。

😊 要提高自我警觉

高龄初产准妈妈应提高自我警觉性，随时都应该意识到可能发生母胎病理性变化的意外，定期到有条件的妇产科进行母胎监护和必要的防治措施。高龄准妈妈风险更大，胎儿宫内发育迟缓和早产的可能性较大；最容易发生产程延长或难产；准妈妈本人发生各类并发症的危险性大为增加；极容易致胎儿滞留宫内引起胎儿窘迫症。

😊 情况异常，可做剖宫产

妊娠后期，经过特定检查，如母体因严重并发症不能继续妊娠，否则危及准妈妈生命者，如果胎儿没有致命畸形且有存活的可能，应提前行剖宫产，可确保母婴的安全。

😊 放松心情

高龄准妈妈更应注意孕期心理放松，有些高龄初产准妈妈自确诊怀孕后，就忧心忡忡，担心分娩时会出现问题，这种不良心理对准妈妈和胎儿都很不利。在现代医疗水平下，只要准妈妈积极与医生配合，听从医生指导，完全可以平安分娩。

😊 可提前入院

高龄准妈妈如果是头胎的话，在临产将近时，应提前入院，具体提前一周或两三周，应视个人情况而定，切实做好产前监护，必要时及早行剖宫产较为安全。

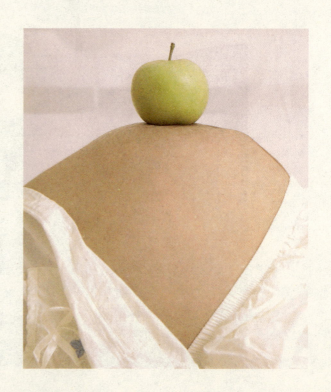

准妈妈分娩前，怎么吃

为了胎儿及准妈妈自己的健康，临产前注意饮食是很必要的。

临产前的饮食

如果是初产准妈妈，无高危妊娠因素，准备自然分娩，可准备易消化吸收、少渣、可口味鲜的食物，如面条鸡蛋汤、面条排骨汤、牛奶、酸奶、巧克力等食物，让准妈妈吃饱吃好，为分娩准备足够的能量。否则吃不好、睡不好，紧张焦虑，容易导致准妈妈疲劳，将可能引起宫缩乏力、难产、产后出血等危险情况。在炎热的夏天，出汗多，不好好进食，更容易引起脱水情况的发生，准妈妈可选择西瓜汁、葡萄汁等含糖饮料，一方面解渴，另一方面其中的糖分可直接供应能量。

临产时的饮食

临产时由于阵阵发作的宫缩痛，常使准妈妈胃口不佳，准妈妈应学会在宫缩间歇期进食。

饮食以富于糖分、蛋白质、维生素，易消化的为好，每日进食4～5次，少吃多餐；一天吃1～2个鸡蛋即可，多吃易加重胃肠道负担；身体需要的水分可由果汁、水果、糖水及白开水补充；注意既不可过于饥渴，也不能暴饮暴食；不吃油炸或肥肉类油性大的食物。

临产后的饮食

临产后，若准妈妈恶心、呕吐、进食过少时，应及时告知医生，医生会根据具体情况给准妈妈输注葡萄糖、生理盐水及其他必需的营养药物，以补充营养，供应分娩所需的能量。如果准妈妈能进食，最好从饮食中摄取必需的营养，而不要靠注射葡萄糖来获取，因为葡萄糖输液有引起身体变态反应的可能，也可吃些巧克力。

专家指导　产前不要过量吃鸡蛋，多吃鸡蛋不一定长劲，摄入过多鸡蛋，特别是不易消化的煮鸡蛋时，会引起"停食"、消化不良、腹胀，甚至引起分娩时的呕吐，而稀软的鸡蛋羹可以适当吃一些。

孕期日历 准妈妈可以试试难度更高的数独。

准妈妈玩玩复杂的数独

准妈妈快来看看小朋友们的创意吧，肚里的小宝宝一定会很喜欢。

高级数独

提前预防难产

应及时进行孕检，对难产可能的发生有心理准备，以免临产时措手不及。

决定分娩能否顺利的主要因素是产力、产道和胎儿，其中任何一个因素或一个以上的因素有异常，而使分娩进展受到阻碍时，称为难产。

😊 分娩三要素分析

产力：正常的宫缩有一定的节律性，并且临近分娩时逐渐增强，其中宫缩不论是过弱还是过强，都有可能造成难产。

产道：如果在产前检查中发现产道（骨盆大小、形状及软产道）有问题，一定要提前入院，择期进行剖宫术。

胎儿情况：如果宝宝在准妈妈子宫中的位置不正常，如臀位、横位等，或是宝宝在宫内生长发育得过大，以及有连体胎儿等畸形儿等，都会造成难产的发生。

分娩时，精神过度紧张，准妈妈与医生配合不好，也会使分娩情况变得复杂，造成难产。

😊 预防难产

（1）首先准妈妈要定期去医院进行产前检查，通过产前检查，医生能够及时发现造成难产的因素，如初步估计产道是否适合阴道分娩，或者是胎儿的大小及位置是否正常。一旦有发生异常的趋势，医生可以采取有效的措施进行纠正。

（2）产前要加强营养，保持旺盛的精力和体力，预防疾病，适量运动。

（3）准妈妈要心情愉快，要充分认识到生孩子是一种自然生理现象，精神不要紧张，要顺其自然。

（4）只要准妈妈平常身体健康，有经产道娩出的力量及产道、胎位正常，胎儿大小合适，无畸形，就不会发生难产。

（5）准妈妈要了解分娩知识，并在分娩时按产程与接生人员配合呼吸和动作，就可以顺利完成分娩过程，娩出胎儿。在临产时，听从医生的指导，与医生密切配合好；临产前要按需求吃些东西，增加产力。

要注意分辨真假宫缩

越临近分娩，越要沉着应对分娩时刻的到来。即使没有觉得身体有什么特殊的反应，到了预产期，也要准时入院。

一般来讲，真假宫缩是难以辨别的。通常假宫缩无规律，且宫缩程度不如真临产剧烈。辨别的办法是检查阴道，看子宫颈的变化。还有就是进行宫缩计时，计算连续2次开始宫缩间的时间间隔，持续记录1小时。

假宫缩的情况

有的准妈妈会时而出现临产的假象，即子宫无规律地收缩。这种宫缩时有时无，只是子宫在为真正的临产做准备；这种宫缩也使宫颈变软，但不会像规律性宫缩那样引起宫颈扩张；最后持续时间短、无规律性的宫缩逐渐由持续时间长且有规律的宫缩代替，这时就是真宫缩了。

真宫缩的辨别

真正的宫缩是子宫有规律的收缩，致使宫颈口持续不断的开大。伴随着宫缩，是强烈的阵痛。子宫收缩会变得有规律，且整个子宫都会感到收缩痛，而非仅止于下腹部。收缩的频率会越来越快，强度会越来越强，收缩的时间也会越来越长，间隔则越来越短。这时的阵痛不会因为躺下来休息而有所减缓。

若是初产，发现规则的收缩阵痛约5分钟一次，一次持续30秒～1分钟，就可以到医院待产。若不是初产，则只要是规则宫缩开始，就应该到医院待产，尤其是曾有急产病史的准妈妈更要提高警惕。

真假临产对照表

真临产	假临产
宫缩有规律，每5分钟一次	宫缩无规律，每3分钟、5分钟或10分钟一次
宫缩逐渐增强	宫缩强度不随时间而增加
当行走或休息时，宫缩不缓和	宫缩随活动或体位的改变而减轻
宫缩伴有见红	宫缩通常不伴有黏液增多或见红
宫颈口逐渐扩张	宫颈口无明显改变

名画欣赏——《西斯廷圣母》

这幅画画出了女性的温柔与秀美，歌颂了圣母把爱子献给拯救人类的伟大事业的崇高行动。感受一下母爱的伟大吧！

《西斯廷圣母》为拉斐尔"圣母像"中的代表作，它以甜美、悠然的抒情风格而闻名遐迩。这幅画中的圣母被世人认为是圣母画中的绝品，画中的圣母一扫中世纪以来的圣母像中那种冰冷、僵硬、不可亲近的模样，将圣母描绘成一个美丽、温柔、充满母性的意大利平民妇女，她的脸上洋溢着坦然的骄傲；为自己手中怀抱着的基督，她的脸上又洋溢着深厚的带有牺牲精神的母爱，因为她将要把心爱的儿子奉献给人世。

位于中心的圣母体态丰满优美，面部表情端庄安详，秀丽文静，趴在下方的两个小天使睁着大眼仰望圣母的降临，稚气童心跃然画上。拉斐尔的这幅名画对美丽与神圣、爱慕与敬仰的把握都恰到好处，显示出高雅的格调，因而使人获得一种升华的精神享受。

不要担心产前医生给你做的准备

产前，准妈妈要配合医生做好外阴的清洗、灌肠和备皮。

😊 清洗外阴，保持清洁

准妈妈产道内常寄生着某些致病菌，平时身体健康、抵抗力强时不会致病，当分娩损伤产道，或分娩失血过多、产后气血虚弱时，病菌活跃就会引起各种产后病。产前进入产房时，一定要做好外阴清洁，用温开水洗净，不要用皂液或洗液，平时也应坚持穿纯棉内裤，定期清洗。

😊 临产时灌肠是必要的

灌肠是医生用清水冲洗一下肛门内和直肠外端，使积聚的粪便自然流出，准妈妈无任何痛苦。

灌肠清除了肠内粪便，排除了肠道的积气，减少了产道的阻力，使产程顺利进行；可促进肠蠕动，加强宫缩，缩短产程；可杜绝分娩期间排便，防止粪便污染，减少产后感染的发生。

有胎膜早破、阴道流血、胎头未衔接、胎位异常、有剖宫产史、宫缩强以及患严重心脏病等的准妈妈，不宜灌肠。

😊 分娩前要备皮

备皮，就是给准妈妈刮阴毛。

备皮有利外阴的消毒，使消毒更加彻底，并为胎儿娩出时会阴侧切和会阴撕裂缝口做好准备，避免产褥感染、伤口感染；分娩后由于阴道排泄物增多，将阴毛粘在一起，使准妈妈感觉很不舒服；决定做剖宫产手术或急症剖宫产时，剃去腹部和会阴部阴毛，为手术做好准备，避免手术后伤口感染、伤口愈合不良。

萝卜回来了

小朋友之间要团结友爱，互相关心，在自己吃东西的时候，要想着旁人。妈妈也可以在吃东西的时候分给宝宝，培养宝宝的爱心。

有一只小白兔，因为下雪，好多天没有东西吃，非常饿。于是它就跑出门去找。小白兔找啊找，终于在雪底下找到两个萝卜！小白兔抱着萝卜，跑到小猴家，敲敲门，没人答应。小白兔把门推开，屋里一个人也没有。原来小猴不在家，也去找东西吃了。小白兔就吃掉了小的萝卜，把大的那个放在桌子上。

这时候，小猴也在雪地里找东西吃，它一面找一面想："雪这么大，天气这么冷，小鹿在家里，一定也很饿。我找到了东西，去和它一起吃。"小猴找啊找，终于在雪底下找到几颗花生！小猴带着花生，走进屋子，看见萝卜，很奇怪，说："这是哪来的？"它想了想，知道是好朋友送来的，就说："把萝卜也带去，和小鹿一起吃！"小猴跑到小鹿家，门关得紧紧的。它跳上窗台一看，屋子里一个动物也没有。原来小鹿不在家，也去找东西吃了。小猴就把萝卜放在窗台上。

这时候，小鹿在雪地里找吃的，它一面找一面想："雪这么大，天气这么冷，小白兔在家里，一定也很饿。我找到了东西，去和它一起吃。"小鹿扒开雪，嘿，雪底下有一棵青菜。小鹿提着青菜，向小白兔家跑去；跑过自己的家，看见雪地上有许多脚印，它想："谁来过啦？"它走近屋子，看见窗台上有个萝卜，很奇怪，说："这是从哪来的？"它想了想，知道是好朋友送来给它吃的，就说："把萝卜也带去，和小白兔一起吃！"小鹿跑到小白兔家，轻轻推开门。这时候，小白兔吃饱了，睡得正甜哩。小鹿不愿吵醒它，把萝卜轻轻放在小白兔的床边。小白兔醒来，睁开眼睛一看："咦！萝卜回来了！"它想了想，说："我知道了，是好朋友送来给我吃的。"

准妈妈不要对分娩太过恐惧。

准妈妈临产前要调整好状态

准妈妈及家人要做好临产前的准备，轻轻松松迎接宝宝的到来。

精神放松

如果准妈妈对分娩有恐惧心理，不仅会影响准妈妈临产前的饮食和睡眠，而且还会妨碍全身的应激能力，使身体不能很快地进入待产的"最佳状态"，影响正常分娩。事实上，在现代医疗水平下，只要进行产前检查，分娩的安全性几乎接近100%。

产前要吃好

分娩时消耗很大的体力，准妈妈临产前一定要吃饱、吃好，家属应想办法让准妈妈多吃些营养丰富又高热量的食品，如巧克力，切忌什么东西都不吃就进产房。

要休息好

活动应该适当减少，工作强度应适当降低，特别是要注意休息好、睡眠充足，养精蓄锐，使分娩时精力充沛。

不要出远门

一般在接近预产期的前半个月后，就不宜再远行了，尤其是不宜乘车、乘船远行，因为旅途中各种条件都受到限制，一旦分娩出现难产是很危险的事情，有可能危及母子安全。

选好医院和医生

提前选好分娩的医院和医生，并准备好自己产前体检的状况手册，以免入院前手忙脚乱。

家人要多关心准妈妈

作为丈夫在妻子临产前应该尽可能挤出较多的时间陪伴妻子，亲自照顾她的饮食起居，使她感到你在和她一起迎接考验。家人也不要讨论宝宝的性别，以免给准妈妈造成压力。

不要擅自用药

分娩是正常的生理活动，一般不需要用药，更不可随便注射催产剂，以免造成严重后果。

适量运动有利分娩

孕期活动量过少的准妈妈，更容易出现分娩困难，所以准妈妈在妊娠末期不宜生活得过于懒惰，不宜长时间地卧床休息。

准爸爸要不要陪待产

陪待产是指准妈妈临产后，丈夫或其他家属可进入产房陪伴准妈妈。近几年的实践证明：陪待产有利于准妈妈的心理保健。

😊 准爸爸陪待产最好

分娩时准妈妈最希望丈夫陪伴，丈夫是陪待产的最佳人选。丈夫陪待产可增强丈夫的责任感，增强夫妻感情。

为了让广大准妈妈享受最好的医疗保健，近年来，国内有些医院学习先进国家的方法，展开了陪待产的尝试。可以咨询所在的医院，允许不允许陪待产。如果不允许，也要理解和支持医院的工作，并保持好的情绪和心情。

😊 准爸爸陪待产应注意

（1）多给准妈妈精神上的鼓励，从细节做起，如向医务人员额外要一个枕头垫在准妈妈的腰下、让护士等她阵痛结束后再给她检查或跟她说话等。

（2）帮准妈妈观察胎动情况及准妈妈的血压、血红蛋白指数、阵痛间隔时间、宫口开到几指等。

（3）陪待产时，准爸爸的情绪容易激动，尤其看到妻子因阵痛的痛苦和呻吟，难免会焦急，而通常医务人员只是遵循常规，应该由准爸爸或准妈妈明确指出哪些地方需要调整，准爸爸不要着急、时不时地找医务人员，更不要

对医务人员采取质问、催促的态度，避免过激和被动。

（4）不必在意妻子的叫喊，这也是缓解疼痛的方法之一。如果准爸爸能握住她的手，告诉她小宝宝正在努力出来，让她放松或使劲帮宝宝一把，那将对妻子和医生有更大的帮助。

（5）准爸爸有提问的自由，有权利知道正发生的事情，包括风险、好处和其他选择。当宝宝出世后，千万不要忘记向疲惫的妻子表示慰问，对辛苦的医生表示感谢。

（6）最好不要使用照相机，照相机的闪光会影响医生的工作，使用摄像机时也要注意不要影响到医生的正常工作。

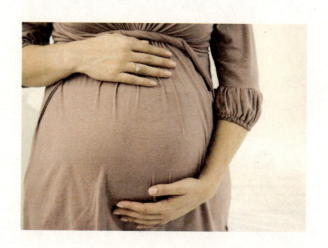

准妈妈要调整好心情，准备分娩。

产前准妈妈要放松心情

如果临产前准妈妈过于忧虑恐惧，可刺激中枢神经系统抑制子宫收缩造成宫缩无力，导致产程延长。

精神心理因素对分娩的影响现在也正逐渐受到重视。

临产前准妈妈的恐惧情绪，可以通过中枢神经系统抑制子宫收缩造成宫缩无力，导致产程延长。情绪紧张引起交感神经—肾上腺素系统兴奋，引起儿茶酚胺大量释放，使外周动脉阻力增加，血压增高，胎儿缺血缺氧，造成胎儿宫内窘迫。准妈妈的情绪稳定程度是影响难产率的一个重要因素。据研究，情绪不稳定准妈妈的难产率高于情绪稳定的准妈妈。情绪不稳定的准妈妈，往往产程较长或伴有不规则的宫缩。

因此，准妈妈不要紧张，在产前医生会做全面的检查，产前检查可以随时了解准妈妈的身体状况，以及通过计算胎动、听胎心音了解胎儿的生长发育情况；及时有效地预防早产、妊高征及胎位异常等问题；可对准妈妈如何进行自我检测、及时处理产前问题等进行指导；

有助于医生根据准妈妈的胎位、身体状况设定分娩方式，是自然分娩还是剖宫产；以及决定准妈妈是否需要提前住院待产。

所以准妈妈大可不必紧张或焦虑。

专家指导

正常情况下，胎儿从受孕、生长发育到娩出约需280天，即40周左右。凡未足37周分娩者称早产，超过42周（超过预产期两周）称过期妊娠。

预产期过得越久越可能增加诸多围产期并发症。所以一般过了预产期1周左右，医生都会建议准妈妈住院，定期密切监测胎儿健康状况。

国学启蒙——《弟子规》选读

《弟子规》是教育孩子，养成忠厚家风的最佳范本。

信

凡出言 信为先 诈与妄 奚可焉 话说多 不如少 惟其是 勿佞巧

奸巧语 秽污词 市井气 切戒之

见未真 勿轻言 知未的 勿轻传 事非宜 勿轻诺 苟轻诺 进退错

凡道字 重且舒 勿急疾 勿模糊 彼说长 此说短 不关己 莫闲管

见人善 即思齐 纵去远 以渐跻 见人恶 即内省 有则改 无加警

唯德学 唯才艺 不如人 当自砺 若衣服 若饮食 不如人 勿生戚

闻过怒 闻誉乐 损友来 益友却 闻誉恐 闻过欣 直谅士 渐相亲

无心非 名为错 有心非 名为恶 过能改 归于无 倘掩饰 增一辜

亲仁

同是人 类不齐 流俗众 仁者稀 果仁者 人多畏 言不讳 色不媚

能亲仁 无限好 德日进 过日少 不亲仁 无限害 小人进 百事坏

余力学文

不力行 但学文 长浮华 成何人 但力行 不学文 任己见 昧理真

读书法 有三到 心眼口 信皆要 方读此 勿慕彼 此未终 彼勿起

宽为限 紧用功 工夫到 滞塞通 心有疑 随札记 就人问 求确义

房室清 墙壁净 几案洁 笔砚正 墨磨偏 心不端 字不敬 心先病

列典籍 有定处 读看毕 还原处 虽有急 卷束齐 有缺坏 就补之

非圣书 屏勿视 敝聪明 坏心志 勿自暴 勿自弃 圣与贤 可驯致

临近分娩了，准妈妈可以吃一些利产食物。

利产食谱推荐

海带、苋菜、慈菇、空心菜、豆腐皮、赤小豆、海带、芋头、牛奶、蜂蜜等食物有助顺产，临产前准妈妈可以吃一些。

藕莲炖排骨

原料： 排骨500克，莲子200克，莲藕500克，料酒、盐、姜、葱适量。

制作方法： 1．排骨剁块洗净，入沸水煮20分钟后，撇去浮沫，捞出待用，莲藕刮皮切块，莲子洗净备用。

2．砂锅加清水入莲藕煮沸，加入排骨和莲子，改用小火炖煮，入盐和料酒、姜、葱，炖约一小时，待骨烂肉酥菜熟即可。

营养功效： 此菜有补心益脾、止血安神的作用。

空心菜粥

原料： 空心菜200克，粳米100克，精盐少许，清水适量。

制作方法： 锅置火上入适量清水、粳米，煮至粥将成时，加入空心菜、精盐，煮至粥成。

营养功效： 具有清热、凉血、利尿、助产的作用。临产前食用能滑胎助产。

豆腐皮粥

原料： 豆腐皮50克，粳米100克，冰糖适量。

制作方法： 1．豆腐皮放入清水中漂洗干净，切成丝。

2．锅置火上入适量清水、粳米，煮至粥将成时，加入豆腐皮、冰糖煮至粥成。

营养功效： 具有清热、凉血、利尿、助产的作用。临产前食用能滑胎助产。

小米面茶

原料： 小米面1000克，麻酱250克，芝麻仁10克，香油、精盐、姜粉各适量。

制作方法： 1．芝麻仁去杂用水冲洗净，沥干水分，入锅炒焦黄色后擀碎，加入精盐拌和在一起。

2．锅置火上入适量清水、姜粉，烧开后用小米面调成稀糊状倒入锅内，略加搅拌，开锅后盛入碗内。

3．麻酱和香油调匀，用小勺淋入碗内，再撒入芝麻盐，即可食用。

营养功效： 补中益气、增加营养、助顺产。

孕期日历 准妈妈不能随意选择无痛分娩。

正确认识无痛分娩

无痛分娩的准妈妈必须经过妇产科医生和麻醉师的认真检查，得到认可后才能进行无痛分娩，不能随意选择。

😊 无痛分娩

通常所说的无痛分娩法即指硬膜外阻滞镇痛分娩法，该分娩法在临床上应用最为普遍。此法是将适量浓度的局部麻醉药及止痛剂注射到准妈妈的硬膜外腔，阻断其支配子宫的感觉神经，减少准妈妈在分娩时的疼痛。

😊 无痛分娩不是真的无痛

无痛分娩的无痛也只是相对的，因为分娩时用的麻醉剂用量很小，所以准妈妈仍然能感觉到宫缩的存在。无痛分娩只是设法让疼痛变得可以忍受一些而已。其实，准妈妈的精神状态若处于紧张、恐惧、焦虑、信心不足之中，也会增加对疼痛的敏感度，因此，准妈妈做好精神上的准备，也是减轻疼痛感的一个好方法。

😊 无痛分娩的好处

（1）减低产痛，不影响运动神经的功能。麻醉可以阻断痛觉的传导，减低产妇在生产时的疼痛感，但却不影响运动神经的功能，所以产妇的四肢还是可以自由移动，只是因子宫收缩而造成肚子疼痛的感觉不再明显。

（2）安全性高，但背部入针部位有感染、

凝血机能异常、血压过低、低容积性休克等状况，就不适合做无痛分娩。

（3）无痛分娩不会造成腰酸背痛等后遗症。

😊 无痛分娩也有危险

无痛分娩是一种麻醉技术的应用，准妈妈要承担一定的麻醉风险。如果准妈妈的血压特别高、宫腔内有感染或存在胎儿缺氧等情况，则不适合进行无痛分娩。若准妈妈患有心脏病、药物过敏史、腰部外伤史，应先咨询医生。

宝宝的胎教资料不要丢

利用胎教时的资料对宝宝进行胎教，能得到事半功倍的效果。

胎儿会对胎教时的音乐、故事、看过的书、欣赏过的照片留下强烈的记忆，宝宝出生以后，再利用这些资料对宝宝进行早教，不仅会让宝宝感到这个世界他很熟悉，还有利于促进他各项能力的快速发展。

胎教音乐不要丢，如宝宝在哭闹时听到胎教时的音乐就会停止哭，专心地听音乐，说明宝宝对胎教时的音乐很熟悉。

胎教图书不要丢，宝宝出生以后，爸爸妈妈可以继续给宝宝读图书、讲故事。宝宝听到熟悉的内容会形成良好的刺激。

快乐地使用宝宝的乳名，宝宝出生以后，用乳名呼唤宝宝，他会做出反应，因为在妈妈肚子里他已经习惯了自己的乳名。

专家指导

过了预产期，胎儿面临的最常见的问题是胎盘老化。胎盘的物质交换和传输能力下降，会直接影响对胎儿的供氧和营养物质输送，致使胎儿处于慢性缺氧和营养不良状态。此外，胎儿对临产时子宫收缩产生的压力不易耐受，易发生窒息而死亡。

过期生产对母亲也有害。此时胎儿颅骨变硬，顶骨隆突凸起，囟门变小，在临产期胎头适应产道的变形能力减弱，致使准妈妈并发症显著增多，最常见的就是难产率增加。

哪种生产方式生的宝宝更聪明

剖宫产与自然分娩的宝宝在智力上并无差异。宝宝聪明与否，取决于父母的遗传，和准妈妈的生产方式无关。

现在社会上很多人在争论是剖宫产生的宝宝聪明，还是自然分娩的宝宝聪明。许多人认为，剖宫产的宝宝比阴道分娩所生的宝宝更聪明，理由是手术产的宝宝不受挤压，不会有脑部缺血、损伤等情况的发生。其实，正常分娩时，虽然胎儿头部会受到挤压而变形，但一两天后即可恢复正常。胎儿受压的同时，也是对脑部血管循环加强刺激，为脑部的呼吸中枢提供更多的物质基础，出生后容易激发呼吸而呱呱啼哭。此外，胎头经过子宫收缩与骨盆底的阻力，可将积存在胎儿肺内以及鼻、口中的羊水和黏液挤出，有利于防止吸入性脑炎的发生。这些都是剖宫产所不及的。

因此，剖宫产聪明之说是不科学的。无论选择哪种分娩方式，应该本着为母子健康的原则，由医生根据产前检查结果而定。

🔴 做好准爸爸

两款催生食谱：

（1）陈皮白糖海带粥：将海带100克温水浸泡洗净切末，与陈皮2片、粳米100克均洗净同放入锅内，煮粥，粥成，再加白糖调味。

（2）空心菜粥：将空心菜150克洗净切碎，粳米100克洗净，加水煮粥，粥半熟放入空心菜、精盐、猪油、味精各适量，煮至粥熟。

为早教做好准备

宝宝的智力开发越早越好，最好是从宝宝出生就可以着手，而不必等到宝宝懂事才开始。

什么是早教

早教是早期教育的简称，是指孩子在0~6岁这个阶段，根据孩子生理和心理发展的特点以及敏感期的发展特点，而进行有针对性的指导和培养，为孩子多元智能和健康人格的培养打下良好的基础。广义指从人出生到小学以前阶段的教育，狭义主要指上述阶段的早期学习。一些国家出现提前开始学习读、写、算，提前开始正式教育的探讨和实验。但另有人主张早期教育应重在发展智力。还有人认为早期教育应向前延伸到出生以前的母亲怀孕期的胎教。家庭教育对早期教育有重大影响。

早教要全面发展

针对人必须具备的七种智力，家长应对宝宝进行全面培养教育。在训练过程中，家长要留心发现宝宝的特长，但不能片面强调宝宝的特长，因为幼儿在成长发展过程中，某些特长会因年龄段的变化而发生变化。家长必须认识到在宝宝身上表现出的不同能力，如果宝宝有机会学习他们所喜欢的领域，并在不同的领域有所发展，他们将在更多的方面发展成为智者，而不再是单方面的智者。

早期开发智力很重要

智力是各种认识能力的总和，一般认为智力包括六个方面：注意力、观察力、想像力、记忆力、思维力、创造力。早期宝宝还需要发展口语表达能力，它是智力的基础。

真正的智力开发，就是要针对宝宝的年龄特点，按照规律，通过环境和教育的作用，使宝宝圆满地完成每一个年龄阶段的发展任务，在智能、性格等各方面协调发展，成为有较高的认识能力和健康人格的社会成员。

胎教小贴士

卡尔·威特早教经典观点：卡尔·威特认为天才并不是只有少数人才具有的禀赋，而是每个宝宝的身体里都潜伏的。要想培养天才宝宝，就要及早挖掘宝宝身上的潜能，而且从小注意开发宝宝的智力也是很重要的。

宝宝出生以后更要注意母婴交流

小宝宝学习的重点主要体现在与家庭成员的交流上，尤其是母婴间的交流。

拥有大人的真诚关爱，宝宝长大后才会具有较充分的安全感和自信心，对生活也会抱着无比的热忱，才能从容地适应这变化多端的社会。

（1）触觉交流

母婴间的触觉交流，最常见的是妈妈为宝宝授乳，能使宝宝在大脑中产生安全、甜蜜的信息刺激，这对其智力发育起催化作用。

（2）视觉交流

妈妈在授乳时，要多与宝宝进行视觉交流。除授乳以外，平时多与宝宝做对视交流，大多会得到宝宝甜蜜的微笑，从而有益于其心理健康发育。对于人工喂养的宝宝，妈妈在使用奶瓶授乳时，更应有这种视觉交流。

（3）嗅觉交流

宝宝能辨别出妈妈的气味，有妈妈在身边宝宝就会有安全感，尤其睡觉时由妈妈陪睡可产生良性刺激，有利于其智力发育。

（4）听觉交流

多与宝宝"对话"，可使大脑正处在急剧发育中的宝宝很快牙牙学语，为日后语言发展奠定良好的基础。

专家指导

新妈妈最初分泌的乳汁叫初乳，虽然不多但浓度很高，颜色发黄。与成熟乳比较，初乳中含有丰富的蛋白质、脂溶性维生素、钠和锌；还包含人体所需的各种酶类、抗氧化剂等；相对而言含乳糖、脂肪、水溶性维生素较少。初乳中IgA可以覆盖在新生儿未成熟的肠道表面，阻止细菌、病毒的附着；初乳还有促脂类排泄作用，减少黄疸的发生。所以初乳被人们称为第一次免疫。新妈妈一定要抓住给宝宝初乳喂养的机会。

此外，早产乳也具有最适合喂养自己早产儿的特点，如早产乳乳糖较少，蛋白质、IgA、乳铁蛋白较多，最适合早产儿生长发育的需要。

美文欣赏——《春》

朱自清先生的《春》蕴涵了绵长而清冽的韵味与芳香，好好享受一下吧。

盼望着，盼望着，东风来了，春天的脚步近了。

一切都像刚睡醒的样子，欣欣然张开了眼。山朗润起来了，水涨起来了，太阳的脸红起来了。

小草偷偷地从土里钻出来，嫩嫩的，绿绿的。园子里，田野里，瞧去，一大片一大片满是的。坐着，躺着，打两个滚，踢几脚球，赛几趟跑，捉几回迷藏。风轻悄悄的，草软绵绵的。

桃树、杏树、梨树，你不让我，我不让你，都开满了花赶趟儿。红的像火，粉的像霞，白的像雪。花里带着甜味儿，闭了眼，树上仿佛已经满是桃儿、杏儿、梨儿。花下成千成百的蜜蜂嗡嗡地闹着，大小的蝴蝶飞来飞去。野花遍地是：杂样儿，有名字的，没名字的，散在花丛里，像眼睛，像星星，还眨呀眨的。

"吹面不寒杨柳风"，不错的，像母亲的手抚摩着你。风里带来些新翻的泥土的气息，混着青草味儿，还有各种花的香，都在微微润湿的空气里酝酿。鸟儿将巢安在繁花嫩叶当中，高兴起来了，呼朋引伴地卖弄清脆的喉咙，唱出婉转的曲子，跟轻风流水应和着。

牛背上牧童的短笛，这时候也成天在嘹亮地响着。

雨是最寻常的，一下就是三两天。可别恼。看，像牛毛，像花针，像细丝，密密地斜织着，人家屋顶上全笼着一层薄烟。树叶儿却绿得发亮，小草也青得逼你的眼。傍晚时候，上灯了，一点点黄晕的光，烘托出一片这安静而和平的夜。在乡下，小路上，石桥边，有撑起伞慢慢走着的人；还有地里工作的农民，披着蓑戴着笠。他们的草屋，稀稀疏疏的，在雨里静默着。

天上风筝渐渐多了，地上孩子也多了。城里乡下，家家户户，老老小小，也赶趟儿似的，一个个都出来了。舒活舒活筋骨，抖擞抖擞精神，各做各的一份儿事去，"一年之计在于春"；刚起头儿，有的是工夫，有的是希望。

春天像刚落地的娃娃，从头到脚都是新的，它生长着。

春天像小姑娘，花枝招展的，笑着，走着。

春天像健壮的青年，有铁一般的胳膊和腰脚，他领着我们上前去。

宝宝天生具有学习的能力

　　婴儿天性中有自我学习的本能，可以从人们的照看中获得帮助和支持，在特定的时期学习特定的东西，知道了这些，爸爸妈妈可以有意促进宝宝的学习。

😊 为宝宝提供好的模仿形象

　　在宝宝全身分量最重的部位——大脑里，存储着每个活动和所有感受，由此形成了描绘现实世界的一张地图，宝宝会按图索骥，在大脑发育的每个特定阶段学习发展特定技能。

　　当然这个过程他需要你的帮助。并不是需要你的干涉和人为的教导计划，而是需要你了解他的发展特定阶段，提供给宝宝相应模仿的对象，并在宝宝学习的过程中，让他感受到被爱和感受到表扬和鼓励。

😊 不要让宝宝各个方面都最强

　　所有的宝宝都遵循着相似的顺序学习基本的运动技能，但掌握这些运动的年龄取决于基因和环境，不同的宝宝之间可能差异很大。有些宝宝在学习某项运动时可能会比较快，但学习另一项运动时可能就未必，所以爸爸妈妈也没有必要把宝宝生长发育的每个阶段都看得特别重要，发育较早并不表明宝宝有了较高的智商和较好的协调性，也更不表明父母有了更好的教育方法。

　　首先要尊重宝宝是一个独立的个体，尤其

成长和学习的天性，爸爸妈妈不要在胎儿未出生时，就对宝宝寄予厚望，并按照自己的意愿去培养宝宝。

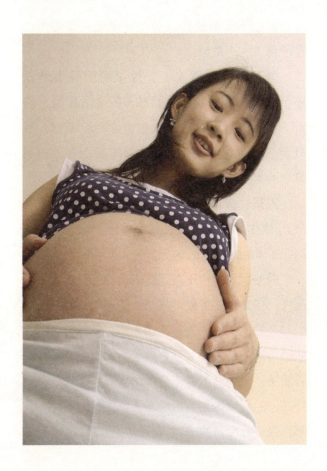

开心地迎接可爱的宝宝吧

准备好生产需要的物品，轻轻松松迎接宝宝的到来吧！

😊 放心生产

现在的医疗水平发展很快，准妈妈和准爸爸要相信医生，一般不会出现什么意外情况，即便出现，医生也会采取相应的措施，帮准妈妈顺利度过分娩。

😊 转化家庭角色

家庭有了新成员，会改变原先只有丈夫和妻子两人的小家庭。

爸爸：责任增大了，除了要照顾妻子，还要有大部分的精力照顾孩子的生活起居、养育、教育等问题；经济负担也会相应增加；家庭责任感自然而然会加强；面临着上有老、下有小的家庭角色。

妈妈：大部分妈妈会把更多的精力放在孩子身上，往往会忽略丈夫的生活和感受，因此，妈妈要同时关心丈夫，避免丈夫的失落感。

爷爷奶奶：由于有了第三代，会更加高兴；但是要注意处理好与新爸爸、新妈妈和孙辈的关系，尤其婆媳之间，要因孙辈的出现而使家庭关系更融洽，而不是矛盾重重；也要注意自己身体的状况，帮忙带孩子的时候做到力所能及，如果精力不够，最好找个月嫂或保姆。

😊 做好养育宝宝的准备

一个鲜活的生命放在你面前，往往会手足无措，不知道宝宝哭了怎么办、生病了怎么办、怎么喂奶、怎么换尿布等等，一系列令爸爸妈妈头疼的情况都会出现。这时，要做好心理准备，照顾宝宝是既费精力，又花心力的事情；新妈妈要先注意自己身体的恢复和健康，抓紧一切空余时间休息；遇上问题，多请教有经验的人和医生；新爸爸更要关心、体贴妻子，让妻子坐好月子。

宝宝的到来虽然改变了你们以前的生活，可有孩子的生活会更丰富、更精彩，好好享受生活，做个称职的爸爸妈妈吧！

图书在版编目（CIP）数据

胎教一日一页 / 艾贝母婴研究中心编著. -- 成都：
四川科学技术出版社，2016.1
　　ISBN 978-7-5364-8203-6

I. ①胎… II. ①艾… III. ①胎教—基本知识 IV. ①G61

中国版本图书馆CIP数据核字（2015）第226303号

书名：胎教一日一页
　　　TAIJIAO YIRI YIYE

出 品 人：钱丹凝
编 著 者：艾贝母婴研究中心
责任编辑：谢　伟
封面设计：高　婷
责任出版：欧晓春
出版发行：四川科学技术出版社
　　　　　地址：成都市槐树街2号　　邮政编码：610031
　　　　　官方微博：http://weibo.com/sckjcbs
　　　　　官方微信公众号：sckjcbs
　　　　　传真：028-87734039
成品尺寸：205mm×260mm
印　　张：19.5
字　　数：420千
印　　刷：河北美程印刷有限公司
版次/印次：2016年1月第1版　2016年1月第1次印刷
定　　价：38.80元

ISBN 978-7-5364-8203-6
本社发行部邮购组地址：成都市槐树街2号
电话：028-87734035　邮政编码：610031